Vorfeldkriminalisierung in der Risikogesellschaft

Frankfurter kriminalwissenschaftliche Studien

Bd./Vol. 156

Zu Qualitätssicherung und Peer Review der vorliegenden Publikation

Die Qualität der in dieser Reihe erscheinenden Arbeiten wird vor der Publikation durch Herausgeber der Reihe geprüft.

Notes on the quality assurance and peer review of this publication

Prior to publication, the quality of the work published in this series is reviewed by editors of the series.

Sugil An

Vorfeldkriminalisierung in der Risikogesellschaft

PL ACADEMIC RESEARCH

Bibliografische Information der Deutschen Nationalbibliothek
Die Deutsche Nationalbibliothek verzeichnet diese Publikation in der Deutschen Nationalbibliografie; detaillierte bibliografische Daten sind im Internet über http://dnb.d-nb.de abrufbar.

Zugl.: Frankfurt (Main), Univ., Diss., 2016

D 30
ISSN 0170-6918
ISBN 978-3-631-67878-7 (Print)
E-ISBN 978-3-653-07017-0 (E-Book)
DOI 10.3726/ 978-3-653-07017-0

PL Academic Research ist ein Imprint der Peter Lang GmbH.

Peter Lang – Frankfurt am Main · Bern · Bruxelles · New York · Oxford · Warszawa · Wien

Diese Publikation wurde begutachtet.

www.peterlang.com

Vorwort

An dieser Stelle möchte ich mich bei allen bedanken, die zum Gelingen dieser Arbeit beigetragen haben, die im Wintersemester 2015/16 vom Fachbereich Rechtswissenschaft der Johann Wolfgang Goethe-Universität Frankfurt am Main als Dissertation angenommen worden ist.

Meinem verehrten Doktorvater, Herrn Prof. Dr. Dres. h.c. *Ulfrid Neumann*, danke ich herzlich für die wohlwollende Betreuung der Arbeit sowie für die vielfältige Unterstützung während meines Aufenthalts in Frankfurt am Main. Mein herzlicher Dank gilt auch Herrn Prof. Dr. *Cornelius Prittwitz* dafür, dass er trotz großer anderweitiger Bürden das Zweitgutachten zügig erstellt hat. Zu danken habe ich auch dem DAAD für die finanzielle Förderung meiner Promotion und Frau *Petra Boßhammer* für das sorgfältige Korrekturlesen des Manuskripts.

Ebenfalls Dank schulde ich Herrn Prof. *Young-Whan Kim*, der mich in Seoul betreut und mir die Promotion in Deutschland ermöglicht hat, Frau Prof. Dr. *Mi-Won Lim*, die mir geholfen hat, ein DAAD-Stipendium zu erlangen, und Herrn Dr. *Yookeun Kim*, der mich in der Anfangsphase der Arbeit mit Hinweisen ermutigt hat.

Besonders danken möchte ich meiner Freundin, die mich stets begleitet hat und begleiten wird. Meiner Familie danke ich für alles; ihr ist das Buch gewidmet.

Seoul, im Mai 2016 *Sugil An*

Abkürzungsverzeichnis

Abs.	Absatz
AE	Alternativ-Entwurf
a.F.	alte Fassung
AG	Amtsgericht
Anm.	Anmerkung
Ann. Ist.	Annales de la Faculté de Droit d'Istanbul
ARSP	Archiv für Rechts- und Sozialphilosophie
Art.	Artikel
AT	Allgemeiner Teil
Behemoth	Behemoth: A Journal on Civilization
BfR	Bundesamt für Risikobewertung
BfS	Bundesamt für Strahlenschutz
BGH	Bundesgerichtshof
BGHSt	Entscheidungen des Bundesgerichtshofes in Strafsachen
Blätter	Blätter für deutsche und internationale Politik
BT	Besonderer Teil
BT-Drs.	Drucksache des Deutschen Bundestags
BtmG	Betäubungsmittelgesetz
BuGBl	Bundesgesundheitsblatt
BVerfG	Bundesverfassungsgericht
BVerfGE	Entscheidungen des Bundesverfassungsgerichts
bzw.	beziehungsweise
ders.	derselbe
dies.	dieselbe
DJT	Deutscher Juristentag
DVBl.	Deutsches Verwaltungsblatt
EEA	European Environment Agency
e.V.	eingetragener Verein
f.	folgende
ff.	fortfolgende
FAZ	Frankfurter Allgemeine Zeitung
FR	Frankfurter Rundschau
FS	Festschrift
GA	Goltdammer's Archiv für Strafrecht

GAIA	GAIA: Ökologische Perspektiven für Wissenschaft und Gesellschaft
GDV	Der Gesamtverband der Deutschen Versicherungsgesellschaft e. V.
GG	Grundgesetz
GS	Geburtstags-Schrift/Gedächtnisschrift
Hb.	Halbband
HdUR	Handwörterbuch des Umweltrechts
Hg./hg.	Herausgeber/herausgegeben
IfKrimFfm	Institut für Kriminalwissenschaften und Rechtsphilosophie Frankfurt a. M.
JA	Juristische Arbeitsblätter
JR	Juristische Rundschau
JuS	Juristische Schulung
JZ	Juristenzeitung
KJ	Kritische Justiz
KrimJ	Kriminologisches Journal
KritV	Kritische Vierteljahreszeitschrift für die Gesetzgebung und Rechtswissenschaft
LFGB	Lebensmittel-, Bedarfsgegenstände- und Futtermittelgesetzbuch
LMG	Lebensmittelgesetz
LK	Leipziger Kommentar zum StGB
MDR	Monatsschrift für deutsches Recht
MK	Münchener Kommentar
MschrKrim	Monatsschrift für Kriminologie und Strafrechtsreform
NJW	Neue Juristische Wochenschrift
NK	Nomos Kommentar zum StGB
Nr.	Nummer
NRW	Nordrhein-Westfalen
NStZ	Neue Zeitschrift für Strafrecht
NuR	Natur und Recht
NVwZ	Neue Zeitschrift für Verwaltungsrecht
OLG	Oberlandesgericht
PROKLA	PROKLA: Zeitschrift für kritische Sozialwissenschaft
Risk Analysis	Risk Analysis: An International Journal

Rn.	Randnummer/Randnummern
RW	Rechtswissenschaft: Zeitschrift für rechtswissenschaftliche Forschung
S.	Seite(n), Satz
Sch/Sch	Schönke/Schröder, StGB Kommentar
SK	Systematischer Kommentar zum StGB
sog.	sogenannte
Soziale Welt	Soziale Welt: Zeitschrift für sozialwissenschaftliche Forschung und Praxis
SSW	Satzger/Schluckebier/Widmeier (Hg.), StGB Kommentar
StÄG	Strafrechtsänderungsgesetz
StGB	Strafgesetzbuch
StV	Strafverteidiger
SZ	Süddeutsche Zeitung
u. a.	unter anderem/und andere
UKG	Gesetz zur Bekämpfung der Umweltkriminalität
Universitas	Universitas: Orientierung in der Wissenschaft
usw.	und so weiter
VerwArch	Verwaltungsarchiv: Zeitschrift für Verwaltungslehre, Verwaltungsrecht und Verwaltungspolitik
vgl.	vergleiche
Vol.	Volume
WBGU	Wissenschaftlicher Beirat der Bundesregierung Globale Umweltveränderungen
wistra	Zeitschrift für Wirtschafts-, Steuer- und Strafrecht
WiVerw	Wissenschaft und Verwaltung. Vierteljahresbeilage zum Gewerbearchiv
ZfU	Zeitschrift für Umweltpolitik und Umweltrecht
ZfW	Zeitschrift für Wasserrecht
Ziff.	Ziffer
ZIS	Zeitschrift für Internationale Strafrechtsdogmatik
zit.	zitiert
ZJapanR	Zeitschrift für japanisches Recht
ZRP	Zeitschrift für Rechtspolitik
ZStrR	Schweizerische Zeitschrift für Strafrecht
ZStW	Zeitschrift für die gesamte Strafrechtswissenschaft

Verzeichnis der abgekürzt zitierten Festschriften und Gedächtnisschriften

Amelung-FS	*Böse/Sternberg-Lieben* (Hg.), Grundlagen des Straf- und Strafverfahrensrechts. Festschrift für Knut Amelung zum 70. Geburtstag, Berlin 2002.
Büchner-GS	*Hopp/Mehl* (Hg.), Versicherungen in Europa heute und morgen. Geburtstags-Schrift für Georg Büchner 1991, Karlsruhe 1991.
Coing-FS	*Horn* (Hg.), Europäisches Rechtsdenken in Geschichte und Gegenwart. Festschrift für Helmut Coing zum 70. Geburtstag, München 1982.
Hassemer-FS	*Neumann/Herzog* (Hg.), Festschrift für Winfried Hassemer, Heidelberg 2010.
Heinitz-FS	*Lüttger* (Hg.), Festschrift für Ernst Heinitz zum 70. Geburtstag am 1. Januar 1971, Berlin 1972.
Helmrich-FS	*Letzgus* u. a. (Hg.), Für Recht und Staat. Festschrift für Herbert Helmrich zum 60. Geburtstag, München 1994.
Hirsch-FS	*Weigend/Küper* (Hg.), Festschrift für Hans Joachim Hirsch zum 70. Geburtstag am 11. April 1999, Berlin/New York 1999.
Honig-FS	Festschrift für Richard M. Honig. Zum 80. Geburtstag 3. Januar 1970, Göttingen 1970.
Huber-FS	*Forsthoff/Weber/Wieacker* (Hg.), Festschrift für Ernst Rudolf Huber, Göttingen 1973.
Jakobs-FS	*Pawlik/Zaczyk* (Hg.), Festschrift für Günther Jakobs zum 70. Geburtstag am 26. Juli 2007, Köln u. a. 2007.
Jescheck-FS	*Vogler* (Hg.), Festschrift für Hans-Heinrich Jescheck zum 70. Geburtstag, Berlin 1985.
Jung-FS	*Müller-Dietz* u. a. (Hg.), Festschrift für Heike Jung. Zum 65. Geburtstag am 23. April 2007, Baden-Baden 2007.
Köln-FS	Festschrift der Rechtswissenschaftlichen Fakultät zur 600-Jahr-Feier der Universität zu Köln, Köln 1988.
Krey-FS	*Amelung/Günther/Kühne* (Hg.), Festschrift für Volker Krey. Zum 70. Geburtstag am 9. Juli 2010, Stuttgart 2010.

Leckner-FS	*Eser/Schittenhelm/Schumann* (Hg.), Festschrift für Theodor Leckner zum 70. Geburtstag, München 1998.
Lüderssen-FS	*Prittwitz* (Hg.), Festschrift für Klaus Lüderssen. Zum 70. Geburtstag am 2. Mai 2002, Baden-Baden 2002.
Maihofer-FS	*Kaufmann* (Hg.), Rechtsstaat und Menschenwürde. Festschrift für Werner Maihofer zum 70. Geburtstag, Frankfurt am Main 1988.
Oehler-FS	*Herzberg* (Hg.), Festschrift für Dietrich Oehler zum 70. Geburtstag, Köln u. a. 1985.
Roxin-FS	*Heinrich* (Hg.), Festschrift für Claus Roxin zum 80. Geburtstag am 15. Mai 2011, Berlin/New York 2011.
Schlüchter-GS	*Duttge* u. a. (Hg.), Gedächtnisschrift für Ellen Schlüchter, Köln 2002.
Schmitt-FS	*Geppert/Bohner/Rengier* (Hg.), Festschrift für Rudolf Schmitt zum 70. Geburtstag, Tübingen 1992.
Schroeder-FS	*Hoyer* u. a. (Hg.), Festschrift für Friedrich-Christian Schroeder zum 70. Geburtstag, Heidelberg 2006.
Schwind-FS	*Feltes* (Hg.), Kriminalpolitik und ihre wissenschaftlichen Grundlagen. Festschrift für Hans-Dieter Schwind zum 70. Geburtstag, Heidelberg 2006.
Spendel-FS	*Seebode* (Hg.), Festschrift für Günter Spendel zum 70. Geburtstag am 11. Juli 1992, Berlin/New York 1992.
Stree/Wessels-FS	*Dencker* u. a. (Hg.), Beiträge zur Rechtswissenschaft. Festschrift für Walter Stree und Johannes Wessels zum 70. Geburtstag, Heidelberg 1993.
Tiedemann-FS	*Sieber* (Hg.), Strafrecht und Wirtschaftsstrafrecht. Dogmatik, Rechtsvergleich, Rechtstatsachen. Festschrift für Klaus Tiedemann zum 70. Geburtstag, Köln u. a. 2008.
Triffterer-FS	*Schmoller* (Hg.), Festschrift für Otto Triffterer zum 65. Geburtstag, Wien/New York 1999.
Welzel-FS	*Stratenwerth* u. a. (Hg.), Festschrift für Hans Welzel zum 70. Geburtstag am 25. März 1974, Berlin/New York 1974.

Inhalt

Einleitung

Die Kriminalisierung im Vorfeld ist der Trend der Kriminalpolitik in der jetzigen „Risikogesellschaft“.[1] Ob und inwieweit sie sich legitimieren lässt, wird vor allem unter dem Stichwort „Risikostrafrecht“ heftig diskutiert.[2] Auf einen Nenner gebracht lautet die Frage, worum es dabei geht: Braucht die Risikogesellschaft ein ihr passendes Strafrecht – das Risikostrafrecht?

Idealtypisch gesprochen: Die Verfechter des Risikostrafrechts behaupten, das klassische Strafrecht müsse für mehr Sicherheit aufgegeben werden. Dagegen erheben die Verteidiger des traditionellen Strafrechts den Einwand, unantastbar sei seine rechtsstaatliche Form als die Garantie der Freiheit.

Wie dieser Streit zeigt, steht das Strafrecht heute einer doppelten Aufforderung gegenüber: Es soll zur Sicherheit beitragen, ohne die Freiheit zu beschneiden. Hier gerät es in eine Misere, weil „mehr Sicherheit und mehr Freiheit“, wie *Beck* sagt, „nicht zusammengehen“. Gerade darin liegt der „Kern der Krisendiagnose“ in der Risikogesellschaft.[3] Insofern ist die Debatte über das Risikostrafrecht nicht nur ein Problem innerhalb der Strafrechtswissenschaft, sondern ein Phänomen der „tiefgreifenden Institutionenkrise“[4] der jetzigen Gesellschaft.

Wenn es selbst nun zum Risiko werden könnte, „weiter auf das traditionelle Strafrecht oder gar das Risikostrafrecht zu setzen“,[5] so stellt sich die Frage: Gibt es einen dritten Weg zwischen beiden Optionen? Konkreter: Kann man sie versöhnen und somit ein sog. „rechtsstaatliches Sicherheitsstrafrecht“[6] entwerfen?

Zur Beantwortung dieser Frage möchte ich einen kleinen Beitrag leisten. In einer Dissertation alle Problemfelder des Risikostrafrechts zu durchleuchten, ist natürlich unmöglich. Daher begnügt sich diese Arbeit damit, die Vorfeldkriminalisierung im Umweltstrafrecht zu behandeln, das den Prototyp des Risikostrafrechts[7] darstellt:

---

1 NK-*Hassemer/Neumann*, Vor § 1 Rn. 341 ff. Zum Begriff der Risikogesellschaft vgl. *Beck*, Risikogesellschaft; *ders.*, Weltrisikogesellschaft.

2 Für einen Überblick vgl. *Roxin*, AT/1, § 2 Rn. 23 ff.

3 *Beck*, Weltrisikogesellschaft, S. 408 f.

4 *Beck*, Erfindung, S. 46.

5 *K. Seelmann*, KritV 1992, 471.

6 *Hassemer*, StV 2006, 332.

7 *Prittwitz*, in: Neumann/Prittwitz (Hg.), Kritik, S. 163.

Zunächst untersucht Kapitel A den Hintergrund der Vorfeldkriminalisierung im Umweltbereich. Anhand der Theorie der „Dialektik der Moderne“[8] erkläre ich, wie sich das Bedürfnis nach Sicherheit enorm erhöht hat und wie dies die Struktur der Verantwortung verändert hat. Anschließend analysiert Kapitel B zwei Methoden der Vorfeldkriminalisierung im Umweltstrafrecht, die durch die Modernisierung des klassischen Strafrechts vorbereitet sind und nun dieses untergraben – nämlich: die Verflüssigung des Rechtsgutsbegriffs einerseits und die Typisierung der Gefährdung als Straftat andererseits.

Danach werde ich auf die Argumente für die Vorfeldkriminalisierung und deren Methoden im Umweltstrafrecht eingehen (Kapitel C) und dann prüfen, ob die Vorfeldkriminalisierung im Umweltstrafrecht legitim und effektiv ist (Kapitel D).

8 Vgl. *Beck*, Weltrisikogesellschaft, S. 375 ff.

A. Hintergrund der Vorfeldkriminalisierung im Umweltstrafrecht

I. Die ökologische Krise

Seit jeher hat sich der Mensch bemüht, die Natur zu beherrschen, um sich von der Furcht zu befreien.[1] Und: In der zweiten Hälfte des letzten Jahrhunderts hat er sich die Natur untertan gemacht. In diesem unerhörten Erfolg ist paradoxerweise die Saat des größten Unheils aufgegangen – die ökologische Krise.[2] Sie macht es zum „*Weltproblem Nr. 1* unserer Zeit",[3] „Wege zum Frieden mit der Natur"[4] zu finden.

Dass der Mensch die Natur zerstört, ist allerdings nicht neu. Von Anfang an ist die Entwicklung der Kultur mit der Belastung der Natur Hand in Hand gegangen.[5] Das Eingreifen in die Umwelt mit dem Gebrauch der Technik ist das, „was die Lebenswelt an sich immer getan hat".[6] Im vormodernen Zeitalter blieben Umweltschäden jedoch meistens lokal und kurzfristig. Die Technik konnte zwar Geschöpfe der Natur teilweise unterwerfen, das Gleichgewicht der Natur jedoch nicht untergraben. Die Ursache der Krise ist daher zunächst in dem Vermögen der Technik zu suchen, die jetzt in unseren Händen liegt, aber unseren Vorfahren nicht gegeben war.[7]

In das Blickfeld rückt damit der Unterschied der modernen Technik zu der früheren: In der Vergangenheit diente die Technik bloß als Mittel zum vorgegebenen Zweck, dagegen hat sie heutzutage den Drang, ihre Fähigkeit in irgendeine Richtung auszuüben[8] – unter dem Motto: „Alles, was machbar ist, machen und

1 Vgl. *Horkheimer/Adorno*, Dialektik, S. 9 f.
2 Zum beispiellosen Ausmaß dieser Krise *Büscher*, in: Büscher/Japp (Hg.), Aufklärung, S. 19; *H. Rogall*, Ökonomie, S. 31 ff.
3 *Apel*, Verantwortung, S. 181 (Hervorhebung im Original).
4 *Meyer-Abich*, Wege zum Frieden mit der Natur.
5 Schon die ersten Zivilisationen Mesopotamiens verwüsteten ihre Umgebung mit der Bodenversalzung und Entwaldung. *J. Müller*, in: Kreeb, Ökologie, S. 18 ff.; *H. Rogall*, Ökonomie, S. 23 f.
6 *Jonas* bei *Böhler* (Hg.), Zukunft, S. 342. In dieser Hinsicht ist die Geschichte der Menschheit eine von „Umweltsünden". *Sieferle*, in: Held (Hg.), Chemiepolitik, S. 14.
7 *Hösle*, Krise, S. 44; *Sieferle*, in: Held (Hg.), Chemiepolitik, S. 15 ff.
8 *Jonas*, Verantwortung, S. 31; *ders.*, Technik, S. 16 ff.

was nicht machbar ist, machbar machen!"[9] Dadurch hat sie, zumal seit ihrer Allianz mit der Wissenschaft etwa um 1850, nicht nur bekannte Handlungsbereiche erweitert, sondern auch neuartige Eingriffe in die Natur ermöglicht.[10] Folglich hat sich das Verhältnis zwischen Mensch und Natur entscheidend geändert: Der Mensch hat die nie zuvor erträumte Macht erlangt, die meisten Lebewesen auf der Erde zu vernichten.[11] Während bisher die Natur mit eigener Kraft für die Biosphäre sorgte, steht diese nun unter dem Einfluss des Menschen.

Dies erschüttert unser moralisches Naturverständnis, das ausgeht von der Unterscheidung zwischen dem, was die Natur tut, und dem, was wir mit ihr tun können.[12] Die herkömmliche Ethik hat den Zustand der Natur als konstant betrachtet und den Umgang mit dieser als indifferent bewertet.[13] Demgemäß hat die moderne Aufklärungsphilosophie die Natur aus der Gesellschaft entfernt und entzaubert;[14] die moderne Erfahrungswissenschaft hat die Natur als eine gut geölte Maschine gesehen und auf mechanistische Weise geforscht;[15] und um die unerschöpfliche Energie dieser Maschine auszunutzen, hat die moderne Ökonomie die Technik unaufhörlich entwickelt und ausgeübt.[16] Dieses Naturbild der Moderne ist dennoch dadurch zerfallen, dass die Maschine wegen der Übernutzung zerlegt worden ist. Als der Mensch die Natur entzaubert hat, hat sie sich als ein verletzbares Ökosystem entpuppt, das die Lebensgemeinschaft des Menschen einschließt.[17] Das Schicksal dieser Natur ist in den Bereich der Verfügungsmacht des Menschen gerückt und somit in den der Verantwortung – die Natur ist „ein Novum, über das ethische Theorie nachsinnen muß".[18]

Zugleich wird der Moderne vorgeworfen, dass sie die tiefste Ursache der Umweltkrise sei.[19] Dass sie die Natur misshandelt hat, ist nicht zu leugnen. Sie hat die Beziehung zwischen Mensch und Natur als die Alternative aufgefasst: Entweder der Mensch unterwirft die Natur oder umgekehrt.[20] Demnach hat die

9 *Welan*, in: Marko/Poier (Hg.), Zeitenbruch, S. 151.
10 Vgl. *Barbour*, Technology, S. 35; *Habermas*, Natur, S. 27; *Jonas*, Technik, S. 302.
11 *Jonas*, Verantwortung, S. 26 ff.; *Lenk*, Technik, S. 7; *Moscovici*, Natur, S. 15.
12 Vgl. *Habermas*, Natur, S. 52 ff.; *van Melsen*, Ethik, S. 172.
13 *Jonas*, Verantwortung, S. 22 ff.
14 Vgl. *Habermas*, Glauben, S. 16; *Schluchter*, Entzauberung, S. 1 ff.
15 *Küng*, Weltethos, S. 33; *Stratenwerth*, Freiheit, S. 102.
16 Vgl. *Immler*, Natur, S. 21; *Sieferle*, Naturhaushalt, S. 51 ff.
17 Vgl. *Kreeb*, Ökologie, S. 116 ff.; *Townsend/Begon/Harper*, Ökologie, S. 9 ff.
18 *Jonas*, Verantwortung, S. 27.
19 *Hösle*, Krise, S. 44; *Jonas*, Verantwortung, S. 251 ff.; *Meyer-Abich*, Zukunft, S. 20.
20 *Horkheimer/Adorno*, Dialektik, S. 38.

Moderne das Wissen nur als Instrument zur Herrschaft über die Natur eingesetzt und diese unter Folter des Experiments befragt;[21] sie ist in der Natur „wie eine Besatzungsarmee in Feindesland“[22] gestanden – dies alles in der Überzeugung, dass die Beherrschung der Natur und die Befreiung des Menschen direkt proportional sind.[23] Aber auf dem Höhepunkt seines Triumphs hat das Programm der Naturbeherrschung dem Menschen keine völlige Befreiung geschenkt, sondern die größte Bedrohung gebracht. Die Moderne muss nun ihre aufklärende Kraft auf sich selbst anwenden, wenn sie abwenden soll, dass die Unterwerfung der Natur in den Untergang der Natur umschlägt.[24]

II. Dialektik der Moderne

1. Die Moderne: Begriff, Grundlage, Funktionsweise und Krise

Der Begriff „Moderne“ meint im Allgemeinen das Bewusstsein einer Epoche, die sich selbst als „Resultat eines Übergangs vom Alten zum Neuen“ versteht.[25] In unserer Zeit bezeichnet er die Denkweise, die in Europa etwa im 17. Jahrhundert mit der Aufklärung angefangen, anschließend die religiöse und feudale Agrargesellschaft aufgelöst und schließlich die rationale und kapitalistische Industriegesellschaft aufgebaut hat.[26] Seit dem 19. Jahrhundert gilt sie als Leitprinzip des sozialen Lebens – nicht nur in ihrer Wiege, sondern fast in aller Welt.

Das Rückgrat der Moderne bilden zwei Institutionen, die mit dem Nationalstaat einhergegangen und in dessen Verwaltungssystem eingebettet sind – Kapitalismus und Industrialismus: Die Wirtschaft sucht durch Warenaustausch im Wettbewerbsmarkt Kapital anzuhäufen; hierzu erzeugt die Industrie Güter, indem sie mit Hilfe der Technik die Naturkräfte in die Artefakte umwandelt.[27] Dieses Verfahren, die industrielle Modernisierung, ist getragen von der Vorstellung

21 Vgl. *Marcuse*, Mensch, S. 172 f.; *Meyer-Abich*, Natur, S. 200.

22 *Bloch*, Hoffnung, S. 814 (zit. nach *Meyer-Abich*, Zukunft, S. 18).

23 Vgl. *Böhme*, Bacon, S. 9 ff.; *Meyer-Abich*, Zukunft, S. 18.

24 Vgl. *Horkheimer/Adorno*, Dialektik, S. 5.

25 *Habermas*, Moderne, S. 33; vgl. auch *ders.*, Diskurs, S. 13.

26 *Bauer/Matis*, Neuzeit, S. 7 ff.; *Duque*, in: Sandkühler (Hg.), Philosophie, S. 859 f.; *Giddens*, Modernity, S. 1.

27 *Giddens*, Nation-State, S. 122 ff.; *ders.*, Modernity, S. 55 ff.; *ders.*, Self-Identity, S. 15 f. Der Nationalstaat, also der moderne Staat, basiert nach *Giddens* noch auf zwei weiteren Institutionen: Überwachung (zur Kontrolle der Gesellschaft) und Militärmacht (zur Kontrolle der Gewaltmittel). Gegründet werden damit die vier Grundinstitutionen der Moderne.

der modernen Wissenschaft, dass der Wohlstand der Menschheit sich mit der wachsenden Beherrschung der Natur verbessert.[28]

Dieser Fortschrittsgedanke beruht wiederum auf zwei Annahmen: der linearen Steigerung der Zweckrationalität zum einen und der scharfen Abgrenzung zwischen Gesellschaft und Natur zum anderen.[29] Dem liegt das Selbstvertrauen der Moderne zugrunde, dass sie unerwartete, unerwünschte Nebenfolgen der Industrialisierung[30] grundsätzlich auf zwei Weisen eindämmen kann: Sie zähmt die Nebenfolgen einerseits dadurch, ihr Gesamtsystem zweckmäßig in Teilsysteme aufzuspalten, die je nach ihren eigenen Gesetzen an Probleme herangehen; diese ausdifferenzierten, autonomen Subsysteme zerlegen die Nebenfolgen ins Juristische, Technische, Wirtschaftliche usw. und erledigen diese nach ihren spezifischen Funktionsweisen, also durch Verrechtlichung, Technisierung, Ökonomisierung usw. Durch diese „funktionale Differenzierung“[31] gestalten sich Teilsysteme immer effektiver, sodass die Gesellschaft als Ensemble von Teilsystemen die Fähigkeit gewinnt, auch die bedrohlichsten Nebenfolgen abzufedern.[32] Andererseits lassen sich die Nebenfolgen auf die Natur abwälzen, also „externalisieren“.[33] Die Moderne trennt die Natur von der Gesellschaft und hält diese Natur sowohl für ein Füllhorn, das nie ausgeht,[34] als auch für eine Deponie, auf der die Abfälle „irgendwie verschwinden“.[35] Demnach verbraucht sie die Umweltgüter kostenlos als Ressource der Warenproduktion und verschiebt die unbrauchbaren Nebenprodukte zurück auf die Natur, ohne sich um deren Erhalt zu kümmern.[36]

Und um die Nebenfolgen, die aber nicht völlig beherrschbar sind, gerecht zu verteilen, erfindet die Moderne die Versicherung. Exemplarisch: Neue Technik,

---

28 *Habermas*, Moderne, S. 33 f.; *Hobsbawm*, Extremes, S. 329. Zum klassischen Verständnis der Modernisierung vgl. *Brand*, in: Bemmann/Metzger/v. Detten (Hg.), Modernisierung, S. 73 f.

29 Vgl. *Beck*, Risikogesellschaft, S. 9; *ders.*, Erfindung, S. 24; *Immler*, Natur, S. 69 ff.; *Viehöver* u. a., in: Beck/Lau (Hg.), Entgrenzung, S. 65 ff.

30 Zur Bedeutung dieser Nebenfolgen vgl. *Böhme*, Bacon, S. 22; *Prittwitz*, Risiko, S. 54 f.; *Spaemann*, in: Birnbacher (Hg.), Ökologie, S. 180 f.

31 Dazu vgl. *Hellmann*, Systemtheorie, S. 36 ff.; *Schimank*, Differenzierung, S. 243 ff.

32 *Beck*, Erfindung, S. 45 f., 73 f.; *Merten*, in: Merten/Scherr (Hg.), Inklusion, S. 104; vgl. auch *Becker/Jahn*, in: Becker/Jahn (Hg.), Ökologie, S. 66.

33 *Hoffmann*, PROKLA 84 (1991), 462 ff.; *H. Rogall*, Ökonomie, S. 59 ff.

34 *Leipert*, in: Biervert/Held (Hg.), Naturverständnis, S. 56.

35 *Sieferle*, in: Held (Hg.), Chemiepolitik, S. 17.

36 Vgl. *Beck*, Erfindung, S. 81; *Hildebrandt*, in: Brand (Hg.), Nachhaltige Entwicklung, S. 236; *Immler*, Natur, S. 75.

wie etwa Dampfkessel oder Eisenbahn, verursacht Gefährdungen; hier können Schäden auch bei sorgfältigem Handeln eintreten. Sieht man sie als Unglück, das allein vom Geschädigten zu tragen ist, wäre dies ihm gegenüber unfair; deutet man den Gebrauch neuer Technik als Unrecht, würde dies der Industrialisierung im Weg stehen.[37] Vor diesem Dilemma entfaltet die Moderne die Zweckrationalität: Sie ermittelt anhand der Statistik, wie häufig beim Technikeinsatz ein Schaden eintritt und wie er verläuft.[38] Durch diese Wahrscheinlichkeitsrechnung, die mit der Anhäufung von Daten präziser wird, wird einerseits ein Schaden als Risiko entdeckt, das sich unabhängig vom individuellen Verhalten regelmäßig verwirklicht und insofern berechenbar sowie monetär bewertbar ist; andererseits werden die vom Risiko Betroffenen als eine eigenständige Größe, Durchschnittsmenschen, erfasst.[39] Diese Verwissenschaftlichung und Ökonomisierung der Schäden ermöglicht die Verrechtlichung der Versicherung, welche die Betroffenen zu einer Gemeinschaft vereinigt, innerhalb der die Schäden prinzipiell unabhängig vom Verschulden mit Geld ausgeglichen werden. Das Schadensrisiko neuer Technik wird mithin vergesellschaftet, das heißt: Der Einsatz riskanter Technik wird wegen ihres sozialen Nutzens für rechtmäßig erklärt, und die dabei entstehenden Schäden werden in eine neue Kategorie Unfall eingeordnet, deren Folgen die Versicherten solidarisch verteilen.[40] Auf diese Weise wird die Bedrohung neuer Technik in ein kalkulierbares und kompensierbares Risiko überführt;[41] damit wird sie auch zum Gegenstand der Prävention und „vorsorgenden Nachsorge".[42] Durch die Versicherung, die vor erzeugten Unsicherheiten genügende Sicherheit gewährt, ist es der Moderne gelungen, die Chancen der

37 *Neumann*, in: ders., Recht, S. 190. Zur schlichten Alternative zwischen Unglück und Unrecht bei der Schadenszuweisung nach dem Liberalismus im 18. und 19. Jahrhundert vgl. *Ewald*, Soziale Welt 49 (1998), 6 ff.; *Kötz/Wagner*, Deliktsrecht, Rn. 21 ff.

38 Näher dazu vgl. *Mauelshagen*, in: v. Detten/Faber/Bemmann (Hg.), Umwelt, S. 261 f.

39 Vgl. *Ewald*, Vorsorgestaat, S. 182 ff., 213 ff.; *Schmidt-Semisch*, Kriminalität, S. 22 f.

40 Vgl. *Bonß*, Risiko, S. 198 ff.; *Ewald*, in: Beck, Politik, S. 292; *Krasmann*, Kriminalität, S. 102 ff.; *Neumann*, in: ders., Recht, S. 190 f.; *Schlechtriem*, in: Büchner-GS, S. 516 f. Die damit einhergehende Entwicklung der Gefährdungshaftung vgl. *Bayertz*, in: ders. (Hg.), Verantwortung, S. 28 f.; *Ogorek*, Gefährdungshaftung.

41 *Beck*, Politik, S. 118; *Lessenich*, in: Kneer/Schroer (Hg.), Soziologien, S. 561.

42 *Beck*, Politik, S. 120; *Ewald*, Vorsorgestaat, S. 220.

Industrialisierung in vollen Zügen zu genießen und die Nebenfolgen auf hinnehmbare Restrisiken[43] zu verringern.[44]

Die Versicherung scheitert jedoch bei neuen ökologischen Großrisiken. Hier kann ein Unfall zu einem endlosen Desaster werden, das sich über Länder hinweg ausbreitet und auf alle Unbeteiligten auswirkt.[45] Ein dramatisches Beispiel dafür ist der Reaktorunfall von Tschernobyl 1986.[46] Er hat das Dreiländereck von Russland, Weißrussland und der Ukraine unbewohnbar gemacht; das kontaminierte Niemandsland ist doppelt so groß wie das Saarland.[47] Etwa 340.000 Evakuierte können noch nicht heimkehren,[48] jetzt häufen sich Fehl- und Missgeburten infolge der erhöhten Radioaktivität. Und: Die Havarie des Atomkraftwerks Fukushima 2011[49] hat nicht nur die Ostküste Japans verseucht, sie bedroht weiterhin den Pazifik. Wegen der hohen Strahlung haben rund 160.000 Menschen ihr Zuhause verlassen, die Verstrahlten sind noch heute gar nicht alle geboren. Diese verheerenden Unfallfolgen können nie mit Geld ausgeglichen werden; weltweit ist keine Versicherungsgesellschaft bereit und fähig, solche Schäden abzudecken.[50] Gleiches gilt für den Chemieunfall in Bhopal 1984, wobei mindestens 15.000 Menschen starben und eine halbe Million schwer verletzt wurden; in der vergifteten indischen Stadt kommt „jedes vierte Baby tot zur Welt".[51] Da Schäden irreversibel und immens sind, zerschlägt sich der Plan, Unfälle zuzulassen und aus deren Erfahrungen Risiken abzuschätzen. Der GDV e.V. etwa hat zu den Risiken der Gentechnik in der Landwirtschaft dahingehend Stellung genommen, dass sie nicht kalkulierbar und daher nicht versicherbar sind.[52] Wenn gentechnisch veränderte Pflanzen zur Schädigung des Ökosystems

---

43 Zum Restrisiko vgl. BVerfGE 49, 89, 141 ff.; *Murswiek*, in: Kimminich/v. Lersner/Storm (Hg.), HdUR, S. 1719 ff.

44 *Beck*, Weltrisikogesellschaft, S. 59 f.; *Bonß*, Risiko, S. 207; *Ewald*, Vorsorgestaat, S. 211. Entzaubert wird damit der Mythos des „heroischen Risikoverhaltens". *Lau*, Soziale Welt 40 (1989), 422 ff.

45 *Beck*, Gegengifte, S. 120; *ders.*, Weltrisikogesellschaft, S. 62; vgl. auch *Banse*, in: ders. (Hg.), Risikoforschung, S. 33.

46 Für einen Einblick vgl. *BfS*, Tschernobyl.

47 *Grobe*, FR vom 27.09.2010.

48 Auf Schleichwegen sind einige Leute aber in ihre Heimat im Sperrgebiet zurückgekehrt, „um dort zu sterben. In Einsamkeit". FAZ vom 21.04.2006.

49 Für einen Überblick vgl. *BfS*, Fukushima.

50 *Biermayr/Haas*, Kernenergienutzung, S. 6, 52; *Bonß*, Risiko, S. 223, 230; *Hensing/Pfaffenberger/Ströbele*, Energiewirtschaft, S. 102 f.

51 *Roth*, Welt vom 03.12.2012.

52 *GDV*, Risiken der Gentechnik; vgl. auch *Kötz/Wagner*, Deliktsrecht, Rn. 538.

geführt haben, ist dies nicht rückholbar, denn es ist nie auszuschließen, dass transgene Pflanzen, die einmal in die Natur freigesetzt werden, sich mit anderen Pflanzen vermischen und verbreiten.[53] Wo ein Schadensereignis zu einer Katastrophe führen kann, gilt nur: Es darf nicht passieren – vorsorgende Nachsorge ist damit ausgeschlossen.[54]

Das Versagen der Versicherung verwirrt die Moderne, denn es ergibt sich nicht aus der Störung, sondern aus der reibungslosen Leistung der Teilsysteme der Moderne. Restrisiken als Herd der Umweltkrise sind die Risiken, die etwa durch Technik produziert, durch Wissenschaft als harmlos beurteilt, durch Wirtschaft als tragbar erachtet und durch Recht erlaubt worden sind. Mit dem erfolgreichen Funktionieren ihrer Subsysteme schlittert die Gesellschaft als Ganzes in Selbstgefährdung hinein.[55] Dies trübt den Optimismus der Moderne, dass sie die Nebenfolgen der Industrialisierung durch die funktionale Differenzierung auffangen kann.[56] Außerdem zeigen die ökologischen Risiken, dass die Trennlinie zwischen Gesellschaft und Natur verschwommen ist. Die Natur, also die durch Technik verwandelte und über Märkte verwertete Natur, ist nun mit der Gesellschaft verschmolzen worden. Sie ist von einem vorgegebenen zum hergestellten Phänomen geworden;[57] sie ist in das Industriesystem hereingeholt worden, deshalb sind Naturgefährdungen Systemgefährdungen.[58] Der empirisch belegte Bumerang-Effekt der Umweltschäden falsifiziert die Annahme, dass die Abfallprodukte auf die Natur externalisiert werden können.[59]

Infolgedessen rückt die Frage in den Vordergrund, wie man mit den ökologischen Risiken umgehen soll, die das Versicherungssystem außer Kraft setzen und ferner die Grundannahmen der Moderne in Frage stellen. Hieran entzünden sich die Konflikte, die die Gesellschaft wesentlich verändern. Um dies zu erläutern, ist es erforderlich, zunächst Risiko von Gefahr zu unterscheiden.

---

53 *Schmieder*, Gentechnikrecht, S. 48 ff.; *Sparwasser/Engel/Voßkuhle*, Umweltrecht, § 6 Rn. 346. Zu den Risiken transgener Pflanzen, die derzeit heftig umstritten sind, vgl. *Kempken/Kempken*, Gentechnik, S. 219 ff.

54 *Beck*, Weltrisikogesellschaft, S. 61 f., 103 f.; *F.-X. Kaufmann*, in: Bayertz (Hg.), Verantwortung, S. 72 f.; *WBGU*, Umweltrisiken, S. 3.

55 Vgl. *Beck*, Weltrisikogesellschaft, S. 177 f.; *Hoffmann*, PROKLA 86 (1991), 462 ff.; *Schimank*, in: Schimank/Volkmann (Hg.), Gegenwartsdiagnosen, S. 137 f.

56 Vgl. *Bonß*, Risiko, S. 83; *Lau*, Soziale Welt 40 (1989), 424.

57 *Beck*, Risikogesellschaft, S. 9; *Giddens*, Modernity, S. 127; *Lenk*, Technik, S. 7; *Viehöver* u. a., in: Beck/Lau (Hg.), Entgrenzung, S. 66 ff.

58 *Beck*, Risikogesellschaft, S. 107 ff.; vgl. auch *Nork*, Umweltschutz, S. 181.

59 *Beck*, Risikogesellschaft, S. 48 ff.; *ders.*, Erfindung, S. 83 f.

2. Gefahr und Risiko: Umwandlung von Gefahren in Risiken

Gefahr und Risiko deuten gemeinsam auf künftige Schäden, deren Eintreten derzeit ungewiss ist.[60] Diese beiden Begriffe werden in der Alltagssprache oft verwechselt und auch in der Wissenschaft je nach Fach und Kontext unterschiedlich verwendet.[61] Sie sauber voneinander abzugrenzen, ist deswegen schwer, doch darauf gibt die Etymologie des Risikobegriffs[62] einen entscheidenden Hinweis: Das Wort „Risiko" verbreitete sich seit der Renaissance unter den italienischen Kaufleuten im Seehandel. Sie benutzten es, um die Unsicherheit zu bezeichnen, dass ein Schiffsverkehr schief gehen könnte wegen der Klippen, Kriege, Stürme, Piraten usw. – und dies, obwohl dafür bereits das Wort „Gefahr" zur Verfügung stand. Diese Geschichte lässt vermuten, dass der neue Ausdruck eine neue Einsicht widerspiegelt, die das vorhandene Wort nicht vollständig einfängt. Also: Wenn die Seefahrer angesichts der Unsicherheiten bei Seetransporten von Risiko sprechen, betrachten sie diese Unsicherheiten, die zugleich Chancen auf riesige Gewinne darstellen, nicht mehr einfach als eine unwägbare Gefahr, sondern eben als einen berechenbaren Gegenstand; hinter Risiko steckt der Gedanke, dass man Gefahr durch ihr Kalkül vermeiden oder zumindest in dem Maße verringern soll, wie etwaige Schäden im Vergleich zu erwarteten Gewinnen als vertretbar erscheinen – was natürlich mit der Entwicklung der Technik einer solchen Kalkulation einhergeht.[63] Danach entspringt ein Unheil nicht mehr bloß den Launen der Götter oder Natur, sondern vor allem der Fehleinschätzung oder den fehlenden Vorkehrungen.[64]

Daran kann man ablesen, wo sich Gefahr und Risiko trennen – bei der Frage der Zurechnung: Wird ein Schaden als von außen veranlasst gesehen, dann spricht man von Gefahr; wird ein Schaden als Folge der Entscheidung gesehen, so ist von Risiko die Rede:[65] „Gefahren ist man ausgesetzt, Risiken werden eingegangen".[66] *Luhmann* veranschaulicht dies durch das Regenschirm-Beispiel: Vor der Erfindung des Regenschirms war man der Gefahr ausgesetzt, durch Regen nass zu

---

60 *Luhmann*, Wirtschaft, S. 269.

61 Vgl. dazu *BfR*, Risiko, S. 25 ff.; *Plapp*, Risiken, S. 10 ff.; *Seiler*, Risiken, S. 38 ff.

62 Vgl. näher dazu *Banse*, in: ders. (Hg.), Risikoforschung, S. 23 ff.

63 *Luhmann*, Soziologie des Risikos, S. 19 ff.; *ders.*, in: Bechmann (Hg.), Risiko, S. 327; *Prittwitz*, Risiko, S. 33 f.

64 Vgl. *Bernstein*, Wider die Götter, S. 9; *Bonß*, Soziale Welt 42 (1991), 263.

65 *Luhmann*, Soziologie des Risikos, S. 30 f.; vgl. auch *ders.*, in: ders., Aufklärung 5, S. 148: „Im Falle von Selbstzurechnung handelt es sich um Risiken, im Falle von Fremdzurechnung um Gefahren."

66 *Bayertz*, in: ders. (Hg.), Verantwortung, S. 49.

werden; diese Gefahr wird durch die Erfindung des Regenschirms zum Risiko – wenn man ihn nicht mitnimmt, geht man das Risiko ein, nass zu werden; wenn man ihn mitnimmt, läuft man das Risiko, ihn irgendwo liegen zu lassen.[67]

Dieses simple Beispiel steht für die ganze Geschichte des Menschen. Er hat mehr und mehr gelernt, Gefahren abzuschätzen und abzuwenden. Demzufolge haben sich naturwüchsige Gefahren zunehmend in anthropogene Risiken verwandelt.[68] Diese Entwicklung hat in der Gegenwart ein Stadium erreicht, in dem es keine reine Naturgefahr mehr zu geben scheint.[69] Sogar Flutwellen oder Wirbelstürme werden als Risiken verstanden. Allerdings kann auch die moderne Technologie solche Naturereignisse nicht verhindern, doch zumindest vorhersagen; dies macht Vorkehrungen dafür notwendig – man denke etwa daran, wie das Schadensausmaß des Tsunamis in Südostasien 2004 und des Hurrikans Katrina in den USA 2005 durch ungenügende Vorsichtsmaßnahmen erhöht wurde.[70] Insoweit erscheinen die Folgen von Naturkatastrophen nicht als Schicksalsschläge, sondern als Menschenwerk.[71] Nach dem Erdbeben von Lissabon am Allerheiligentag im Jahr 1755, das die Hauptstadt eines katholischen Landes zerstörte, zitierte *Voltaire* Gott wegen der Grausamkeit vor Gericht; diese Beschuldigung wäre jetzt nicht gegen die göttliche Vorsehung zu erheben, sondern gegen eine fehlende Erdbebenwarnung oder eine nicht erdbebensichere Architektur.[72]

3. Merkmale und Brisanz ökologischer Risiken – und Nichtwissen

Damit wird klar: Die ökologischen Risiken werfen die Zurechnungsfrage auf, da sie weder auf Götter noch auf die Natur, sondern auf unser Handeln zurückzuführen sind.[73] Sobald wir diese Frage mit den geltenden Zurechnungsnormen zu lösen suchen, stoßen wir jedoch auf erhebliche Hindernisse:[74]

---

67 *Luhmann*, Die Politische Meinung 31 (1986), 226 ff.; *ders.*, in: Bechmann (Hg.), Risiko, S. 328.

68 *Bayertz*, in: ders. (Hg.), Verantwortung, S. 49 f.

69 *Birnbacher*, in: Bayertz (Hg.), Verantwortung, S. 143; *Luhmann*, Soziologie des Risikos, S. 6.

70 *Beck*, Weltrisikogesellschaft, S. 113.

71 *Bayertz*, in: ders. (Hg.), Verantwortung, S. 50; *Beck*, Gegengifte, S. 64; *Luhmann*, Soziologie des Risikos, S. 40; *Renn*, Risikowahrnehmung, S. 31.

72 *Neumann*, in: ders., Recht, S. 190. Dies gilt auch für das Erbeben in der Türkei 1999 und das in Nepal 2005. Vgl. FAZ vom 26.04.2015; *Japp*, in: Büscher/Japp (Hg.), Aufklärung, S. 285.

73 *Bayertz*, in: ders. (Hg.), Verantwortung, S. 53.

74 Vgl. zum Folgenden grundsätzlich *Stratenwerth*, ZStW 105 (1993), 680 ff.

Erstens haben die ökologischen Risiken häufig eine lange Latenzperiode, sodass sie nicht in der Lebensdauer ihrer Verursacher, sondern erst bei deren Nachkommen auftauchen können.[75] FCKW beispielsweise wurden seit 1930 als ideale Kühlmittel benutzt, aber in den 1970er Jahren haben sie zum Abbau der Ozonschicht geführt,[76] der das Hautkrebsrisiko erhöht und damit die Sonne „vom lebensermöglichenden zum lebensfeindlichen Element"[77] umwandelt. Das Problem des Langzeitrisikos zeigt sich am dramatischsten in radioaktiven Abfällen, deren Halbwertszeit 24.000 Jahre beträgt; keiner kann heute vorhersagen, welche Nachteile Atommüll in Zukunft bringen wird und welche Nachfahren dadurch leiden werden.[78] Bei solchen Themen, die mehrere Generationen betreffen, stoßen die überkommenen Zurechnungsregeln an ihre Grenzen. Denn sie beziehen sich auf die jetzigen Konflikte zwischen den heute lebenden Menschen, die einander wirklich gegenüberstehen; ihnen sind künftige Menschen und Schäden fremd.[79]

Zweitens sind Umweltrisiken oft weder sichtbar noch spürbar. Bei der traditionellen Zurechnung geht es um direkt wahrnehmbare Schäden, und diese wiederum werden fast immer durch Untaten herbeigeführt, die aus den normalen Verhaltensweisen herausfallen. Viele der ökologischen Risiken dagegen kann man nicht mit seinen „natürlichen Sinnesorganen" wahrnehmen.[80] Um sie zu erkennen, bedarf es komplizierter und kostspieliger Wahrnehmungsorgane der Wissenschaft wie Messgeräte oder Experimente.[81] Erst dadurch sieht der Einzelne den Feinstaub in der Luft, schmeckt das Blei im Espresso und versteht, was es für die Umwelt bedeutet, Müll zu vergraben oder Pestizide zu verwenden, also alltägliche Dinge zu tun. Insoweit sind die ökologischen Risiken wahrnehmbar „gegen den Anschein der Normalität", die unsere Wahrnehmung meldet.[82]

---

75 *Beck*, Weltrisikogesellschaft, S. 104; *Winiger*, Verantwortung, S. 2; *Wolf*, in: Koch/Köhler/K. Seelmann (Hg.), Gerechtigkeit, S. 181.

76 Vgl. *Böschen*, Risikogenese, S. 41 ff.; *Sparwasser/Engel/Voßkuhle*, Umweltrecht, § 11 Rn. 464.

77 *Bonß*, Risiko, S. 83 (Anm. 110).

78 *Sparwasser/Engel/Voßkuhle*, Umweltrecht, § 7 Rn. 127. Zum Langzeitrisiko vgl. *Murswiek*, Verantwortung, S. 215.

79 Vgl. *Brüggemeier*, KritV 1991, 299.

80 *Banse*, in: ders. (Hg.), Risikoforschung, S. 33.

81 Vgl. *Sieferle*, in: Held (Hg.), Chemiepolitik, S. 23.

82 *Beck*, Blätter 1987, 143 f.; *ders.*, Politik, S. 23 f.; vgl. auch *Ruff*, in: Aurand/Hazard/Tretter (Hg.), Ängste, S. 95.

Und drittens sind Umweltschäden in der Regel die Folgen der hochkomplexen Wechselwirkungen „zwischen sozialen Praktiken und ökologischen Dynamiken".[83] Zum Beispiel ergibt sich das Waldsterben nicht aus der Zusammenarbeit von bestimmten Personen, die auf diesen Effekt zielen, sondern aus dem Zusammentreffen von unbestimmt vielen Handlungen, die je unterschiedliche Ziele haben. Wer mit dem eigenen Auto zur Arbeit fährt, beabsichtigt nicht, damit den Wald zu gefährden; und er allein kann es gar nicht. Zum Absterben von Bäumen führt das Abgas aus seinem Auto erst durch die Vermischung mit einer Vielzahl von Emissionen und durch den Ferntransport über die Luft.[84] Zwischen dem einzelnen Autofahrer und den gesamten Waldschäden lässt sich nach dem klassischen Zurechnungsmodell kein Kausalzusammenhang feststellen, denn dieses Modell ist darauf zugeschnitten, den einzelnen Täter namhaft zu machen, der einem anderen unmittelbar einen Schaden zugefügt hat.[85] Ein Wald würde zwar ohne die Einzelhandlungen nicht geschädigt, aber der Beitrag des Einzelnen dazu ist geringfügig und unbestimmbar.[86] Im Ergebnis: „Der Wald stirbt, und niemand haftet";[87] aus dem „Verlust des Subjekts"[88] ergibt sich „die organisierte Unverantwortlichkeit".[89]

Diese Schwierigkeiten steigern sich noch dadurch, dass in der Wissenschaft Nichtwissen an Bedeutung zunimmt.[90] Über Umweltrisiken wissen wir mit Hilfe der Wissenschaft, diese ist indes immer weniger fähig, solche Risiken vollständig und rechtzeitig zu erkennen. Auch dafür sind FCKW ein Schulbeispiel: Vor ihrer Massenproduktion wurden sie durch Tests als harmlos gewertet, und auch danach gut 40 Jahre lang ahnte niemand, dass ihre Nutzung in Industrieländern das Ozonloch über der Antarktis verursachen würde – was eher zufällig und auf

---

83 *Wehling*, in: Groß (Hg.), Umweltsoziologie, S. 533 f.

84 *Bayertz*, in: ders. (Hg.), Verantwortung, S. 53 f.; *Salje/Peter*, Umwelthaftungsgesetz, § 6 Rn. 10; *Schmidt-Salzer*, Umwelthaftungsrecht, § 1 Rn. 131.

85 *Bayertz*, in: ders. (Hg.), Verantwortung, S. 26, 28; *Brüggemeier*, KJ 1989, 217; *Hager/Leonhard*, ZRP 1998, 302 ff.

86 *Bayertz*, in: ders. (Hg.), Verantwortung, S. 54; vgl. auch *Daxenberger*, Kumulationseffekte, S. 31. *F.-X. Kaufmann*, in: Bayertz (Hg.), Verantwortung, S. 73 nennt dieses Phänomen die „dramatischen Folgen völlig undramatischer Handlungsweisen".

87 *Murswiek*, NVwZ 1986, 611.

88 *Stahl*, in: Gerber/Zanetti (Hg.), Verantwortung, S. 161.

89 *Beck*, Gegengifte, S. 96 ff.; vgl. auch *W. Lübbe*, Verantwortung, S. 26 ff.

90 *Atteslander*, Sozialforschung, S. 327; *Grunwald*, in: M. Kaufmann/Renzikowski (Hg.), Verantwortung, S. 113 f. Zu dem Begriff und den Typen des Nichtwissens (*ignorance*) vgl. *Wehling*, in: Böschen/Schulz-Schaeffer (Hg.), Wissenschaft, S. 122 ff.

Umwegen entdeckt wurde.[91] Dieses Nichtwissen ist kein Ausnahmefall in der modernen Wissenschaft.[92] Denn: Die Technologie besitzt heute enorme Kraft, die durch das komplexe Ökosystem hindurch große Fern- und Langzeitschäden zeitigt, die den Horizont der bisherigen Erfahrungen überschreiten; die Risikoforschung geschieht daher nicht mehr einfach durch das „Versuch-und-Irrtum"-Verfahren im Laboratorium, das empirisches Wissen ermittelt, sondern zunehmend durch eine interdisziplinäre Langfristplanung im „Labor Erde",[93] die hypothetisches Wissen bietet.[94] Es bedarf daher immer mehr Zeit, um die Nebenfolgen der Technik endgültig festzustellen; während diese Zeit vergeht, verändern sich aber die Prämissen der Forschung, da die rasante Entwicklung der Technologie laufend Änderungen auslöst.[95] Insoweit liefert Wissenschaft kein sicheres, sondern fragiles Wissen, in dem sich viele Hypothesen miteinander verflechten; Wissenschaft ist ungewiss geworden mit der Flut von Hypothesenwissen, die mit ihrer Differenzierung einhergeht.[96] Das heißt, durch neues Wissen wird Nichtwissen nicht verdrängt, sondern in ein anderes Nichtwissen verwandelt – „je mehr wir wissen, desto mehr wissen wir, was wir nicht wissen."[97] Diese „Dialektik der Verwissenschaftlichung"[98] enttäuscht die Erwartungen der Moderne, dass mit dem linearen Wissenszuwachs Nichtwissen ständig abnimmt – im Gegenteil: „Was einmal als Wissen galt, wird zum Nichtwissen, und das Nichtwissen etabliert sich als Wissen";[99] so kann es vorkommen, dass sich die Dinge des täglichen Lebens von heute auf morgen in „trojanische Pferde" verwandeln, aus denen Risiken stürzen.[100]

---

91 *Böschen*, Risikogenese, S. 41 ff.; *Wehling*, in: Böschen/Schulz-Schaeffer (Hg.), Wissenschaft, S. 127 ff.

92 Vgl. andere Beispiele wie Benzol, Asbest usw. bei *EEA*, Late Lessons.

93 *Broecker*, Labor Erde. Vgl. auch *Beck*, Weltrisikogesellschaft, S. 75 f.

94 *Banse*, in: ders. (Hg.), Risikoforschung, S. 34; *Jungermann/Slovic*, in: Bechmann (Hg.), Risiko, S. 167 f.

95 *Bechmann/Stehr*, GAIA 9 (2000), 119 f.

96 *Beck*, Risikogesellschaft, S. 256 f.; *ders.*, Weltrisikogesellschaft, S. 213.

97 *Wehling*, Schatten, S. 17; vgl. auch *Heidenreich*, in: Böschen/Schulz-Schaeffer (Hg.), Wissenschaft, S. 44 ff.

98 *Bonß*, in: Franz u. a. (Hg.), Forschen, S. 47; vgl. auch *Wehling*, Schatten, S. 147 ff.; *Zimmerli*, in: Lenk/Ropohl (Hg.), Technik, S. 98: „Der höchste Fortschritt des Wissens hat den nicht mehr steigerbaren Grad des Nichtwissens herbeigeführt: ‚*homo faber technologicus*' ist ‚*homo faber doctus ignorans*'".

99 *Beck*, Weltrisikogesellschaft, S. 213.

100 *Beck*, Risikogesellschaft, S. 70 f.

Dementsprechend verschärft sich – neben der Zurechnungsfrage – auch die Frage der Deutungshoheit: Wer entscheidet, was ein (akzeptables) Risiko ist?[101] Wissenschaftler allein können diese Frage nicht endgültig lösen, obwohl sie zwar dafür primär zuständig sind. Denn Wissenschaft ist durch Vermehrung des Nichtwissens ungewiss und durch Verzahnung mit der Industrie parteilich geworden. Fachleute können nicht mehr behaupten: „Ich sehe kein Risiko, also existiert kein Risiko".[102] Dabei soll auch die Ansicht der Öffentlichkeit, auch wenn sie intuitiv ist, nicht einfach als irrtümlich abgetan werden. Im Vergleich zu Experten, die sich darauf konzentrieren, Risiken anhand der Statistiken mathematisch zu analysieren, ist die Perspektive von Laien auf Risiken reichhaltiger, sodass sie gerechte Bedenken enthält, welche die Experten möglicherweise übersehen. Bei der Risikowahrnehmung ergänzen sich Experten und Laien gegenseitig.[103] Das heißt: Risiko ist keine Tatsache, die einfach existiert und daher objektiv erforscht werden kann; vielmehr wird ein Sachverhalt erst durch Kommunikation in jeweiligen Kontexten als Risiko konstruiert.[104]

Für die Risikodefinition ist also die subjektive Risikobewertung von zentraler Bedeutung. Dasselbe Risiko lässt sich jedoch je nach Blickwinkel unterschiedlich bewerten; sogar so unterschiedlich, dass es „dem einen als Drache, dem anderen als Regenwurm erscheint".[105] Dies ist abhängig von vielen Faktoren,[106] aber vor allem davon, ob man ein Risiko eingeht oder ihm ausgesetzt ist. Einer empirischen Studie zufolge hält man unfreiwillig auferlegte Risiken für ungefähr 1000-mal größer als freiwillig übernommene.[107] Hier spaltet sich die Wirklichkeit in zwei Welten; gemeint ist die Differenz zwischen Entscheidern und Betroffenen.[108] Wer in der Lage ist, für oder gegen das Eingehen eines Risikos zu entscheiden, kann die Vor- und Nachteile seiner Wahl abwägen; für ihn ist das

---

101 *Beck*, Weltrisikogesellschaft, S. 55 ff.; *Luhmann*, Soziologie des Risikos, S. 12; *Renn* u. a., Risiko, S. 21 f.; *Wehling*, in: Groß (Hg.), Umweltsoziologie, S. 539 ff.

102 *Beck*, Forschung & Lehre 2/2002, 63. *Hauke* zufolge können Experten gerade wegen ihrer Spezialisierung keine universelle Antwort auf die Risikofragen geben (zit. nach *Kaschner*, Terrorismus, S. 132 [Anm. 356]).

103 *Renn* u. a., Risiko, S. 144 ff.; *Slovic*, Risk Analysis 6 (1986), 410; *WBGU*, Umweltrisiken, S. 179; *Zinn*, in: ders. (Hg.), Risk, S. 12 f.

104 Vgl. *Beck*, Weltrisikogesellschaft, S. 253; *Nowitzki*, in: Bechmann (Hg.), Risiko, S. 126 ff.; *Ruhrmann*, in: Krüger/Ruß-Mohl (Hg.), Risikokommunikation, S. 159 ff.

105 *Beck*, Weltrisikogesellschaft, S. 36.

106 Vgl. dazu statt vieler *Beyerl*, in: Voss (Hg.), Klimawandel, S. 251 f.; *Prittwitz*, Risiko, S. 103 ff.

107 *Starr*, Science 165 (1969), 1232 ff.

108 *Luhmann*, Soziologie des Risikos, S. 111 ff.

eingegangene Risiko eine Chance. Wer von diesem Risiko betroffen ist, empfindet es dagegen als eine Gefahr, auf die er keinerlei Einfluss hat.[109] Deshalb wehrt sich der Betroffene schon dagegen, aber diesen Widerstand wiederum kann der Entscheider nicht übernehmen, da er von seiner Wahl den Gewinn erwartet, der den Verlust überwiegt.[110] Zum Beispiel: Bei der Standortwahl einer Atommülldeponie beklagt die Industrie, dass die Bürger aus Missverständnis die geringe Wahrscheinlichkeit eines Schadenseintritts aus dem Endlager maßlos übertreiben; demgegenüber bemängeln die Bürger, dass die Industrie aus Profitsucht ihre berechtige Sorgen um die gravierenden Risiken des Endlagers ignoriert.[111] In solchen Konflikten schwanken die Existenz und Qualität von Risiken, da die Beteiligten um ihrer eigenen Interessen willen einige Aspekte hoch- und andere herunterspielen. So konkurrieren im Hinblick auf dasselbe Risiko vielfältige Interpretationen.[112]

4. Angst: Grundstimmung einer verunsicherten Gesellschaft

Bei diesen Kontroversen benötigen die Betroffenen Informationen, die sie vor Risiken beizeiten warnen und zuverlässig schützen – besonders wenn es auf neuartige und nicht wahrnehmbare Risiken ankommt, bei denen man nicht auf eigene Erfahrung und Empfindung zurückgreifen kann.[113] Aber die Betroffenen sehen und hören in den Medien, dass Spezialisten stetig und heftig darüber streiten, welche Dimension ein Risiko annimmt und welche Reaktion darauf folgen soll. Dieser Dissens zwingt die Betroffenen, Expertengutachten über Risiken zu bezweifeln und diese aus eigener Kraft zu bewältigen.[114] Nachrichten über Risiken, die eventuell widersprüchliche Ratschläge erteilen und Tag für Tag aktualisiert

---

109 *Beck*, Weltrisikogesellschaft, S. 285 f.

110 Vgl. *Japp*, in: Büscher/Japp (Hg.), Aufklärung, S. 286 f.; *F.-X. Kaufmann*, in: Bayertz (Hg.) Verantwortung, S. 79.

111 Vgl. *Jungermann/Slovic*, in: Bechmann (Hg.), Risiko, S. 197 ff.; *Ruhrmann*, Universitas 51, 955; *Sjöberg*, European Psychologist 3 (1998), 5 f. So sagt *F.-X.- Kaufmann*, in: Bayertz (Hg.), Verantwortung, S. 79: „Wer von den Entscheidungen Dritter betroffen wird, neigt dazu, Katastrophenschwellen niedriger anzusetzen und daher den Entscheidern Unverantwortlichkeit vorzuwerfen, wo letztere noch daraus tragbare Risiken sehen."

112 *Beck*, Risikogesellschaft, S. 40 ff.; *B. Meyer*, in: ders. (Hg.), Konfliktregelung, S. 246; *Ruhrmann*, Universitas 51, 961 f.

113 Vgl. *Ruff*, in: Aurand/Hazard/Tretter (Hg.), Ängste, S. 95; *Ruhrmann*, Universitas 51, 959.

114 *Beck*, Weltrisikogesellschaft, S. 107, 152; *Sutter*, Medienanalyse, S. 102.

werden, sind für die Betroffenen doch kaum durchschaubar, geschweige denn nachprüfbar. Auch mithilfe der Nachrichten können die Betroffenen nur bedingt einsehen, was in der Wissenschaft vorgeht.[115] Wenn Wissenschaftler sich über die Grenzwerte bei der Radioaktivität uneins sind und über die Effekte der grünen Gentechnik zu wenig wissen, wie können dann Anwohner einer Atomanlage und Verbraucher von Genfood die Schwelle festlegen, wo Gesundheit aufhört und Krankheit anfängt?[116] Die Betroffenen sehen sich außer Stande, Risiken beizukommen, sie fühlen sich unentrinnbaren Gefahren ausgeliefert.[117] Ihnen bleibt letztlich Angst; Angst steigt bei Risiken, die wenig bekannt sind und im schlimmsten Fall viele Leute gleichzeitig oder langfristig bedrohen könnten[118] – gerade bei den ökologischen Risiken.

Diese Angst ist resistent, sie lässt sich weder widerlegen noch verbieten: Wer bekennt, dass er Angst habe, dem kann man nicht bestreiten, dass er sich irre;[119] denn er braucht keine Angst davor zu haben, als dumm oder schwach zu gelten, wenn er seine Angst vor Umweltrisiken unverhohlen zeigt, nämlich vor Großrisiken, gegen die der Einzelne nichts tun kann – hier ist Angst authentisch.[120] Andererseits lässt sich diese Angst nicht durch Gewalt oder Gesetze regulieren, die ihrerseits auf Furcht vor Strafe beruhen; da Angst Hunger nach Sicherheit darstellt, wird sie nicht mit Drohung gestillt.[121] Sie ist also widerstandsfähig, mithin ist sie verbreitungsfähig. Wie Umfragen belegen, greift Angst – mit dem „Bazillus ökologicus“[122] – ansteckend um sich. Sie schweißt immer mehr Menschen zusammen, die es ablehnen, Opfer von den ökologischen Risiken zu werden. So

---

115 Vgl. *Atteslander*, Sozialforschung, S. 324 ff.; *Küppers*, Wissen, S. 22.

116 Vgl. *Berndt*, SZ vom 10.09.2012; *Hilbeck/Meyer*, Zeit-Online vom 07.03.2012; *Jaeckel*, Gefahrenabwehrrecht, S. 20; *Miller*, Dissens, S. 151 f.

117 Vgl. *Luhmann*, Soziologie des Risikos, S. 54 f., 117; *K. Seelmann*, KritV 1992, 452 f.; *Zimmerli*, in: Lenk/Ropohl (Hg.), Technik, S. 97 f.

118 Vgl. *Binswanger*, ZfU 1990, 108 ff.; *Kurzenhäuser/Epp*, BuGBl 2009.52, 1142; *Renn* u. a., Risiko, S. 12 f., 77 ff.; *Ruff*, in: Aurand/Hazard/Tretter (Hg.), Ängste, S. 97; *WBGU*, Umweltrisiken, S. 64.

119 *Luhmann*, in: ders., Aufklärung 6, S. 103 f.; *ders.*, in: Luhmann/Hellmann (Hg.), Protest, S. 62, 96.

120 *De Haan/Kuckartz*, Umweltbewußtsein, S. 193; *Luhmann*, Kommunikation, S. 241 f. *Sutter*, Medienanalyse, S. 109 weist darauf hin, dass eine Person „einen privilegierten Zugang zur eigenen Angst hat“.

121 *Luhmann*, Kommunikation. S. 177: „Man kann zwar Gewalt durch Gewalt bekämpfen, aber nicht Angst durch Angst.“ Vgl. auch *Schirmer*, Bedrohungskommunikation, S. 163.

122 *Aurand*, Der Spiegel 39/1995.

bildet sich eine neue Solidarität, die auf Angstminderung zielt.[123] Sie bewegt ihre Anhänger dazu, gegen riskante Entscheidungen Protest anzumelden. Bei dieser Protestbewegung tendiert die Angst dazu, sich zu verselbständigen: Zum einen avanciert sie zur Moral, die es zur Pflicht macht, Angst zu haben für andere, „die eigentlich Angst haben müßten".[124] Etwa: Wer weit vom Kernkraftwerk wohnt, von dem fordert diese Moral, stellvertretend für dessen Anwohner Angst mitzuteilen und diese mit ihnen zu teilen.[125] Zum anderen mutiert Angst zur Nervosität, dann kann sie selbst dort steigen, wo Risiken nicht zunehmen.[126] Alles in allem: „Angst bestimmt das Lebensgefühl".[127]

5. Präventionspolitik nach dem Sicherheitsparadigma

Infolgedessen steigt der Wunsch nach Sicherheit. Mit dem Gefühl der Ohnmacht gegenüber Risiken rufen immer mehr Menschen nach der Macht des Staates, in der Erwartung, dass der Staat als „Hüter von Sicherheit" ihr „Grundrecht auf Sicherheit"[128] gewährleisten kann.[129] Wie Befragungen zeigen, ist die Mehrheit der Bürger bereit, Freiheit gegen Sicherheit zu tauschen. Dies bringt eine Änderung auf der Wertebene, auf der sich Freiheit, Gleichheit, Sicherheit usw. gegenseitig bedingen – die Sicherheit überwiegt.[130] Es ist somit zu einer Hauptaufgabe des Staates geworden, die ökologischen Risiken zu steuern, damit diese die Grenze der Toleranz nicht überschreiten.[131]

Diese Aufgabe birgt zwei Fragen, die miteinander verknüpft sind: Wieviel Toleranz gegenüber Risiken kann man sich leisten? Nach welchen Regeln soll man Risiken zügeln? Zur ersten Frage: Diese hat mit der Beweislast zu tun, nämlich

---

123 *Beck*, Risikogesellschaft, S. 65 f.; *Frehsee*, StV 1996, 224; *Luhmann*, Kommunikation, S. 241; *ders.*, Soziologie des Risikos, S. 146.

124 *Luhmann*, Protest, S. 182. Vgl. auch *Hagendorff*, Sozialkritik, S. 210 f.

125 *Grieswelle*, Rhetorik, S. 363 f. mit dem Hinweis auf *Baecker*, FAZ vom 21.01.1987, 31.

126 Vgl. *de Haan/Kuckartz*, Umweltbewußtsein, S. 184 ff.; *B. Meyer*, in: ders. (Hg.), Konfliktregelung, S. 245; *Prittwitz*, StV 1991, 438.

127 *Beck*, Weltrisikogesellschaft, S. 28. Vgl. auch *Lenk*, in: Kerner (Hg.), Angst, S. 93.

128 *Isensee*, Sicherheit. Vgl. auch *Albrecht*, Freiheit, S. 45 ff.

129 Vgl. *Calliess*, NJW 1989, 1338; *Hassemer/Reemtsma*, Verbrechensopfer, S. 60 ff.; *König*, StV 2001, 471; *B. Meyer*, in: ders. (Hg.), Konfliktregelung, S. 247.

130 *Albrecht*, in: Pilgram u. a. (Hg.), Einheitliches Recht, S. 263 f.; *Anter*, in: Voigt (Hg.), Sicherheit, S. 131; *Beck*, Weltrisikogesellschaft, S. 28, 120; *König*, StV 2001, 471.

131 *Albrecht*, Kriminologie, S. 3. Vgl. auch *Benthin*, Subventionskriminalität, S. 129; *Dreier*, in: Neumann/Schulz (Hg.), Verantwortung, S. 34 f.; *Heun*, RW 2011, 392 ff.; *Scherzberg*, VerwArch 84 (2003), 490 ff.

damit, wie man verfahren soll, wenn unklar ist, ob eine riskante Entscheidung zumutbar ist. Kurz: Ist Nichtwissen grünes oder rotes Licht für das Handeln?[132] Hier geraten zwei Prinzipien in Konflikt: das Laisser-faire („Im Zweifel für den Zweifel") versus die Vorsorge („Im Zweifel gegen den Zweifel").[133] Und zur zweiten Frage: Dabei stehen sich zwei Strategien gegenüber. Einerseits kann man Risiken bewältigen, also ihre Entstehung durch strenge Vorbeugungsvorschriften einschränken – gemeint ist das Ideal der Risikovermeidung („Antizipation"); andererseits kann man Risiken bewirtschaften, also nutzen, ihre Bedrohung aber durch Nachsorgemaßnahmen auffangen – hier spricht man von dem Ideal des Risikomanagements („Resilienz").[134] Vor diese Alternativen gestellt, neigen immer mehr Bürger dazu, das Prinzip der Vorsorge mit dem Ideal der Risikovermeidung zu verbinden.[135] Infolgedessen entsteht in der Politik eine neue Rangordnung: Prävention wird hoch, Reaktion dagegen gering geschätzt;[136] so etabliert sich die neue Politik einer Sicherheitsvorsorge.[137]

Wer ein Risiko vorbeugen will, muss sich mit den Umständen auskennen, die es auslösen. Vorsorge setzt Wissen voraus – „ohne Ätiologie keine Prognostik, ohne Prognostik keine Prävention".[138] Bei den ökologischen Risiken wissen wir jedoch, dass sie sich nicht auf eindeutige Ursache-Wirkungs-Beziehungen reduzieren lassen; sie resultieren, im Gegenteil, aus komplexen Wechselwirkungen vieler Faktoren, über die wir nicht genug wissen. Insofern kann es passieren, dass vorbeugende Maßnahmen die ökologischen Risiken eher vermehren als verhindern. Vorbeugung ist auch eine Entscheidung, die ihrerseits Risiken freisetzt, die am Ende größer sein könnte als die zu vermeidenden Risiken.[139] Zu riskant und daher politisch ausgeschlossen ist gleichwohl das Unterlassen der Prävention,[140] wie es etwa bei den Klimaskeptikern der Fall ist, welche die These einer anthropogenen Erderwärmung für eine glatte Lüge halten und dann nicht gegen den Klimawandel,

132 *Beck*, in: Rammert (Hg.), Technik, S. 270; *Wehling*, Schatten, S. 14.

133 *Beck*, Weltrisikogesellschaft, S. 142, 190.

134 Vgl. *Bröckling*, Behemoth 1 (2008), 41; *Felgentreff/Kuhlicke/Westholt*, Naturereignisse, S. 58 f.; *Hood/Jones* (Hg.), Accident, S. 10; *Makropoulos*, Soziale Welt 41 (1990), 417 f.; *Schmidt-Semisch*, Kriminalität, S. 10.

135 Vgl. *Kuhlicke/Kruse*, GAIA 18 (2009), 252; *Lembcke*, Kalkül, S. 82.

136 *Beck*, Weltrisikogesellschaft, S. 85.

137 Vgl. *Albrecht*, Kriminologie, S. 3, 65; *Masing*, JZ 2011, 756 ff.

138 *Bröckling*, Behemoth 1 (2008), 42; vgl. auch *Ewald*, Soziale Welt 49 (1998), 11 f.

139 *Beck*, Weltrisikogesellschaft, S. 218; *Fernow*, Klimawandel, S. 99 f.; *Luhmann*, Soziologie des Risikos, S. 39.

140 Vgl. *Atteslander*, Sozialforschung, S. 327; *Beck*, Weltrisikogesellschaft, S. 85; *Bröckling*, Behemoth 1 (2008), 40.

sondern nur gegen den Klimaschwindel kämpfen.[141] Denn durch solches Nichthandeln wird der Vorgang der ökologischen Selbstgefährdung nicht berichtigt, sondern in Gang gehalten.[142] Selbst wenn wir nicht wissen, ob die Klimaänderung ein reales Risiko ist und ob sie anthropogenen oder natürlichen Ursprungs ist, ist die Vorsorge dafür unerlässlich, weil es hier um ein Desaster geht, das jeden betrifft und eventuell irreversibel ist.[143] Diese antizipierte Katastrophe sagt doch nur, dass sie verhindert werden soll, nicht aber, wie sie verhindert werden kann. Dafür gibt es kein Patentrezept, sondern bestenfalls begründete Vermutungen.[144] Als Sicherheitsgarant gerät der Staat damit in den Zwang, etwas vorzubeugen, dessen Existenz er nicht belegen und dessen Ausmaß er nicht berechnen kann; die Entscheidungen über Leben und Tod muss er im Nebel des Nichtwissens treffen.[145] Damit entsteht ein „Entscheidungsparadox“: Je größer ein Risiko, desto größer das Nichtwissen, desto nötiger und riskanter die Entscheidung.[146]

Der steigende Sicherheitsanspruch und die ständige Unsicherheit verführen Politiker dazu, die Einhaltung von Sicherheitsstandards als gesichert zu verkünden. Zwar ist eine solche Gewähr unmöglich, Politiker tun es dennoch. Denn sie sehen sich genötigt, sich zu einer starken Sicherheit zu bekennen; ohne ein solches Bekenntnis verlieren sie ihre Macht.[147] Wenn sie dagegen mehr Sicherheit versprechen, können sie mit vielen Wählerstimmen rechnen. Das Versprechen von Sicherheit ist inzwischen über die Parteigrenzen hinweg zur Konstante der Politik geworden.[148] In diesem Umstand, so glauben alle Parteien, ist eine umgehende Überreaktion auf Risiken günstiger als ein überlegter Umgang mit Risiken, um den Status der Volkspartei zu erhalten.[149] Je kleiner die Unterschiede zwischen

---

141 Vgl. *Podbregar/Schwanke/Frater*, Klimawandel, S. 29 ff.; *E. Schweitzer*, Zeit Online vom 07.05.2014.

142 *Beck*, in: Steiner, Nebenfolgen, S. 11; *Beck/Rosa*, in: Lamla u. a. (Hg.), Soziologie, S. 466.

143 Vgl. *Giddens*, Climate Change, S. 91 ff.; *WBGU*, Umweltrisiken, S. 3.

144 *Beck*, in: Rammert (Hg.), Technik, S. 271; *Bröckling*, Behemoth 1 (2008), 40; *Viehöver* u. a., in: Beck/Lau (Hg.), Entgrenzung, S. 68 ff.

145 *Beck*, Weltrisikogesellschaft, S. 65 f., 104 f.; vgl. auch *Bechmann/Stehr*, GAIA 9 (2000), 117; *F.-X. Kaufmann*, in: Bayertz (Hg.), Verantwortung, S. 74; *WBGU*, Umweltrisiken, S. 4.

146 *Beck*, Weltrisikogesellschaft, S. 215, 347; vgl. auch *Geis*, in: Toens/Willems (Hg.), Politik, S. 154 f.

147 Vgl. *Anter*, in: Voigt (Hg.), Sicherheit, S. 131; *Beck*, Weltrisikogesellschaft, S. 106.

148 *Singelnstein/Stolle*, Sicherheitsgesellschaft, S. 123; vgl. auch *Albrecht*, in: Hassemer-FS, S. 9; *Voigt*, in: ders. (Hg.), Sicherheit, S. 9 f.

149 *Beck*, Weltrisikogesellschaft, S. 106.

den Parteien sind, desto größer ist die „Schaumschlägerei".[150] Politiker wetteifern, den verunsicherten Bürgern ihr Bemühen um Sicherheit vorzuführen, indem sie etwa härtere Gesetze vorlegen.[151] Das Sicherheitsversprechen wirkt jedoch wie ein Medikament, dessen Effekt nachlässt:[152] Immer wenn ein unvermeidbarer Unfall (*„normal accident"*)[153] eintritt, geben Politiker ein neues Sicherheitsversprechen, das einzuhalten sie nicht in der Lage sind. In diesem Teufelskreis wird der Erwartungsbogen überspannt. Nicht erst der Eintritt eines Unfalls, sondern bereits seine Möglichkeit schwächt die Wirkung von Versprechen ab. Am Ende geraten Politiker „in den Dauerzwang, das Sicherste immer noch sicherer zu machen".[154] So entfernt sich die Sicherheitspolitik von ihrem ursprünglichen Zusammenhang; sie stellt nicht (nur) darauf ab, die Risiken zu bewältigen, vielmehr vor allem darauf, das Sicherheitsgefühl der Bürger symbolisch zu befriedigen. Auf diese Weise verwandelt sich die Sicherheitspolitik in eine Symbolpolitik.[155]

Dabei kann man merken, dass das Riskante der modernen Risiken nicht nur in deren physikalischen Brisanz liegt. Die modernen Risiken haben auch die soziale Potenz, den Ausnahmezustand zum Normalzustand zu machen, indem sie den Staat zugleich entmachten und ermächtigen. Genauer: Sie zeigen zuerst mit ihrem Bestehen das Versagen der Institutionen des Staates, erhöhen damit paradoxerweise das Bedürfnis nach Eingriffen des Staates und geben letztlich dem Staat Anlass, die Gegenwart als einen Ausnahmezustand zu erklären und dann das Sicherheitsparadigma als normale Technik des Regierens einzusetzen.[156] „Der Ausnahmezustand als Paradigma des Regierens"[157] führt zu einem „Totalitarismus der Gefahrenabwehr", besonders zur Verschärfung der Gesetze.[158] Von der Mehrheit der Bürger wird diese Entwicklung geduldet, gebilligt oder gefordert, auch wenn sie deren Freiheit beschneidet und sogar unterdrückt.[159]

---

150 *Kamps*, Kommunikationsmanagement, S. 135 unter Hinweis auf *Beck*.

151 *B. Meyer*, in: ders. (Hg.), Konfliktregelung, S. 247. Vgl. auch *Hamm*, in: Referat 57. DJT, S. L 39.

152 *B. Meyer*, in: ders. (Hg.), Konfliktregelung, S. 244.

153 *Perrow*, Normale Katastrophen.

154 *Beck*, Weltrisikogesellschaft, S. 63. Vgl. auch *Albrecht*, in: Pilgram u. a. (Hg.), Einheitliches Recht, S. 263 f.; *Beck*, Gegengifte, S. 122 f.

155 Vgl. *F.-X. Kaufmann*, Sicherheit, S. 58; *T. Meyer*, Transformation, S. 137; *Sutter*, Medienanalyse, S. 108; *Voigt*, in: ders. (Hg.), Sicherheit, S. 20.

156 *Agamben*, Ausnahmezustand, S. 22. Vgl. auch *Fisahn*, PROKLA 152 (2008), 360.

157 *Agamben*, Ausnahmezustand, S. 7.

158 *Albrecht*, Kriminologie, S. 69 ff.; *Beck*, Weltrisikogesellschaft, S. 28; *Haffke*, KJ 2005, 17 ff.

159 *Albrecht*, Freiheit, S. 78 ff.; *Beck*, Weltrisikogesellschaft, S. 120.

6. Fazit: Selbstkonfrontation der Moderne

Die ökologischen Risiken rütteln die moderne Gesellschaft durch. Sie weichen deren Regelsystem auf, das die Nebenfolgen der Industrialisierung dämpfen und damit Sicherheit gewähren soll.[160] Die mit der Güterproduktion einhergehenden Risiken können daher nicht mehr als eine Maut für den Fortschritt abgetan werden.[161] Während bisher Risiko unter dem Schatten des Reichtums stand, wirft es jetzt auf ihn seinen Schatten. Im Zentrum der Politik werden die Konflikte um Reichtum zunehmend überlagert durch die um Risiko: Wie soll man Risiken verdauen, verteilen und vermeiden?[162] Die Institutionen der Industriegesellschaft sind jedoch immer weniger in der Lage, dieser Frage Rechnung zu tragen, obwohl sie selber Risiken hervorgebracht haben, und zwar weder aus Versehen noch durch Zufall, sondern durch Schätzung und Planung nach ihren Prinzipien. Der Erfolg, nicht das Versäumnis, der Moderne erzeugt die ökologischen Risiken, welche die Moderne nicht kontrollieren kann. So gesehen ist die ökologische Krise kein Problem der uns umgebenden Welt, kein Umweltproblem, sondern „eine tiefgreifende Institutionenkrise der Industriegesellschaft".[163] Zugleich als Subjekt und Objekt der Krise konfrontiert sich die Moderne mit ihren Produkten, die ihre Grundlagen aufheben; sie hat die Natur, also *„ihr Gegenteil aufgezehrt, verloren* und trifft nun *auf sich selbst*".[164] Mit der Selbstkonfrontation verlagert sich die Moderne von der Industrie- in die Risikoepoche.[165] Die Industriegesellschaft geht zur Risikogesellschaft über.[166]

Selbstbegegnung bringt Selbstveränderung. In Anbetracht der ökologischen Großrisiken werden die Grundprinzipien der Gesellschaft aufgearbeitet oder aufgegeben.[167] Besonders das Programm der Naturbeherrschung wird in Frage gestellt. Die Beherrschung der Natur, welche die Entlastung des Menschen versprach, hat im Übermaß ihres Erfolges zu einer Überlastung des Menschen geführt; da sie die Rolle der Natur weitgehend zurückgedrängt hat, übernimmt heute der Mensch den Großteil dessen, was früher die Natur selbst tat – und dann ist er

160 Das moderne Normsystem verhält sich zu Nebenfolgen wie „eine Fahrradbremse am und zum Interkontinentalflugzeug", schildert *Beck*, Erfindung, S. 41 f.

161 *Beck*, Weltrisikogesellschaft, S. 346 f.; *Lau*, Soziale Welt 40 (1989), 424.

162 Vgl. *Beck*, Risikogesellschaft, S. 17 f.; *ders.*, Erfindung, S. 37; *Zimmerli*, in: Lenk/Ropohl (Hg.), Technik, S. 96 f.

163 *Beck*, Erfindung, S. 46. Vgl. auch *ders.*, Risikogesellschaft, S. 108.

164 *Beck*, Risikogesellschaft, S. 14 (Hervorhebung im Original).

165 *Beck*, Weltrisikogesellschaft, S. 201; vgl. auch *ders.*, Erfindung, S. 57.

166 *Beck*, Risikogesellschaft, S. 13 f.

167 Vgl. *Beck/Bonß/Lau*, in: Beck/Bonß (Hg.), Entgrenzung, S. 16, 20.

in die Krise geraten. Diese „Dialektik des Fortschritts“[168] fordert ein neues Verständnis von Mensch und Natur, das sich nicht an der Herrschaft, sondern an der Harmonie orientiert.[169] Demgemäß vollzieht sich auch in dem Normsystem „eine ökologische Erneuerung“.[170] Zusätzlich zur überlieferten Nächsten-Ethik entwickelt sich die Fernethik, die sich dem Bestand der Gattung Mensch und Gesamtnatur widmet.[171] Daraufhin ist das Recht auf Kritik gestoßen, dass es zu antiquiert ist, um die heutigen Schicksalsaufgaben zu erfüllen. So fragt *Beck*, was ein Rechtssystem taugt, das die Kleinrisiken in allen Einzelheiten verfolgt, die Großrisiken jedoch legitimiert und somit allen zumutet:[172] Das Recht suche „im chemischen Universum das traditionelle Relikt eines ‚Einzeltäters‘“, der „in der legalisierten Internationale des Schad- und Giftstoffverkehrs“ längst „ausgestorben“ sei.[173] Bei diesem Vorwurf zeigt sich deutlich, worum es geht, wenn von der „Antiquiertheit des Rechts in der Risikogesellschaft“[174] die Rede ist: der Widerspruch zwischen dem individualistisch konzipierten, klassischen Recht und den kollektiv verursachten, modernen Risiken.[175] Die Versuche, diese Kluft zu überwinden, führen zur tiefgreifenden Veränderung der Verantwortungsstruktur, die dem Rechtssystem zugrunde liegt:

III. Veränderung von Verantwortungsstrukturen

1. Begriff, Funktion und Struktur der Verantwortung

Verantwortung, die heute Hochkonjunktur hat,[176] ist ein relativ junger Begriff, der im 15. Jahrhundert aufgetaucht ist; er hat dann erst im 19. Jahrhundert eine große Verbreitung gefunden und im letzten Jahrhundert eine zentrale Bedeutung

---

168 *Böhme*, Bacon, S. 30; vgl. auch *van Melsen*, Ethik, S. 172.

169 Vgl. *Bolte*, Soziale Welt 43 (1993), 123 ff.

170 *Beck*, Erfindung, S. 25.

171 *Jonas*, Verantwortung; *A. Kaufmann*, Rechtsphilosophie, S. 301 ff.

172 *Beck*, Weltrisikogesellschaft, S. 64.

173 *Beck*, Gegengifte, S. 10 f.

174 *Wolf*, in: Beck, Politik, S. 378 ff.

175 *Beck* unterscheidet dabei verschiedene Rechtsgebiete nicht. Seine Kritik ist also zu pauschal, aber dies ändert nichts daran, dass sie verdeutlicht, wo das Problem liegt. Vgl. *Prittwitz*, Risiko, S. 119 f.

176 Vgl. dazu *Buddeberg*, Verantwortung, S. 1; *Dreier*, in: Neumann/Schulz (Hg.), Verantwortung, S. 9 ff.: „Verantwortungsinflation“. *Tenbruck*, in: Rehrl (Hg.), Verantwortung, S. 25 bemerkt, Verantwortung habe „alle früheren ethischen Vorstellungen aufgesaugt“.

gewonnen.[177] Die Sache selbst aber, die man derzeit Verantwortung nennt, dürfte so alt sein wie das Zusammenleben der Menschen. Denn Verantwortung zielt auf die Zurechnung von schlimmen Ereignissen, die durch menschliches Handeln bewirkt werden.[178] Ohne die Praxis der Zuschreibung und Übernahme von Verantwortung wäre es unmöglich, eine Gesellschaft zu bauen und zu erhalten. Es überrascht daher nicht, dass der älteste Kodex Ur-Nammu die Zurechnungsregeln enthielt und Philosophen der griechischen Antike ausgearbeitete Zurechnungslehren entfalteten.[179] Über Regionen und Epochen hinweg ist Verantwortung die normative Grundlage jeder Gesellschaft.[180] Zwar ist sie universal, lässt sich jedoch je nach Zeit und Ort verschieden ausgestalten. Denn entsprechend den Formen der Arbeitsteilung und dem Stand der Technik verändern sich Struktur und Tragweite einer Handlung, deren Bedeutung auch von Kultur zu Kultur variiert.[181] Daraus erklärt sich auch, warum ein allgemeines Phänomen Verantwortung ein spezifisches Problem der Risikogesellschaft darstellt: Da mit dem rapiden Anwachsen der Technologie Verfügungsmacht und Komplexität der Gesellschaft stark zunehmen, steigen Ansprüche und Bedürfnisse immer mehr, die Bereiche der Verantwortung auszudehnen, aufzuteilen und auszulegen.[182]

Also: Verantwortung ist eine anthropologische Konstante, dies besagt allerdings nicht, dass es für sie eine einheitliche Lösung gibt, welche die Natur dem Menschen

---

177 *Bayertz*, in: ders. (Hg.), Verantwortung, S. 3 f.; *Banzhaf*, Verantwortung, S. 13; *Günther*, in: Müller-Doohm (Hg.), Vernunft, S. 466.

178 *Bayertz*, in: ders. (Hg.), Verantwortung, S. 5. So bedeutet der Begriff „Zurechnung" „die mit der Auferlegung von Sanktionen verbundene *Zuerkennung von Verantwortlichkeit* für bestimmte (notwendig negativ bewertete) Handlungen oder Ereignisse". *Neumann*, Zurechnung, S. 13 (Hervorhebung im Original). Vgl. dazu auch *Köhler*, in: Hirsch-FS, S. 65 ff.

179 Vgl. *Winiger* u. a. (Hg.), Verantwortung, S. 9 ff., 30 ff. *F.-X. Kaufmann*, in: Bayertz (Hg.), Verantwortung, S. 80 verweist darauf, dass schon Adam und Eva „von Gott für die Übertretung des Gebotes, nicht vom Baum der Erkenntnis zu essen, zur Verantwortung gezogen" wurden.

180 *Dreier*, in: Neumann/Schulz (Hg.), Verantwortung, S. 10 f.; *Krawietz*, in: Bayertz (Hg.), Verantwortung, S. 187; *Neumann*, in: ders., Recht, S. 188; *Schulz*, in: ders. (Hg.), Verantwortung, S. 178.

181 *Bayertz*, in: ders. (Hg.), Verantwortung, S. 4; *Günther*, in: Lüderssen (Hg.), Aufgeklärte Kriminalpolitik, S. 325; *Zimmerli*, in: Lenk/Ropohl (Hg.), Technik, S. 100. Etwa zur Differenz bei dem Verantwortungsverständnis zwischen der europäischen und der koreanischen Kultur vgl. *H. Seelmann*, in: Winiger u. a. (Hg.), Verantwortung, S. 59.

182 Vgl. *Birnbacher*, in: Bayertz (Hg.), Verantwortung, S. 143; *Heidbrink*, Wirtschaftsethik, S. 8; *Schulz*, in: ders. (Hg.), Verantwortung, S. 182 f.

vorzeichnet. Die Zurechnungsfrage wird – im Gegenteil – nach verschiedenen Standpunkten in jeweiligen Situationen unterschiedlich beantwortet.[183] Bestätigt wird dies schon durch einen Blick in die Geschichte des Begriffs: Das Verb „verantworten", welches das Wort „Antwort" enthält,[184] ist entstanden, um die Lage einer Person auszumalen, die vor Gericht nach den Gründen für ihr Handeln befragt worden ist.[185] Wer sich verantwortet, ist nämlich derjenige, gegen den eine Anklage erhoben worden ist wegen der Verletzung von Normen, Werten oder Aufgaben.[186] Verantwortung hat mit Beschuldigung und Verteidigung zu tun; ihre Zurechnung geschieht durch ein Gespräch zwischen mindestens zwei Partnern, wobei der eine den anderen für dessen Handlung zur Rede stellt und der andere darüber Rechenschaft ablegt.[187] Gelingt es dem Beschuldigten, seine Handlung zu rechtfertigen oder zu entschuldigen, dann wird er für die schlimmen Folgen nicht zur Verantwortung gezogen, auch wenn er die Ursache dafür ist.[188] Ob dabei die Rechtfertigung oder Entschuldigung annehmbar ist, wird beurteilt aufgrund der zugrunde gelegten Normen und der spezifischen Umstände, in denen der Handelnde steht und die Handlung vollzogen wird.[189] Verantwortung ist insofern „keine Naturtatsache, sondern ‚Verhandlungssache'" – mit anderen Worten: Verantwortlich „kann man nicht *sein*, sondern wird man (von anderen) *gemacht*".[190]

---

183 Vgl. *Bayertz*, in: ders. (Hg.), Verantwortung, S. 20 ff.

184 Seine Pendants in den romanischen Sprachen gehen alle auf das lateinische *respondere* zurück, das „antworten" meint. *Bayertz*, Verantwortung, S. 16. Näher dazu vgl. *Lüthy*, in: Winiger u. a. (Hg.), Verantwortung, S. 142 f.

185 *Banzhaf*, Verantwortung, S. 13 f.; *K. Stein*, Verantwortlichkeit, S. 8 f.

186 Vgl. *Heidbrink*, Wirtschaftsethik, S. 4; *Höffe*, in: Lampe (Hg.), Verantwortlichkeit, S. 15.

187 *Bayertz*, in: ders. (Hg.), Verantwortung, S. 16; *Brenner*, in: Winiger u. a. (Hg.), Verantwortung, S. 102; *Buddeberg*, Verantwortung, S. 3 f.; *Günther*, in: Müller-Doohm (Hg.), Vernunft, S. 471 ff.; *Höffe*, in: Lampe (Hg.) Verantwortlichkeit, S. 15. Auch die chinesische Schrift 責任 („*zeren*" in Chinesisch; „*sekinin*" in Japanisch; „*chaegim*" in Koreanisch), welche die Verantwortung bedeutet, besteht aus 責 (tadeln; fordern) und 任 (übernehmen; beikommen).

188 *Bayertz*, in: ders. (Hg.), Verantwortung, S. 16; *Gerber*, in: Gerber/Zanetti (Hg.), Verantwortung, S. 74.

189 Vgl. *Heidbrink*, Wirtschaftsethik, S. 5.

190 *Bayertz*, in: ders. (Hg.), Verantwortung, S. 16 (Hervorhebung im Original). Vgl. auch *Grunwald*, in: M. Kaufmann/Renzikowski (Hg.), Verantwortung, S. 114; *Günther*, in: Müller-Doohm (Hg.), Vernunft, S. 469; *Heidbrink*, Wirtschaftsethik, S. 7.

Wenn Verantwortung ein kontextabhängiger Kommunikationsbegriff ist, kann und muss sie mehrere Bedeutungen und Dimensionen haben:[191] In der Literatur wird sie unterteilt in die Kausal-, Rollen-, Fähigkeits-, Haftungsverantwortung usw.;[192] Fachgebiete entwickeln ihr eigenes Verständnis von Verantwortung – zu nennen sind etwa moralische, religiöse, politische, wirtschaftliche, juristische Verantwortung usw.;[193] die Verantwortung eines Straftäters für seinen Gesetzesverstoß unterscheidet sich von der Verantwortung, die ein Abgeordneter vor seinen Wählern übernimmt; die Verantwortung für meine Kinder ist etwas anderes als die Verantwortung vor meinen Vorgesetzten.[194] Bei allen diesen Verwendungsweisen kehrt sich aber eine gleiche Struktur wieder: Jemand wird für etwas gegenüber anderen nach bestimmten Regeln verantwortlich gemacht. Verantwortung ist ein mehrstelliger Relationsbegriff, der aus folgenden Elementen besteht: (1) Subjekt, das Verantwortung trägt, (2) Kreis derjenigen, denen Verantwortung geschuldet wird, und (3) Kriterien, nach denen Verantwortung zugeordnet wird.[195]

Diese Grundelemente dienen auch als Bezugspunkte, um zu verfolgen, wie Verantwortung in zunehmendem Maße unter Veränderungsdruck geraten ist, nämlich, wie parallel mit dem Übergang von der Industrie- zur Risikogesellschaft das klassische Modell der Verantwortung sich zu dem modernen Modell verwandelt hat.

---

191 Vgl. *Bayertz*, in: ders. (Hg.), Verantwortung, S. 4, 42 f.; *Saladin*, Verantwortung, S. 30 ff.; *Stahl*, in: Gerber/Zanetti (Hg.), Verantwortung, S. 163.

192 Vgl. *Gosepath*, in: M. Kaufmann/Renzikoswki (Hg.), Verantwortung, S. 19 ff.; *Hart*, Responsibility, S. 212; *Höffe*, Moral, S. 21; *Lenk*, Wertungen, S. 247 ff.

193 Vgl. *Stahl*, in: Gerber/Zanetti (Hg.), Verantwortung, S. 165. Auch in demselben Fachbereich wird der Verantwortungsbegriff uneinheitlich verwendet. Zum unterschiedlichen Gebrauch des Begriffs im Strafrecht, Zivilrecht und Öffentlichen Recht etwa vgl. *Dreier*, in: Neumann/Schulz (Hg.), Verantwortung, S. 12 ff.

194 Vgl. *Günther*, in: Müller-Doohm (Hg.), Vernunft, S. 468 f.

195 Vgl. *Bayertz*, in: ders. (Hg.), Verantwortung, S. 14 ff.; *Grunwald*, in: M. Kaufmann/Renzikowski (Hg.), Verantwortung, S. 115; *Heidbrink*, Wirtschaftsethik, S. 6 f.; *Neumann*, in: ders., Recht, S. 191 ff.; *Schulz*, in: ders. (Hg.), Verantwortung, S. 186 ff.; *Stahl*, in: Gerber/Zanetti (Hg.), Verantwortung, S. 165; *Zimmerli*, in: Lenk/Ropohl (Hg.), Technik, S. 102. Verantwortung kann auch als ein vier-, fünf- oder sechsstelliges Prädikat skizziert werden. *Lenk*, Humanität, S. 273 f. etwa sieht bei der Verantwortung eine sechsstellige Relation: *Jemand* trägt Verantwortung *für* etwas *gegenüber* einem anderen *vor* einer Instanz *in Bezug auf* ein Kriterium *im Rahmen* eines Bereiches.

2. Ausweitung des Bereichs der Subjekte der Verantwortung

„Das klassische Subjekt der Verantwortung ist das Individuum als Person."[196] Nur eine natürliche Person als Träger der Verantwortung anzusehen, ist eine Errungenschaft der Aufklärung, welche die archaische Kollektivschuld wie Sippenhaft aufgehoben hat.[197] Unter Person versteht man in Anlehnung an *Kant* dasjenige Subjekt, dessen Handlung deshalb einer Zurechnung fähig ist, weil es als vernünftiges Wesen die Fähigkeit hat, sich für eine Handlung autonom zu entscheiden, deren Verlauf intentional zu steuern und deren Folgen moralisch zu verstehen.[198] Danach bedingen sich Freiheit und Verantwortung gegenseitig.[199] In dieser Hinsicht sagt *Savigny*, dass alles Recht um der Freiheit des Menschen willen vorhanden und nur der einzelne Mensch rechtsfähig ist.[200]

Die Zeit, in der nur das Individuum zurechnungsfähig war, endete mit dem Beginn der industriellen Revolution. Industrialisierung, etwa Eisenbahn- oder Fabrikbau, brauchte umfangreiche Investition und Kooperation, die mit den vorherigen Methoden unerreichbar waren. Zur Deckung dieser Bedürfnisse ist ein neuartiges Unternehmen geschaffen worden, das von seinen Mitgliedern einigermaßen unabhängig ist: Zum einen wird das Kapital des Unternehmens von dessen Anlegern verselbständigt, damit sie auch im schlimmsten Fall nur das eingesetzte Geld verlieren, beim Gewinn dagegen profitieren; diese Trennung des Kapitals ermöglicht, zahlreiche Investoren zu mobilisieren.[201] Zum anderen geschieht

---

196 *Neumann*, in: ders., Recht, S. 192; vgl. auch *Schulz*, in: ders. (Hg.), Verantwortung, S. 188 f.

197 *Bayertz*, in: ders. (Hg.), Verantwortung, S. 7, 53; *F.-X. Kaufmann*, in: Bayertz (Hg.), Verantwortung, S. 80; *Stahl*, in: Gerber/Zanetti (Hg.), Verantwortung, S. 161. Nebenbei bemerkt: Nur den Menschen als Verantwortungsträger anzusehen, ist auch eine Errungenschaft der Moderne, die zwischen Natur und Gesellschaft unterscheidet. Noch im Mittelalter war es üblich, Tiere zur Verantwortung zu ziehen. Vgl. *Bayertz*, in: ders. (Hg.), Verantwortung, S. 6 f. (unter Bezugnahme auf *Evans*, Animals).

198 Vgl. *Gerber*, in: Gerber/Zanetti (Hg.), Verantwortung, S. 74 f.; *Hattenhauer*, in: Klein/Menke (Hg.), Person, S. 57; *Köhler*, in: Hirsch-FS, S. 67 ff.

199 Vgl. *Gosepath*, in: M. Kaufmann/Renzikowski (Hg.), Verantwortung, S. 20; *Lenk/Maring*, in: Bayertz (Hg.), Verantwortung, S. 249; *Stahl*, in: Gerber/Zanetti (Hg.), Verantwortung, S. 166 f.; *Werner*, in: Düwell/Hübenthal/Werner (Hg.), Ethik, S. 541. Zur Diskussion um die Willensfreiheit, die heute durch die Hirnforschung intensiver wird, hier aber nicht untersucht werden kann, vgl. statt vieler *Duttge* (Hg.), Gehirn; *Hillenkamp*, ZStW 127 (2015), 10 ff.

200 *Savigny*, System II, S. 2. Vgl. auch *Haas*, in: M. Kaufmann/Renzikowski (Hg.), Verantwortung, S. 127 ff.; *Henkel*, Theorie der Juristischen Person, S. 72 ff.

201 Vgl. *Blankart*, Öffentliche Finanzen, S. 298; *Caroni*, Rechtsgeschichte, S. 83 f.

in dem Unternehmen die Güterproduktion durch „kleinste Arbeitsschritte und lange Prozessketten",[202] sodass Endprodukte keinem einzelnen Angestellten zuzurechnen sind; diese intensive Arbeitsteilung ermöglicht, die Produktivität zu maximieren.[203] Diese Unternehmen, besonders Aktiengesellschaften, trieben das Wirtschaftswachstum voran, brachten aber auch das Erfordernis mit sich, die Verantwortungsverhältnisse mit und in Unternehmen klarzulegen.[204] Der Zunahme solcher Unternehmen[205] hat das Zivilrecht dadurch Rechnung getragen, sie mit benötigten Rechten und Pflichten auszustatten, damit sie selbst in ihrem Geschäftsgebiet wie eine natürliche Person handeln. Auf diese Weise hat sich eine neue Art von Verantwortungsträger herausgebildet – die juristische Person,[206] „die nicht von einer Frau", sondern vom Gesetzgeber „geboren wird".[207]

Diese Rechtsfigur hat sich als „sehr fruchtbar"[208] erwiesen, um die Handlungsmöglichkeiten natürlicher Personen zu erweitern. Darum hat sie sich über den Wirtschaftszweig hinweg verbreitet.[209] Interaktion von Individuen ist zunehmend durch Organisation ersetzt worden,[210] und individuelles Handeln rückt gegenüber kollektivem Handeln in den Hintergrund[211] – vollzogen hat sich eine Machtverlagerung von natürlichen zu juristischen Personen. In der heutigen Gesellschaft werden wichtige Entscheidungen meistens in und durch Organisationen getroffen, die sowohl im Inneren als auch nach außen immer autonomer werden.[212] Dies wirft die Frage auf, ob juristische Personen auch im Strafrecht eigenständige Verantwortungsträger sein können, in einem Recht, das von der traditionellen Moral tief geprägt ist und mithin schuldhaftes Handeln von „einem denkenden, wollenden, fühlenden Wesen" ernsthaft verlangt.[213] Die Strafbarkeit juristischer

---

202 *Hebestreit*, Verantwortung, S. 28.
203 Vgl. *Bayertz*, in: ders. (Hg.), Verantwortung, S. 25, 30.
204 Vgl. *Bayertz*, in: ders. (Hg.), Verantwortung, S. 31.
205 Vgl. dazu *Coleman*, Gesellschaftsstruktur, S. 18 f.
206 Vgl. *Hadding/Kießling*, in: Eckert (Hg.), Rechtsgeschichte, S. 165 ff.; *Wieacker*, in: Huber-FS, S. 358 ff.
207 *Coleman*, Gesellschaftsstruktur, S. 3.
208 *Coleman*, Gesellschaftsstruktur, S. 3, 17.
209 *Stolleis*, Geschichte, Bd. 2., S. 107 f.
210 Vgl. *Bayertz*, in: ders. (Hg.), Verantwortung, S. 47; *Luhmann*, Gesellschaft, S. 826 ff.
211 *Lenk/Maring*, in: Bayertz (Hg.) Verantwortung, S. 249 f.; *Zimmerli*, in: Lenk/Ropohl (Hg.), Technik, S. 104.
212 Vgl. *Coleman*, Gesellschaftsstruktur, S. 41; *Heidbrink*, Wirtschaftsethik, S. 14 ff.; *Luhmann*, Gesellschaft, S. 828; *Neumann*, in: ders., Recht, S. 192; *Wieacker*, in: Huber-FS, S. 360.
213 *Savigny*, System II, S. 312; vgl. auch *Engisch*, in: 40. DJT, S. E. 23 ff.

Personen ist mittlerweile in zahlreichen Ländern anerkannt,[214] was insofern Deutschland wie eine einsame Insel erscheinen lässt.[215] Dass die Verbandsstrafe fester Bestandteil in vielen Strafrechtsordnungen ist, markiert, dass der Verantwortungsbegriff – abgekoppelt von seiner ursprünglichen Idee – in ein Instrument („Begriffshülse“[216]) umgewandelt wird, um die Zurechnung zu erleichtern: Die Bestrafung des Kollektivs, die seine Schuld aus den hinter ihm stehenden Individuen abstrahiert, verändert die Bedeutung der strafrechtlichen Verantwortung; an die Stelle des Appells an die moralische Reflexion der Mitglieder tritt der Bedarf der effektiven Prävention gegenüber ihnen.[217]

Die Tendenz, ein Kollektiv selbst zur Verantwortung zu ziehen, erfährt ihren Höhepunkt in der Diskussion um die „Schutzverantwortung“, welche die Staaten und die internationalen Verbände im Hinblick auf „Verbrechen gegen die Menschlichkeit“ wie Völkermord tragen sollen.[218] Und nun erreicht diese Tendenz eine neue Dimension, indem sie mit der ökologischen Ethik zusammentrifft, die der ökologischen Krise entgegentritt. Diese „Ethik für die technologische Zivilisation“[219] bildet die Menschheit als ein einheitliches Subjekt der Verantwortung für die Prävention der ökologischen Apokalypse. Sie beruht auf der Tatsache, dass mit der Macht auch die Verantwortung wächst und die moderne Technik den Menschen die Kräfte gibt, über das Schicksal des Globus zu entscheiden; sie berücksichtigt auch den Umstand, dass globale Umweltrisiken nicht auf bestimmte Menschen reduzierbar sind. Daraus, dass die Menschen nur gemeinsam die Umweltkrise verursachen, folgert die Zukunftsethik, dass die Verantwortung dafür die Gesamtheit der Menschen übernehmen muss.[220]

So verständlich dieser Schluss ist, so deutlich ist doch die Krux dabei. Die Menschheit ist kein Gebilde, dessen Mitglieder für ein gemeinsames Ziel

---

214 Vgl. *Cho*, Ann. Ist. 61 (2012), 4 ff.; *Gobert/Pascal* (Hg.), Corporate Criminal Liability, S. 207 ff.; *Pieth/Ivory* (Hg.), Corporate Criminal Liability, S. 63 ff.; *Yamanaka*, ZJapanR 2002, 191 ff.

215 *Neumann*, in: Kempf/Lüderssen/Volk (Hg.), Unternehmensstrafrecht, S. 13: „Der Deutsche Sonderweg“. Deutschland hat die immer wieder unterbreiteten Vorschläge zu einem Verbandsstrafrecht jeweils zurückgewiesen, ist aber nun wieder konfrontiert mit diesem „rechtspolitischen Zombie“ (NRW-Entwurf für ein Verbandsstrafgesetzbuch). Vgl. *Schünemann*, ZIS 1/2014, 1.

216 *Murmann*, in: Koriath u. a. (Hg.), Grundfragen, S. 205.

217 Vgl. *Y. Kim*, Zurechnung, S. 217; *Neumann*, in: Kempf/Lüderssen/Volk (Hg.), Unternehmensstrafrecht, S. 20.

218 Vgl. dazu statt vieler *Hilpold* (Hg.), Schutzverantwortung.

219 *Jonas*, Verantwortung.

220 Vgl. *Bayertz*, in: ders. (Hg.) Verantwortung, S. 53 f.

systematisch kooperieren, sondern ein Gemisch verschiedener Menschen, die jeweils auf ihre eigene Weise leben. Anders als Organisationen kann die Menschheit keinen Willen fassen, keine Entscheidung treffen und keine Handlung vornehmen[221] – sie kann nur „grammatisch als Subjekt fungieren".[222] Eine weitere Schwierigkeit ist, dass dieses grammatische Subjekt kein Gegenüber hat. Verantwortung ist, wie ausgeführt, ein Beziehungsbegriff: Jemand schuldet Verantwortung für etwas „gegenüber" einem anderen; es muss jemanden geben, „vor" dem man sich für etwas verantwortet.[223] So fragt *Neumann*: „Wem gegenüber aber sollte die Menschheit verantwortlich sein, nachdem die ‚Verantwortung vor Gott' allenfalls noch eine rhetorische Formel ist?"[224] Wenn in einer säkularisierten, rationalistischen Welt die Menschheit ein Verantwortungssubjekt sein könnte, dann wäre eine solche Verantwortung lediglich als die gegenüber sich selbst möglich. Tatsächlich gründen manche Umweltethiker ihre These auf das Eigeninteresse der Menschen am Naturschutz[225] und schlagen dann vor, dass wir den Ast nicht absägen sollten, auf dem wir sitzen.[226]

Dieser Appell an die Klugheit des Menschen wird indessen nicht nur als egoistisch, sondern vor allem als irrtümlich abgelehnt von anderen Naturethikern, welche die ökologische Krise gerade auf den Anthropozentrismus zurückführen, der die Natur auf den Nutzen des Menschen hin betrachtet. Statt zu versuchen, die Menschheit unmittelbar als ein Subjekt zu gestalten, bemühen sich solche Naturethiker darum, dem Handlungsobjekt, der Natur, einen Eigenwert zu verleihen.[227] Anders gesagt: Sie wollen die Verantwortung für den Naturschutz weniger durch den Appell an den Menschen begründen, als vielmehr durch den Anspruch der Natur; hier wird die Quelle der Verantwortung nicht dem Subjekt

---

221 Vgl. *Birnbacher*, in: Bayertz (Hg.), Verantwortung, S. 144; *Krawietz*, in: Bayertz (Hg.), Verantwortung, S. 193.

222 *Bayertz*, in: ders. (Hg.), Verantwortung, S. 55. Vgl. auch *Lenk/Maring*, in: Bayertz (Hg.) Verantwortung, S. 248.

223 *Buddeberg*, Verantwortung, S. 30; *Lüthy*, in: Winiger u. a. (Hg.), Verantwortung, S. 143; *Neumann*, in: ders., Recht, S. 192 f.; *Schulz*, in: ders. (Hg.), Verantwortung, S. 192.

224 *Neumann*, in: ders., Recht, S. 193.

225 Vgl. *Bayertz*, in: ders. (Hg.), Verantwortung, S. 56; *Krebs*, in: dies. (Hg.), Naturethik, S. 364 ff.

226 Vgl. *Brecht*, Exil III.

227 Zu Begriff und Arten des Eigenwerts, der im Mittelpunkt der Naturethik steht, vgl. *Krebs*, in: Gröschner/Morlok (Hg.), Rechtsphilosophie, S. 194 ff.

entnommen, sondern ins Objekt verlagert.[228] Würde dies gelingen, so könnte die Menschheit zwar indirekt, aber immerhin als Verantwortungssubjekt gefasst werden, in dem Sinne, dass alle Menschen die gleiche Pflicht haben, den inhärenten Wert der Natur zu respektieren. Aus diesem Grund strebt die ökologische Ethik danach, den Bereich der Verantwortung auf die Natur auszudehnen. Dies beginnt mit der Kritik an der klassischen Verantwortungstheorie, die von der *Kant*ischen Moralphilosophie ausgeht:

3. Ausdehnung des Kreises der Gläubiger der Verantwortung

Kant zufolge, wie erwähnt, kann nur eine Person Verantwortung übernehmen, und zwar ausschließlich gegenüber anderen Personen. Einen Eigenwert, der ein Wesen sowohl zum Träger als auch zum Gläubiger von Verantwortung erhebt, erkennt *Kant* lediglich dem Menschen zu, der die Vernunft hat und haben kann: Personen sind nur Menschen – und alle Menschen: Auch „Ungeborene, Unmündige, Blödsinnige, Wahnsinnige" werden aufgrund ihres „möglichen Vernunftgebrauches" als Personen anerkannt.[229] Selbst wenn man ihnen wegen ihrer mangelnden Vernunftfähigkeit tatsächlich keine Verantwortung zuschreiben kann, schuldet man ihnen grundsätzlich Verantwortung. In dem tradierten Anthropozentrismus beschränkt sich der Kreis der Gläubiger von Verantwortung nicht auf die heute lebenden und werdenden Menschen; auch dort ist es selbstverständlich, das Wohlergehen unserer Enkel, die in naher Zukunft zur Welt kommen, nicht außer Acht zu lassen. Die Sorge für die Nachkommen erscheint nun in neuem Licht, indem die Zukunft der Gattung Mensch in Gefahr gerät. Da die Macht des Menschen sich immer weiter in die Zukunft erstreckt, wird die Reichweite der Verantwortung auf unsere Ur-Ur-Urenkel ausgedehnt. Das Konzept der Verantwortung für Nachgeborene ist, obwohl es schwierige Vorfragen birgt,[230] mit verschiedenen Begründungsansätzen generell angenommen[231] und nach langjährigen Kontroversen in die Verfassung aufgenommen worden[232] – das Grundgesetz (Art. 20a) fordert, „auch in Verantwortung für die künftigen Generationen die natürlichen Lebensgrundlagen und die Tiere" zu schützen.

---

228 Vgl. *Bayertz*, in: ders. (Hg.), Verantwortung, S. 59; *Krawietz*, in: Bayertz (Hg.), Verantwortung, S. 194 ff.

229 Vgl. *Hattenhauer*, in: Klein/Menke (Hg.), Person, S. 57 unter Verweis auf *v. Zeller*, Privatrecht, § 41. Zur Frage der moralischen „Sonderstellung des Menschen als Person" vgl. *Gruber*, Rechtsschutz, S. 25 ff.

230 Vgl. dazu *Kleiber*, Generationen, S. 45 ff.; *Winiger*, Verantwortung, S. 99.

231 Vgl. *Banzhaf*, Verantwortung, S. 191 ff.; *Knoepffler*, Angewandte Ethik, S. 197 f.

232 Vgl. *Gruber*, Rechtsschutz, S. 191.

Diese Aufgabe zieht die Frage nach sich, auf welche Weise die Natur geschützt werden soll – konkreter: Welcher Wert und Status soll den Schutzobjekten verliehen werden? Nach der herkömmlichen Ethik können wir zwar gegenüber unseren Nachfahren Verantwortung tragen, aber nicht gegenüber der Natur. Allerdings schreibt auch der Anthropozentrismus vor, die Natur zu schonen; so verbietet *Kant*, ohne Grund Tiere zu quälen und Unbelebtes zu zerstören – mit dem Argument, dass dadurch das Mitgefühl am Leiden und die Empfänglichkeit für das Schöne im Menschen geschwächt würden.[233] Die Verantwortung in Bezug auf die Natur kann folglich nicht „gegenüber", sondern nur „in Ansehung" der Natur bestehen; die Natur ist die mittelbare Nutznießerin von Verantwortung gegenüber Menschen.[234] Dagegen wenden einige Naturethiker ein, dass es willkürlich ist, nur vernunftbegabten Wesen einen intrinsischen Wert beizumessen. Einen Eigenwert gewähren sie statt Vernunft anderen Eigenschaften wie Leidensfähigkeit, Leben, Harmonie des Ökosystems usw.[235] Tiere, Pflanzen und sogar Umweltmedien, soweit sie in der Sinfonie der Natur mitspielen, können demnach Gläubiger von Verantwortung werden und ferner subjektive Rechte haben, die von ihren Treuhändern ausgeübt werden sollen.[236] Welchen dieser Wege wir einschlagen, also ob wir die Natur nur für uns oder um ihrer selbst willen schützen, bestimmt die Grundrichtung der Umweltgesetzgebung. Die Befürworter des Anthropozentrismus würden sich damit begnügen, eine menschenfreundliche Umwelt zu bewahren; wohingegen sich seine Gegner darum bemühen würden, für Belange der Natur Regelungen des Umweltrechts zu verschärfen.[237] In diesem Zusammenhang steht auch die Debatte über das Rechtsgut der strafrechtlichen Umweltdelikte, der später nachgegangen wird.[238]

---

233 Vgl. *Birnbacher*, in: ders. (Hg.), Ökologie, S. 116; *P. Fischer*, Politische Ethik, S. 151 ff.; *A. Kaufmann*, in: Spendel-FS, S. 62.

234 Vgl. *Apel*, Verantwortung, S. 196; *Birnbacher*, in: Klein/Menke (Hg.), Person, S. 153 f.; *Hoerster*, Tiere, S. 18.

235 Zu Pathozentrismus, Biozentrismus, Holismus und anderen nicht anthropozentrischen Ansätzen in der ökologischen Ethik, die unter dem Begriff „Physiozentrismus" zusammenzufassen sind, vgl. *Birnbacher*, in: Bayertz (Hg.), Philosophie, S. 282 ff.; *Krebs*, in: dies. (Hg.), Naturethik, S. 345 ff.

236 Vgl. *Appel*, Entwicklungsvorsorge, S. 66 ff.; *Gruber*, Rechtsschutz, S. 160 ff.; *Kleiber*, Generationen, S. 148 ff.

237 Vgl. *Appel*, Entwicklungsvorsorge, S. 64 ff.; *Gruber*, Rechtsschutz, S. 18 ff., 193 ff.; *Kloepfer*, in: ders. (Hg.), Umweltstaat, S. 195 ff.; *Niederstadt*, Ökosystemschutz, S. 98 f.

238 Vgl. unten B. II.

4. Umstellung der Perspektiven der Verantwortung

Dass künftige Generationen das Feld der Verantwortung betreten haben, ist ein Zeichen dafür, dass dort ein Perspektivenwechsel stattfindet. Lange Zeit war die Verantwortung erst dann gefragt, wenn menschliche Taten schlimme Folgen bewirkt hatten – Handeln und Schaden lagen in der Vergangenheit.[239] Dabei fand die Zukunft kaum Beachtung, da die Wirkung einer Handlung nur kurz dauerte und nach dem gewöhnlichen Lauf der Dinge zu erwarten war. Demgemäß konzentriert sich das tradierte Verantwortungsmodell darauf, eingetretene Schäden demjenigen zuzurechnen, der sie schuldhaft angerichtet hat; es überlässt die Zukunft dem Schicksal oder der Vorsehung.[240] Demgegenüber lenkt das moderne Modell sein Augenmerk auf die Zukunft. Dies liegt daran, dass die Zunahme von Großrisiken den Bedarf an deren Vorsorge enorm erhöht. Für diese Vorsorge ist es notwendig, Tun und Unterlassen zu verbieten, die zu Schäden führen können; erforderlich ist ferner, Handeln und Nichthandeln zu veranlassen, die zur Vermeidung von Schäden beitragen können.[241] Bei Verantwortungsfragen verschiebt sich damit der Akzent von einer retrospektiven auf eine prospektive Zurechnung: Während die *Ex-post*-Verantwortung auf ein vergangenes, negatives Ereignis passiv reagiert, richtet sich die *Ex-ante*-Verantwortung aktiv auf einen zukünftigen, erwünschten Zustand.[242] Die Akzentverschiebung impliziert die Inhaltsveränderung: Bei dem Verantwortungsbegriff überwiegt heute der Aspekt der „Pflicht für etwas Zu-Tuendes" den der „Rechenschaft für etwas Getanes";[243]

239 *Winiger*, Verantwortung, S. 81 f.

240 Vgl. *Becchi*, Verantwortung, S. 119; *Hebestreit*, Verantwortung, S. 30; *Neumann*, in: ders., Recht, S. 194.

241 Vgl. *Winiger*, Verantwortung, S. 82 f. Die Relevanz der Unterscheidung zwischen Handeln und Unterlassen lässt im modernen Modell nach – Verantwortung wird begründet nicht nur durch den „realen Kausalzusammenhang zwischen Handlung und Folgen", sondern auch durch den „virtuelle[n] Zusammenhang zwischen Nichthandeln und ‚Folgen'". *Neumann*, in: ders., Recht, S. 195 f.; vgl. auch *Schulz*, in: ders. (Hg.), Verantwortung, S. 188. *Bayertz*, in: ders. (Hg.), Verantwortung, S. 46 weist darauf hin, dass die Wasserverschmutzung etwa nicht nur aus der Abwasserleitung folgt, sondern sie auch deshalb entsteht, „weil der betreffende Unternehmer keinen Filter eingebaut hat; oder weil die Regierung keine strengere Regelungen erlassen" hat.

242 Vgl. *Bayertz*, in: ders. (Hg.), Verantwortung, S. 32, 45; *Heidbrink*, Wirtschaftsethik, S. 8 f.; *Klement*, Verantwortung, S. 50 ff.

243 Vgl. *Jonas*, Verantwortung, S. 173 ff.; siehe auch *Banzhaf*, Verantwortung, S. 14 f.; *Heidbrink*, Wirtschaftsethik, S. 6; *Schubert*, Verantwortung, S. 64 ff.

betont werden also statt der Bestrafung von Schadensverursachern die Vermeidung künftiger Schäden und die Herstellung gewünschter Zustände.[244]

Damit einher geht die „Umstellung von einer normbezogenen auf eine folgenorientierte Verantwortung".[245] Im traditionellen Verständnis wird Verantwortung aufgrund der deontologischen Moraltheorie[246] zugerechnet. Diese gebietet der Person, zu prüfen, ob deren Handlung mit allgemeinen Maximen vereinbar ist; man denke vor allem an *Kant*s kategorischen Imperativ. Danach ist eine Handlung richtig, wenn sie mit den gültigen Normen übereinstimmt – gleichgültig, welche Ergebnisse sie zeitigt. Anders verhält es sich bei dem Konsequentialismus,[247] der im neuen Verantwortungsmodell als Hauptkriterium der Zurechnung herangezogen wird. In dieser Ethik ist eine Handlung gut, wenn sie im Einzelfall zum besten Resultat für die Betroffenen führt oder zu den Arten von Handlungen gehört, deren Vornahme insgesamt menschliches Glück am besten fördert.[248] Dass die Verantwortung heutzutage eher auf Teleologie beruht als auf Deontologie, ist ein Ergebnis der Entwicklung der Technologie: Wenn auch normkonformes Handeln mit erheblichen Risiken verbunden ist, darf sich die Verantwortung nicht mehr darin erschöpfen, die Einhaltung bestehender Gebote und Verbote zu überprüfen. Es kann unverantwortlich sein, „aus der Erlaubtheit der Handlung" einfach zu schließen, „dass der Handelnde für die Folgen nicht verantwortlich ist"; umgekehrt kann es erlaubt sein, „aus der Verantwortlichkeit für die negative Folgen" abzuleiten, „dass die Handlung nicht erlaubt ist".[249]

---

244 Vgl. *Hebestreit*, Verantwortung, S. 25; *Korenjak/Ungericht/Raith* (Hg.), in: Gerber/Zanetti (Hg.), Verantwortung, S. 150; *Ropohl*, in: Lenk/Ropohl (Hg.), Technik, S. 157 f. Dies sollte so verstanden werden, dass die Zukunftsverantwortung an Bedeutung zunimmt, nicht aber so, dass die Vergangenheitsverantwortung ihren Sinn verliert. Auch bei den zu tuenden Pflichten wird in der Zukunft wiederum die Rechenschaft für das (Un-)Getane gefordert. Vgl. *Bayertz*, in: ders. (Hg.), Verantwortung, S. 45; *Buddeberg*, Verantwortung, S. 41; *Klement*, Verantwortung, S. 52.

245 *Neumann*, in: ders. (Hg.), Recht, S. 194. Vgl. auch *Hebestreit*, Verantwortung, S. 27; *Heidbrink*, Wirtschaftsethik, S. 9.

246 Zur deontologischen Ethik grundsätzlich *Birnbacher*, Einführung, S. 113 ff.

247 Zu konsequentialitischer Ethik und ihren Untertypen (Handlungs- und Regelutilitarismus) grundsätzlich *Birnbacher*, Einführung, S. 173 ff.

248 Dazu, wie sich beide Moraltheorien in der juristischen Argumentation anwenden lassen, vgl. *Neumann*, in: ders., Recht, S. 114 ff.

249 Vgl. *Neumann*, in: ders., Recht, S. 195; siehe auch *Klement*, Verantwortung, S. 53; *Winiger*, Verantwortung, S. 2, 109.

Ausgeschlossen ist allerdings eine reine Folgenorientierung des Handelns.[250] Eine Person kann nur dann verantwortlich handeln, wenn klare Vorgaben bereitstehen, deren Beachtung sie von der Folgenverantwortung befreit. Auch wenn die zu erwartenden Folgen zum zentralen Maßstab der Verantwortung geworden sind, muss das diese regelnde Rechtssystem daher deontologisch aufgebaut sein; es muss grundsätzlich so verfasst sein, dass eine Person nur für ihre Normverletzung verantwortlich ist, nicht aber für die Folgen ihrer Normeinhaltung. Sonst verfehlt es seine Funktion, das Verhalten der Individuen und den Verlauf der Gesellschaft zu steuern.[251] Wenn im Recht das utilitaristische Ziel in der deontologischen Form zum Ausdruck kommt: Nicht erst eine Schädigung, sondern schon eine Gefährdung eines anderen wird als Unrecht formuliert, das zur Vermeidung von unerwünschten Folgen zur Verantwortung gezogen wird – dies ist deutlich sichtbar daran, dass das moderne Strafrecht Gefährdungsdelikte vor Verletzungsdelikten bevorzugt.[252] Ab welchem Grad eine Gefährdung ein Unrecht wird, bestimmt sich nach Grenzwerten, die durch Güterabwägung und Verständigung festgelegt werden.[253]

Dabei setzt die Folgenorientierung, die in Moral tendenziell grenzenlos gefordert wird, das Recht weiter unter Druck, die Schwellenwerte zu senken.[254] Wie hoch dieser Druck ist, zeigt sich etwa an der These einer „Umweltpflichtigkeit" der Grundrechte, die sich aus Art. 20a GG ergeben soll.[255] Sie erhebt das Staatsziel Umweltschutz zu einer immanenten Grundrechtsschranke, um damit umweltbelastendes Handeln von vornherein aus dem Schutzbereich der Freiheitsrechte zu verbannen – obwohl solche Belastungen ihrerseits auf dem Grundrecht der Berufsfreiheit (Art. 12) oder des Eigentums (Art. 14 GG) beruhen.[256] Dies ist ein Versuch, die grundrechtlich garantierte Freistellung von Folgenverantwortung zu schwächen, um „die gute Sache des Umweltschutzes"[257]

250 Näher dazu vgl. *Nida-Rümelin*, Verantwortung, S. 108 ff.

251 Vgl. *Neumann*, in: ders., Recht, S. 195 f.

252 Vgl. unten B. III.

253 Vgl. *Neumann*, in: ders., Recht, S. 196.

254 Anders als das Recht, das die Folgenverantwortung limitiert, tendiert die Moral dazu, die Zurechenbarkeit grenzenlos auf sämtliche Folgen des Handelns auszuweiten. Vgl. *Neumann*, in: ders., Recht, S. 196; *Schulz*, in: ders. (Hg.), Verantwortung, S. 182.

255 Dazu *Murswiek*, DVBl. 1994, S. 79 ff.

256 Vgl. *Dreier*, in: Neumann/Schulz (Hg.), Verantwortung, S. 30 f.; *Tsai*, Umweltschutzpflicht, S. 137.

257 *Dreier*, in: Neumann/Schulz (Hg.), Verantwortung, S. 30.

optimal zu verwirklichen.[258] Dieser Versuch weist andererseits darauf hin, dass aus der Verantwortung nicht nur Pflichten, sondern auch Rechte folgen – also: Aufgrund seiner Verpflichtung zum Umweltschutz für die künftigen Generationen kann der Staat beanspruchen, eine Beeinträchtigung der Umwelt zu bestrafen.[259]

5. Fazit: Globalisierung der Verantwortung

Auf die Totalisierung menschlicher Macht und die Globalisierung ökologischer Risiken, die aus dem Übergang von der Industrie- zur Risikogesellschaft resultiert haben, reagiert die Gesellschaft damit, die Verantwortung zu einer totalen und globalen zu machen. Dadurch wird der Verantwortungsbegriff erheblich geändert. Idealtypisch gesprochen: Während es im klassischen Modell der Verantwortung darum geht, dass eine Person gegenüber anderen Personen für Schäden aus ihrer Normverletzung haftet, fordert das moderne Modell die Menschheit auf, auch unter Berücksichtigung der Belange der Natur dafür zu sorgen, dass gewünschte Zustände hergestellt werden. Verantwortung hat sich umgewandelt von einem retrospektiven, anthropozentrischen und deontologischen Begriff in einen prospektiven, ökologischen und konsequentialistischen.

Ob und inwieweit diese globale Erweiterung der Verantwortung, die den globalen ökologischen Risiken begegnen soll, begründbar und umsetzbar ist, bleibt noch dahingestellt. Festzustellen ist aber, dass diese Ausweitungstendenz das Rechtssystem unter Druck setzt, seine Zurechnungsregeln so zu gestalten, dass Umweltschäden effektiv vermieden werden können. Im Strafrecht hat dieser Druck vor allem zur Entstehung des Umweltstrafrechts geführt, das die Strafbarkeit weit ins Vorfeld verlegt. Diese Vorfeldkriminalisierung, die durch die Funktionalisierung strafrechtlicher Zurechnungsregeln geschieht, soll im Folgenden untersucht werden.

---

258 Vgl. *Neumann*, in: ders. (Hg.), Recht, S. 196 f.

259 Vgl. *Neumann*, in: ders. (Hg.), Recht, S. 198.

B. Erscheinungsformen der Vorfeldkriminalisierung im Umweltstrafrecht

I. Funktionalisierung des Strafrechts

Wenn man auf die Entwicklung des Strafrechts seit dem 18. Jahrhundert zurückblickt, kann man feststellen, dass sich auch dort die „Dialektik der Moderne“ vollzogen hat: Das Strafrecht hat im Zuge seiner „Modernisierung“ ein Stadium erreicht, in dem es kontraproduktiv und anachronistisch geworden ist.[1] Der entscheidende Beweis dafür ist die heutige Tendenz der „Funktionalisierung“ des Strafrechts.[2]

Diese Diagnose enthält zwei erklärungsbedürftige Begriffe: die „Funktionalisierung“ und „Modernisierung“ des Strafrechts. Auf der einen Seite könnte man fragen, ob es richtig ist, eine Entwicklung des Strafrechts als Funktionalisierung zu kennzeichnen. Denn die staatliche Strafe ist weder Selbstzweck noch zwecklos, sondern Mittel zum Zweck; insofern ist das Strafrecht funktional. Wenn trotzdem von seiner Funktionalisierung die Rede ist, dann deswegen, weil über seinen Hauptzweck keine Einigkeit besteht; man kann ihn entweder in der Person sehen oder im Kollektiv wie Staat oder Gesellschaft.[3] Von der Funktionalisierung spricht man nur dann, wenn das Strafrecht zum letztgenannten Zweck eingesetzt und damit als Mittel der Kriminalpoltik angewendet wird.[4] Auf der anderen Seite soll die Frage beantwortet werden, was unter Modernisierung des Strafrechts zu verstehen ist. Dieses Kennzeichen verweist zwar auf mehrere

---

1 *Hassemer*, Produktverantwortung, S. 1 f.

2 NK-*Hassemer/Neumann*, Vor § 1 Rn. 342 ff.; MK-*Joecks*, Einleitung Rn. 110 ff.; *Prittwitz*, StV 1991, 435 ff.

3 Näher zu diesem Gegensatz *v. d. Pfordten*, JZ 2005, 1069 ff. Im ersten Fall geht es bei der Strafe um Schuldausgleich oder Resozialisierung; im zweiten dagegen um Stabilisierung der Gesellschaft. Vgl. *A. Kaufmann*, Rechtsphilosophie, S. 161 ff. Beide Positionen beruhen auf unterschiedlichen Menschenbildern: Dort wird der Mensch als „sittliches Vernunftwesen“ begriffen, hier als „Schnittpunkt biologischer, soziologischer und psychologischer Wirkungszusammenhänge“. *Neumann*, in: Jung/Müller-Dietz/Neumann (Hg.), Strafrechtsentwicklung, S. 62.

4 *Hassemer*, JuS 1987, 264; *ders.*, in: Philipps/Scholler (Hg.), Funktionalismus, S. 85 ff.; *Murmann*, in: Koriath u. a. (Hg.), Grundfragen, S. 189 f.

Erscheinungen,[5] bedeutet aber im Allgemeinen die Rationalisierung des Strafrechts, nämlich die „Entwicklung zu einem bewußten, ziel- und folgenorientierten Einsatz des strafrechtlichen Instrumentariums".[6]

Nun zurück zur Dialektik der Moderne im Strafrecht: Im 18. Jahrhundert wurde das klassische Naturrecht durch die Erkenntniskritik der Aufklärung widerlegt. *Kant* bewies, dass es unmöglich ist, aus der Natur ein allgemeines Recht mit eindeutigem Inhalt zu erkennen.[7] Mit dem Tod des Naturrechts bekam die Gesetzgebung eine neue Dimension. Während bisher der Gesetzgeber das Naturrecht erkannte und daraus konkrete Normen ableiten durfte, musste er nunmehr Gebote und Verbote selber schaffen und hienieden begründen.[8]

Die Quelle einer solchen Begründung entdeckte die politische Philosophie der Aufklärung in der Freiheit.[9] Freilich ist unbeschränkte äußere Freiheit ausgeschlossen; die Freiheit des einen endet dort, wo die des anderen beginnt. Um die Freiheit aller größtmöglich zu gewährleisten, bedarf es daher einer allgemeinen Verfassung der Gemeinschaft, welche die Freiheitssphären des Einzelnen gegeneinander abgrenzt.[10] Die Aufklärungsphilosophie entfaltete als eine solche Verfassung die Lehre vom Gesellschaftsvertrag. Er soll heißen: Jeder verzichtet freiwillig, gleichmäßig und wechselseitig auf einen Teil seiner Freiheit (eigene Gewaltmittel), überträgt diesen auf einen neutralen Dritten und verwirklicht damit die Freiheit aller.[11] Hier wird der Staat als dieser Dritte begründet; er lebt von der menschlichen Freiheit – nicht umgekehrt. Daraus folgt: Einerseits darf er keinesfalls seine Gewalt willkürlich gegen die Freiheit der Bürger ausüben; andererseits soll er mit seiner Gewalt gewährleisten, dass das menschliche Miteinander nicht zu Freiheitsverletzungen führt.[12]

---

5 *Hassemer*, Produktverantwortung, S. 3 f.; *ders.*, Erscheinungsformen, S. VII.

6 *Neumann*, in: Jung/Müller-Dietz/Neumann (Hg.), Strafrechtsentwicklung, S. 57; vgl. auch *Hassemer*, Einführung, S. 274 f.; *Kratzsch*, Verhaltenssteuerung, S. 25. So umfasst die „Modernisierung" des Strafrechts dessen „Funktionalisierung".

7 *A. Kaufmann*, in: A. Kaufmann/Hassemer/Neumann (Hg.), Einführung, S. 59; *Radbruch*, Rechtsphilosophie, S. 21; *Welzel*, Naturrecht, S. 162 ff.

8 *Hassemer*, Theorie, S. 30; *ders.*, Einführung, S. 253; vgl. auch *Jescheck/Weigend*, AT, S. 95 f.; *Köhler*, Strafe, S. 2.

9 *Kant*, Metaphysik der Sitten, VI, 237 (AB 45).

10 Vgl. *Naucke/Harzer*, Grundbegriffe, Rn. 152; *K. Seelmann/Demko*, Rechtsphilosophie, S. 50 f.

11 Vgl. *Hassemer*, Theorie, S. 31 ff.; *ders.*, Produktveranwortung, S. 4; *Stratenwerth*, Freiheit, S. 9 ff.

12 *Albrecht*, Freiheit, S. 28 f.; *Hassemer*, Einführung, S. 253; *Roxin*, in: Hassemer-FS, S. 578; vgl. auch *Lüderssen*, Krise, S. 34.

Damit veränderte sich der Verpflichtungscharakter der Rechtsnorm. Normen, welche die Handlungsfreiheit beschneiden, konnten nunmehr nur so legitimiert werden, dass sie durch Einschränkung der Freiheit des einen die Freiheit des anderen ermöglichen; und sie konnten nur dann legitimiert werden, wenn sie von den Betroffenen als nötig anerkannt und zugestimmt werden können. Dieses Legitimationsproblem betrifft am stärksten die Strafrechtsnorm, weil sie in den Handlungswillen des Verpflichteten eingreift und ihm gegen seinen Willen eine Pflicht auferlegt, während etwa eine zivilrechtliche Pflicht aus der Selbstverpflichtung des freien Subjekts hergeleitet werden kann.[13]

Im Hinblick auf diese Gefahr des Strafrechts für die Freiheit legte die Rechtsphilosophie der Aufklärung es eng an die Kette der allgemeinen Gesetze (Gesetzlichkeitsprinzip).[14] Danach wurde es als unverzichtbares, aber letztes Mittel konzipiert, um den Grundkonsens des Sozialvertrags zu schützen (Subsidiarität); seine Aufgabe wurde darauf beschränkt, die Grenzen der Freiheit des Einzelnen exakt abzustecken und scharf zu bewachen (Bestimmtheitsgebot).[15] Die Grenzen, die das Strafrecht zieht, sind Grenzen sowohl gegenüber der Freiheit des anderen als auch gegenüber den Eingriffen des Staates. Dieser darf diese Grenzen weder willkürlich überschreiten noch verschieben (Rückwirkungs- und Analogieverbot).[16] Auf diese Weise formte sich das Strafrechtsmodell der Aufklärung – das liberal-rechtsstaatliche Strafrecht. Als Instrument bürgerlicher Freiheit hat es die Funktion, die Straftat zu vergelten und die Strafe zu begrenzen.[17]

Dem folgte die Strafrechtslehre: Sie definierte das Verbrechen als eine Handlung, die „durch den Staatsvertrag verbürgte, durch Strafgesetze gesicherte Freiheit verletzt",[18] und konkretisierte diese Freiheit als personale Rechtsgüter.[19] Die Aufgabe und Grenzen des rechtsstaatlichen Strafrechts wurden damit inhaltlich ausgefüllt: Es schützt Rechtsgüter vor Verletzung, indem es Verbrechen ahndet;

---

13 *Hassemer*, Theorie, S. 34; vgl. auch *Jescheck/Weigend*, AT, S. 2 f.

14 *Albrecht*, Kriminologie, S. 64; *Hassemer*, in: Alexy/Dreier/Neumann (Hg.), Rechts- und Sozialphilosophie, S. 136; *Jescheck/Weigend*, AT, S. 95; *Naucke*, KritV 1990, 246 ff.

15 *Hassemer*, Einführung, S. 253; *Naucke*, KritV 1993, 135 ff.; vgl. auch *A. Kaufmann*, in: ders., Strafrecht, S. 81 ff.; SK-*Rudolphi/Jäger*, Vor § 1 Rn. 1; *Vogel*, StV 1996, 111 ff.

16 *Hassemer*, Einführung, S. 253 f.; *ders.*, Produktverantwortung, S. 5 f.

17 *Albrecht*, Kriminologie, S. 2; *Naucke*, KritV 1993, 137.

18 *Feuerbach*, Lehrbuch, § 21 (zit. nach *Hassemer*, Theorie, S. 34).

19 Vgl. *Hassemer*, Theorie, S. 34 f.; *Hohmann*, Umweltdelikte, S. 8 f.; *Jescheck/Weigend*, AT, S. 257; *Roxin*, in: Hassemer-FS, S. 575 ff. Zu unterschiedlichen Definitionen des Rechtsgutsbegriffs vgl. statt vieler NK-*Hassemer/Neumann*, Vor § 1 Rn. 142 ff.; *Heinrich*, in: Roxin-FS, S. 132.

der Gesetzgeber soll Rechtsgüter möglichst handfest fassen und darf nur dasjenige Verhalten bestrafen, welches wirklich ein Rechtsgut bedroht.[20]

Mit dem Rechtsgut betrat der Zweckgedanke das Gebiet des Strafrechts,[21] und dies trieb dessen Modernisierung voran: *v. Liszt*, der Begründer der „modernen Schule“ des Strafrechts im 19. Jahrhundert, bemühte sich, den Einsatz des strafrechtlichen Instrumentariums zu rationalisieren, um den Rechtsgüterschutz zu optimieren.[22] Dazu betrachtete er das Verbrechen anders als vorher, nämlich nicht formal-logisch, sondern teleologisch: Aufgrund des damals herrschenden, naturalistischen Positivismus begriff er das Verbrechen als „das notwendige Ergebnis aus der teils angebotenen, teils erworbenen Eigenart des Täters einerseits, der ihn im Augenblick der Tat umgebenden gesellschaftlichen, insbesondere wirtschaftlichen Verhältnisse andererseits“.[23] Dies führte zu der Forderung, die Ursachen des Verbrechens empirisch zu erforschen und die Verhältnisse rund um den Täter umzugestalten. Worum es dabei geht, ist nicht die Tat, sondern der Täter; nicht die Schlüssigkeit des Strafrechts, sondern dessen reale Folgen.[24] Aus diesem Grund wies *v. Liszt* der Kriminalpolitik die Hauptrolle in seiner gesamten Strafrechtswissenschaft zu.[25]

Sein Fazit ist klar: Die gerechte Strafe ist die notwendige Strafe, um auf den Täter optimal einzuwirken und ihn von der Begehung weiterer Verbrechen abzuhalten.[26] In seinem „Marburger Programm“ von 1882 betonte er, die Kriminalpolitik soll die zweckfreie, reaktive Strafe durch die zweckmäßige, präventive Strafe ersetzen.[27] Klar ist aber auch der Preis seines Programms: Es droht der Verlust der rechtsstaatlichen Freiheitssicherung – das ist insofern paradox, als der Kern der Rechtsstaatlichkeit gerade durch die Verfolgung ihres Ziels gefährdet wird. Freilich sah er dieses Paradox in aller Klarheit und versuchte daher, es „durch eine rechtsstaatliche

---

20 *Hassemer*, Einführung, S. 23 ff.; *ders.*, Produktverantwortung, S. 5. Vgl. auch *Hohmann*, Umweltdelikte, S. 146; *Sina*, Rechtsgut, S. 89.

21 *v. Liszt*, ZStW 6 (1886), 673.

22 Vgl. *Hassemer*, Theorie, S. 37 ff.; *Naucke*, ZStW 94 (1982), 526 ff.

23 *v. Liszt*, in: ders., Aufsätze, Bd. 2, S. 65. Näher dazu *Murmann*, in: Koriath u. a. (Hg.), Grundfragen, S. 193 ff.; *Neumann*, in: Jung/Müller-Dietz/Neumann (Hg.), Strafrechtsentwicklung, S. 63.

24 *v. Liszt*, in: ders., Aufsätze, Bd. 1, S. 175. Näher dazu *Albrecht*, Kriminologie, S. 2; *Hassemer*, Theorie, S. 38; *Naucke*, ZStW 94 (1982), 525 ff.; *Neumann*, in: Jung/Müller-Dietz/Neumann (Hg.), Strafrechtsentwicklung, S. 63.

25 Vgl. *Hassemer*, Einführung, S. 197; *Roxin*, ZStW 81 (1969), 637 ff.

26 *v. Liszt*, in: ders., Aufsätze, Bd. 1, S. 161. Vgl. auch *Murmann*, in: Koriath u. a. (Hg.), Grundfragen, S. 194 f.; *Neumann/Schroth*, Theorien, S. 19 ff.

27 *v. Liszt*, in: ders., Aufsätze, Bd. 2, S. 126 ff. Näher dazu *Naucke*, ZStW 94 (1982), 525 ff

Umzäunung der Kriminalpolitik"[28] zu lösen. So erklärte er mit Nachdruck: „Das Strafrecht ist die unübersteigbare Schranke der Kriminalpolitik."[29]

Einer an Effizienz orientierten Kriminalpolitik bleibt das rechtsstaatliche Strafrecht jedoch im Grunde äußerlich; aus ihrer Sicht ist es wörtlich eine Schranke zu überwinden.[30] In der Tat: Seit dem Übergang vom liberalen Rechtsstaat zum sozialen Wohlfahrtsstaat um die Wende zum 20. Jahrhundert sind die rechtsstaatlichen Garantien unter dem steigenden Druck der Kriminalpolitik Schritt für Schritt unterminiert worden.[31] Die Erosion der Rechtsstaatlichkeit durch die Kriminalpolitik ist zwar schleichend geschehen, naheliegend erschienen und daher während ihres Laufes kaum merkbar gewesen; sieht man sie als Ganzes, so ist sie aber dramatisch.[32] Dafür zwei Beispiele:

Erstens hat sich bei der Zielbestimmung der Strafe das Verhältnis von Vergeltung und Prävention umgekehrt. Früher zielte das Strafrecht in erster Linie auf gerechte Vergeltung und sah die Prävention allenfalls als sein sekundäres Ziel. Demgegenüber verwendet heute der Gesetzgeber das Strafrecht unmittelbar als Maßnahme zur Prävention von Verbrechen;[33] er ist bereit, zugunsten effektiver Prävention gerechte Vergeltung zu vernachlässigen.[34] Die Prävention tritt ihren Siegeszug an: Sie wird nicht nur gegenüber der Vergeltung bevorzugt, sondern sie erweitert auch ihre Zielobjekte – von den einzelnen Kriminellen zur gesamten Kriminalität.[35]

---

28 *Neumann*, in: Jung/Müller-Dietz/Neumann (Hg.), Strafrechtsentwicklung, S. 64.

29 *v. Liszt*, in: ders., Aufsätze, Bd. 2, S. 80. Zur Kontroverse um die Interpretation dieses Satzes *Hassemer*, Einführung, S. 197 ff. zum einen und *Naucke*, ZStW 94 (1982), 541 f. zum anderen.

30 *Neumann*, in: Jung/Müller-Dietz/Neumann (Hg.), Strafrechtsentwicklung, S. 58, 64; vgl. auch *Murmann*, in: Koriath u. a. (Hg.), Grundfragen, S. 195 f. Zum *Liszt*schen Dualismus von Strafrecht und Kriminalpolitik *Roxin*, ZStW 81 (1969), 640 ff.

31 Vgl. *Albrecht*, KritV 1988, 182; *Calliess*, NJW 1989, 1338; *Eser*, in: Maihofer-FS, S. 121 ff.; *Kaiser*, in: Jung-FS, S. 379 f.; *Naucke*, ZStW 94 (1982), 535 ff.; *ders.*, KritV 1990, 251 f.

32 Vgl. *T. Fischer*, StGB, Einleitung Rn. 12 ff.; *Hassemer*, Produktverantwortung, S. 1 ff.; *Haffke*, KJ 2005, 31.

33 Vgl. *Dölling*, ZStW 102 (1990), 1 ff.; *Hassemer*, Produktverantwortung, S. 7 f.; *Hefendehl*, ZStW 119 (2007), 816 ff.; *Köhler*, Strafe, S. 19 ff.; *Kunz*, ZStW 98 (1986), 824; *Naucke*, KritV 1999, 337 ff.; *Neumann*, StV 1994, 273 ff.; *Roxin*, JuS 1966, 377 ff.; *Wohlers*, Deliktstypen, S. 36 ff.

34 *Hassemer*, JuS 1987, 257 ff.; *ders.*, Schroeder-FS, S. 55 ff.

35 Vgl. *Jakobs*, AT, S. 6 ff. Siehe auch *Hassemer*, in: Hassemer/Lüderssen/Naucke, Generalprävention, S. 43; *Neumann*, in: Jung/Müller-Dietz/Neumann (Hg.), Strafrechtsentwicklung, S. 65 ff.

Zweitens orientiert sich der heutige Gesetzgeber an externen Folgen des Strafrechts.[36] Dies ist insoweit verständlich, als die Prävention erst dann sinnvoll ist, wenn sie gelingt. Er rechtfertigt seine Entscheidungen mit dem Argument, dass sie erwünschte Folgen herstellen.[37] Die Folgenberücksichtigung avanciert von einem marginalen Maßstab zu dem Leitmotiv der Strafgesetzgebung und verdrängt damit deren traditionelle Hauptkriterien wie Gerechtigkeit und Folgerichtigkeit an den Rand.[38]

Das Strafrecht ist mithin von der Schranke der Kriminalpolitik zu deren Mittel umgewandelt worden.[39] Plakativ gesagt: Das Strafrecht der Aufklärung ist nach seiner optimalen Rationalisierung vollendet und zugleich aufgehoben worden; damit geht es in eine andere Form über:[40] Das repressive, vergeltende und strafbegrenzende Strafrecht hat sich umgewandelt in ein präventives, gestaltendes und strafausweitendes Strafrecht.[41] Bei den Änderungen des Strafrechts seit den 1970er Jahren geht es nicht um Entkriminalisierung, sondern um Neukriminalisierung; neue Tatbestände werden eingeführt und bestehende werden erweitert.[42] Offenbar hat das Strafrecht als *ultima ratio* zur Freiheitssicherung ausgedient; heute wird es vielmehr als *prima ratio* eingesetzt, um alle wichtigen Gesellschaftsprobleme zu steuern.[43] Wo ein komplexes Problem auftritt, ertönt sofort der Ruf nach dem Strafrecht, und der Gesetzgeber ist stets mit dem Strafrecht zur Seite.[44]

---

36 *Hassemer*, NStZ 1989, 556. Zur Unterscheidung von internen und externen Folgen *ders.*, JuS 1987, 260 ff.

37 *Hassemer*, in: Coing-FS, S. 502 ff.; *ders.*, Einführung, S. 22 ff.

38 *Hassemer*, JuS 1987, 260 f.; *ders.*, Produktverantwortung, S. 8 f.; *Müller-Dietz*, in: Jescheck-FS, S. 815. Vgl. auch *Neumann*, ZStW 99 (1987), 570 ff.

39 *Hassemer*, Einführung, S. 274 ff.; NK-*Hassemer/Neumann*, Vor § 1 Rn. 342; *Murmann*, in: Koriath u. a. (Hg.), Grundfragen, S. 207; *Naucke*, ZStW 94 (1982), 536; *Neumann*, in: Jung/Müller-Dietz/Neumann (Hg.), Strafrechtsentwicklung, S. 58.

40 Vgl. *Hassemer*, Produktverantwortung, S. 6 ff.

41 *Albrecht*, KritV 1986, 58; *Prittwitz*, in: Neumann/Prittwitz (Hg.), Kritik, S. 135.

42 Vgl. *Bussmann*, StV 1999, 613 ff.; *Eser*, in: Maihofer-FS, S. 124 ff.; *Hassemer*, StV 1995, 483 f.; *Hirsch*, in: Kühne/Miyazawa (Hg.), Strafrechtsentwicklungen, S. 11; *Wohlers*, Deliktstypen, S. 29 ff.

43 *Albrecht*, KritV 1988, 182 ff.; *Haffke*, KJ 2005, 17 ff.; *Hassemer*, JuS 1992, 113; *Naucke*, KritV 1999, 336 ff.; *Prittwitz*, Risiko, S. 236 ff.

44 *Albrecht*, Kriminologie, S. 1; *Hassemer*, in: Alexy/Dreier/Neumann (Hg.) Rechts- und Sozialphilosophie, S. 138 f.; *Lüderssen*, Abschaffen, S. 7 f.; *Murmann*, in: Koriath u. a. (Hg.), Grundfragen, S. 200; *Voß*, in: Peters (Hg.), Muß Strafe sein?, S. 135 ff.

Dieser Wandel mündet in die „Kriminalisierung im Vorfeld einer Rechtsgutsverletzung".[45] In jüngster Zeit will der Gesetzgeber die Grenze zwischen strafbarem und straflosem Verhalten möglichst nach vorn verlegen.[46] Er tendiert sogar dazu, „schon die Vorbereitung der vorbereitenden Vorbereitung"[47] unter Strafe zu stellen. Um dies zu rechtfertigen, zieht er das Prinzip des Rechtsgüterschutzes heran. Wo es nötig erscheint, nimmt er neue „*Kandidaten in den Kreis der Rechtsgüter*" auf;[48] dabei formuliert er diese vage und weit, damit darunter „fast jegliches Verbot einen Unterschlupf" findet.[49] Der Rechtsgutsbegriff wird aus seinem ursprünglichen Zusammenhang herausgelöst und verflüssigt. Er verliert einen großen Teil seiner kritischen Potenz und verwandelt sich „von einem negativen in ein positives Kriterium richtiger Kriminalisierung";[50] es erschöpft sich nicht mehr in den Interessen des Einzelnen, sondern umfasst auch funktionale Komplexe der Gesellschaft.[51] Dabei wird der Schwerpunkt strafrechtlichen Schutzes von Individual- auf Universalrechtsgüter verlagert: Die neuere Strafgesetzgebung hat mit dem Individuum nur mittelbar zu tun, sondern schützt Funktions- und Systemzusammenhänge unmittelbar.[52]

Zugleich lockert der Strafgesetzgeber die Anforderungen an Erfolg und Kausalität.[53] Früher untersagte er prinzipiell lediglich Verletzungen der Rechtsgüter, deren Gefährdungen aber nur ausnahmsweise. Demgegenüber geht es bei der jetzigen Strafgesetzgebung meistens um Gefährdungen, besonders um abstrakte Gefährdungen. Der Gesetzgeber wartet nicht mehr auf einen Taterfolg, sondern verbietet bereits die Handlungen, die zwar für sich gesehen harmlos sind, aber

---

45 *Jakobs*, in: ZStW 97 (1985), 751; vgl. auch *Hassemer*, StV 1995, 484; *Hohmann*, Umweltdelikte, S. 163; *Prittwitz*, Risiko, S. 245 ff.; SSW-*Satzger*, Vor § 1 Rn. 9; *K. Seelmann*, KritV 1992, 453 ff.

46 *Prittwitz*, in: Neumann/Prittwitz, (Hg.), Kritik, S. 135.

47 Etwa den Besuch von Camps, in denen man zum Terroristen ausgebildet werden soll. MK-*Joecks*, Einleitung Rn. 113.

48 *Prittwitz*, in: Neumann/Prittwitz, (Hg.), Kritik, S. 135 (Hervorhebung im Original).

49 *Hassemer*, StV 1995, 484; vgl. auch *Herzog*, Daseinsvorsorge, S. 116 f.; *Weigend*, in: Triffterer-FS, S. 695 ff.

50 *Hassemer*, Produktverantwortung, S. 7; vgl. auch *Prittwitz*, StV 1991, 438; *K. Seelmann*, NJW 1989, 1259.

51 *Baratta*, KrimJ 1984, 137; *Hassemer*, in: Philipps/Scholler (Hg.), Funktionalismus, S. 89; *Kaiser*, in: Jung-FS, S. 379 f.; *Prittwitz*, in: Neumann/Prittwitz (Hg.), Kritik, S. 145; *K. Seelmann*, KritV 1992, 454.

52 *Albrecht*, KritV 1993, 166; *Hassemer*, NStZ 1989, 557; *ders.*, Einführung, S. 275; *ders.*, Produktverantwortung, S. 10 f.; *K. Seelmann*, KritV 1992, 454.

53 *Prittwitz*, in: Neumann/Prittwitz, (Hg.), Kritik, S. 135 f.

erfahrungsgemäß gefährlich sein können.[54] Das abstrakte Gefährdungsdelikt entwickelt sich von der Ausnahme zur Regel der Strafgesetzgebung und verdrängt damit das Erfolgsdelikt sowie das konkrete Gefährdungsdelikt.[55] Auf diese Weise verschiebt sich der Kern des Vorwurfs „von der Rechtsgutsfeindlichkeit zur Rechtsgutsgefährlichkeit".[56]

Die Tendenz der Vorfeldkriminalisierung verstärkt sich durch das *„Zusammentreffen von Risikogesellschaft und Strafrecht"*.[57] Die ständige Unsicherheit und der steigende Sicherheitsanspruch in der Risikogesellschaft setzen den Gesetzgeber unter Druck, „das Sicherste immer noch sicherer zu machen".[58] Aus diesem Grund neigt der Gesetzgeber leicht dazu, seine härteste Waffe in die Gefährdungsbereiche einzusetzen. Diese Ausweitung des Strafrechts wird nicht nur von der Mehrheit der Bürger begrüßt, sondern auch von funktionalen Theorien unterstützt, die das Strafrecht als ein notwendiges und taugliches Instrument begreifen, um neue Risiken zu bewältigen und verunsicherte Bürger zu beruhigen.[59] So trifft das Strafrecht, das sich zunehmend auf Prävention ausrichtet, die Risikogesellschaft, die sich immer mehr an Sicherheit orientiert. Das folgenorientierte, präventive Strafrecht, das die Modernisierung des klassischen Strafrechts erzeugt hat, mutiert mit diesem Treffen zum „megapräventiven",[60] „hochsymbolischen"[61] Risikostrafrecht, das auf Risikosteuerung und Angstminderung zielt und insofern gegen das Polizeirecht weitgehend ausgetauscht werden kann.[62]

Alles in Allem: Der Gesetzgeber dehnt den strafrechtlichen Schutz dadurch aus, dass er den Rechtsgutsbegriff verflüssigt und die Gefährdung als Straftat typisiert.

---

54 Vgl. *Hassemer*, StV 1995, 484; *K. Seelmann*, NJW 1990, 1259; *ders.*, KritV 1992, 454; *Weber*, in: Jescheck (Hg.), Vorverlegung, S. 1 ff.; *Wohlers*, Deliktstypen, S. 281 ff.; *Zieschang*, Gefährdungsdelikte, S. 15 ff.

55 Vgl. *Albrecht*, Kriminologie, S. 402; *Hassemer*, NStZ 1989, 558; *Kindhäuser*, Gefährdung, S. 225; *Müller-Dietz*, in: Schmitt-FS, S. 104; *Prittwitz*, Risiko, S. 153 ff.; *Wohlers*, GA 2002, 15 ff.

56 *Prittwitz*, in: Neumann/Prittwitz (Hg.), Kritik, S. 136; vgl. auch *Frehsee*, StV 1996, 227; *Neumann*, ZStW 106 (1994), 189.

57 *Günther/Prittwitz*, in: Hassemer-FS, S. 352 (Hervorhebung im Original).

58 *Beck*, Weltrisikogesellschaft, S. 63. Vgl. oben B. II. 4., 5.

59 Vgl. *Calliess*, NJW 1989, 1340; *Detzner*, Rückkehr, S. 217 ff.; NK-*Hassemer/Neumann*, Vor § 1 Rn. 342 ff.; *K. Seelmann*, KritV 1992, 452.

60 *Prittwitz*, in: Neumann/Prittwitz (Hg.), Kritik, S. 143.

61 *Prittwitz*, in: Neumann/Prittwitz (Hg.), Kritik, S. 150.

62 *T. Fischer*, StGB, Rn. 12 ff.; *Herzog*, in: Neumann/Prittwitz (Hg.), Kritik, S. 124; MK-*Joecks*, Einleitung Rn. 110; *Naucke*, KritV 1999, 336 ff.; *Prittwitz*, Risiko, S. 245; SK-*Rudolphi/Jäger*, Vor § 1 Rn. 1.

Diese beiden Methoden der Vorfeldkriminalisierung sind am deutlichsten sichtbar im Umweltstrafrecht:

II. Verflüssigung des Rechtsgutsbegriffs im Umweltstrafrecht

Der Alternativ-Entwurf von 1971 stützte sich noch auf die Tradition der Aufklärung. Er fasste die Umweltdelikte unter dem Titel „Personengefährdungen" zusammen und betonte, es gehe dabei „nicht um den Schutz der Umwelt, sondern allein um den Schutz menschlichen Lebens und menschlicher Gesundheit vor den Gefahren der Umwelt".[63] Diese „anthropozentrische" Rechtsgutsauffassung erachtet die Umwelt lediglich als schützenswertes Handlungsobjekt, und zwar in dem Maße, wie sie dem Schutz der Individualrechtsgüter dient.[64]

Den Vorschlag des Alternativ-Entwurfs hat der Gesetzgeber abgelehnt. Durch das 18. StÄG (1. UKG) im Jahr 1980 hat er die wichtigen Umwelttatbestände im Nebenstrafrecht unter Änderungen in das StGB eingefügt[65] und dies mit dem Argument gerechtfertigt, „daß die ökologischen Schutzgüter Rechtsgüter sind, die den klassischen, mehr individuellen Rechtsgütern des Strafgesetzbuches wie Leben, Gesundheit, Eigentum gleichwertig sind".[66] Das Umweltstrafrecht dürfe sich nicht in dem Schutz der Invidiualrechtsgüter vor Umweltgefahren erschöpfen, sondern müsse „auch den Schutz elementarer Lebensgrundlagen wie Wasser, Luft und Boden als Bestandteile menschlichen Lebensraumes einbeziehen und solche ökologischen Schutzgüter auch als Rechtsgüter anerkennen".[67]

Dass der Gesetzgeber elementare Umweltmedien als eigenständige Rechtsgüter schützen will, ist deutlich zu sehen. Ebenfalls eindeutig erkennbar ist, dass es bei diesem Schutz auch um den Menschen geht; denn die ökologischen Rechtsgüter werden dabei als Lebensbedingungen des Menschen geschützt.[68] Die herrschende Meinung folgt der Ansicht des Gesetzgebers und behauptet, dass das Rechtsgut des

---

63 *Arzt* u. a., AE-BT, Straftaten gegen die Person, 2. Hb., S. 49. Vgl. dazu auch *Backes*, JZ 1973, 340 f.; *ders.*, ZRP 1975, 229 ff.; *Baumann*, ZfW 1973, 70 ff.; *Kareklas*, Rechtsgut, S. 92 ff.; *Krüger*, Entmaterialisierungstendenz, S. 41 f.; *Wohlers*, Deliktstypen, S. 131.

64 *Hohmann*, Umweltdelikte, S. 179 ff., *ders.*, GA 1992, 76 ff.

65 Vgl. dazu *Eser*, in: Maihofer-FS, S. 109, 131; *Laufhütte/Möhrenschlager*, ZStW 92 (1980), 912 f.; *Meurer*, NJW 1988, 2065; NK-*Ransiek*, Vor §§ 324 Rn. 1 ff.; *Wohlers*, Deliktstypen, S. 113 ff.

66 BT-Drs. 8/3633, S. 19.

67 BT-Drs. 8/2382, S. 9 f.

68 BT-Drs. 8/2382. Vgl. *Krüger*, Entmaterialisierungstendenz, S. 41; *Meurer*, NJW 1988, 2067; *Zieschang*, Gefährdungsdelikte, S. 217. Besonders bei § 325, 325a, 330a wird der Mensch als Schutzobjekt erwähnt. *Rengier*, NJW 1990, 2506.

Umweltstrafrechts die Umwelt in ihrer Funktion als Lebensgrundlage des Menschen ist.[69] Sie betrachtet wichtige Umweltmedien zwar als eigenständige Rechtsgüter, bezieht diese aber letztlich auf Lebensinteressen des Menschen. Deshalb wird sie als „ökologisch-anthropozentrische" Rechtsgutsauffassung bezeichnet. Die ökologischen Rechtsgüter aus menschlichen Interessen abzuleiten, hat zwei praktische Konsequenzen: Einerseits wird das klassische Rechtsgutskonzept trotz der Anerkennung der Umweltrechtsgüter nicht gesprengt; andererseits kommt der Schutz der Umwelt um ihrer selbst willen nicht in Betracht.[70]

Obwohl die Absicht des Gesetzgebers so klar ist und die herrschende Meinung ihm zur Seite steht, wird die Frage nach dem Rechtsgut des Umweltstrafrechts heftig diskutiert. Denn die Umwelttatbestände sind nicht so folgerichtig beschrieben, weshalb ihre Schutzgüter nicht einheitlich erfassbar sind.[71] Dies gibt Anlass, die Rechtsgutsfrage vom Gedanken des Schutzes des Einzelnen zu entfernen:

Diese „Entmaterialisierungstendenz beim Rechtsgutsbegriff"[72] manifestiert sich am stärksten bei § 324,[73] der ein Gewässer vor Verunreinigung schützt, dabei Interessen des Menschen aber nicht erwähnt. Ein Großteil des strafrechtlichen Schrifttums bestimmt aufgrund des Wortlauts des § 324 dessen Schutzgut aus ökologischer Sicht; er sieht das Gewässer als eigenständiges Universalrechtsgut an, das den Individualrechtsgütern gleichwertig ist.[74] Allerdings unterstreicht dabei

---

69 Vgl. *Kuhlen*, ZStW 105 (1993), 702; NK-*Ransiek*, Vor § 324 Rn. 7; *Rengier*, NJW 1990, 2506; *Saliger*, Umweltstrafrecht, Rn. 43 ff.; LK-*Steindorf*, Vor § 324 Rn. 17; *Triffterer*, ZStW 91 (1979), 335.

70 Vgl. *Bloy*, ZStW 100 (1988), 498; *Hirsch*, in: Kühne/Miyazawa (Hg.), Strafrechtsentwicklungen, S. 16; *Lackner/Kühl*, Vor § 324 Rn. 7; *Meurer*, NJW 1988, 2067; *Rengier*, NJW 1990, 2506; *K. Rogall*, in: Köln-FS, S. 512; *Schulz*, in: Nida-Rümelin/v. d. Pfordten (Hg.), Ökologische Ethik, S. 277. Innerhalb der ökologisch-anthropozentrischen Rechtsgutskonzeption wird diskutiert, ob das Umweltstrafrecht vornehmlich Umweltgüter oder Individualrechtsgüter schützt. Näher dazu *Zieschang*, Gefährdungsdelikte, S. 215 (Anm. 34).

71 Vgl. *Kloepfer/Heger*, Umweltstrafrecht, S. 18 ff.; *Kuhlen*, ZStW 105 (1993), 697; *Rengier*, NJW 1990, 2506; *Saliger*, Umweltstrafrecht, Rn. 44; *Wohlers*, Deliktstypen, S. 129 f. Deshalb verzichten einige Autoren auf eine allgemeine Bestimmung der Rechtsgüter und ermitteln das Rechtsgut für jeden Tatbestand gesondert. Vor allem *Dölling*, in: Deutsche Richterakademie (Hg.), Umweltschutzrecht, S. 81 ff.

72 *Krüger*, Entmaterialisierungstendenz.

73 §§ ohne Angabe sind im Folgenden solche des StGB.

74 Vgl. *Krüger*, Entmaterialisierungstendenz, S. 42; NK-*Ransiek*, § 324 Rn. 2; *Rengier*, NJW 1990, 2507; *Tiedemann/Kindhäuser*, NStZ 1988, 340. Auch die Rechtsprechung des BGH teilt diese Meinung. Vgl. BGH, NStZ 1987, 324.

das ökologisch-anthropozentrische Rechtsgutskonzept, dass der Gewässerschutz letztlich zugunsten des Menschen ist.[75] Dagegen wenden einige Autoren ein, dass eine solche Betonung menschlicher Interessen einseitig ist[76] und das Gewässer unabhängig vom Menschen geschützt wird. Dem liegt der Ökozentrismus zugrunde, wonach die Umwelt um ihrer selbst willen schutzwürdig ist. Nach dieser „ökozentrischen" Rechtsgutsauffassung,[77] die auch bei anderen Umweltstraftatbeständen vertreten wird, können nicht nur Gewässer, sondern auch Boden,[78] Luft, Tiere und Pflanzen als eigenständige Rechtsgüter anerkannt werden. Bei § 326 hat auch der BGH Gewässer, Luft und Boden als die Schutzgüter interpretiert.[79]

Andererseits ist es schon auf der ersten Blick ersichtlich, dass das Umweltstrafrecht stark vom Verwaltungsrecht abhängt: Strafbar ist nicht die Umweltverschmutzung als solche, sondern die „unbefugt", „unter Verletzung verwaltungsrechtlicher Pflichten" erfolgte; die Bedingungen der Strafbarkeit werden von den Entscheidungen der Behörden festgelegt.[80] Angesichts dieser Verwaltungsakzessorietät des Umweltstrafrechts[81] wird vor allem im verwaltungsrechtlichen Schrifttum zu § 324 die Meinung geäußert, dass das Umweltstrafrecht die behördlich verwaltete Umwelt oder die behördliche Tätigkeit schützt. Nach dieser „administrativen" Rechtsgutsauffassung sind die Umweltgüter Verwaltungsrechtsgüter:[82] Einige Verfechter dieser Position meinen, dass das Rechtsgut des § 324 nicht das natürliche Gewässer ist, sondern das Gewässer „in einem Zustand, der von den zuständigen staatlichen Organen in den verwaltungsrechtlich eröffneten Verfahren und Formen sowie in dem zulässigen materiellen Rahmen des Verwaltungsrechts

---

75 Vgl. NK-*Ransiek*, Vor § 324 Rn. 7; LK-*Steindorf*, § 324 Rn. 3 ff. Ob diese Betonung praktische Wirkung hat, ist dennoch fraglich. Dazu *Krüger*, Entmaterialisierungstendenz, S. 42; *Rengier*, NJW 1990, 2507 f.

76 *Krey/Hellmann/Heinrich*, BT/ 1, § 12 Rn. 1169.

77 *Arzt*, Kriminalistik 1981, 120; *Eser*, in: Kühne/Miyazawa (Hg.), Strafrechtsentwicklungen, S. 124; *Schreiber*, in: Nida-Rümelin/v. d. Pfordten (Hg.), Ökologische Ethik, S. 16; *Schünemann*, in: Triffterer-FS, S. 452 f.

78 Näher dazu *Bartholme*, Schutz des Bodens, S. 206.

79 BGHSt. 40, 79, 81. Vgl. *Krüger*, Entmaterialisierungstendenz, S. 43.

80 Vgl. NK-*Ransiek*, Vor § 324 Rn. 9 f.; *Rengier*, NJW 1990, 2507; *Tiedemann*, Neuordnung, S. 28.

81 Vgl. *Frisch*, Verwaltungsakzessorietät; *Kloepfer/Heger*, Umweltstrafrecht, S. 31; NK-*Ransiek*, Vor § 324 Rn. 9 f.; *Saliger*, Umweltstrafrecht, Rn. 63 ff.; *K. Seelmann*, in: ders. (Hg.), Aktuelle Probleme, S. 43 ff.

82 Vgl. *Krüger*, Entmaterialisierungstendenz, S. 43 ff.; *Rengier*, NJW 1990, 2507; *Wohlers*, Deliktstypen, S. 131.

als schutzwürdig bzw. erstrebenswert fixiert worden ist".[83] Andere lösen das Umweltstrafrecht noch weiter von individuellen oder ökologischen Interessen und heben die formelle Kontrollfunktion der Behörden hervor. Sie sehen den Zweck des § 324 nicht darin, den durch das Verwaltungsrecht ausgestalteten Zustand eines Gewässers zu erhalten, sondern darin, die Einhaltung von Verfahrensvorschriften zu sichern;[84] das Rechtsgut des § 324 ist danach „die Funktion der zuständigen Behörde, den Wasserhaushalt zum Wohle der Allgemeinheit und im Einklang damit zum Nutzen der einzelnen Bürger in einer optimalen Weise zu ordnen und zu bewirtschaften".[85] Die administrative Rechtsgutskonzeption findet ihre Anhänger auch bei anderen Umwelttatbeständen, besonders bei §§ 327, 328. Diese Vorschriften gewährleisten danach durch die präventiven Verbote mit Erlaubnisvorbehalt „die Einhaltung des Verwaltungsverfahrens bzw. die Einhaltung der jeweiligen Verwaltungsakte";[86] ihr Schutzgut soll die Dispositions- und Entscheidungsbefugnis der zuständigen Genehmigungsbehörden sein.[87]

III. Typisierung der Gefährdung als Straftat im Umweltstrafrecht

Um welchen Deliktstyp es sich bei einzelnen Umwelttatbeständen handelt, hängt von der Bestimmung ihrer Schutzgüter ab. Die meisten Umweltdelikte würden nach der anthropozentrischen oder der ökologisch-anthropozentrischen Rechtsgutskonzeption als Gefährdungsdelikte eingestuft und nach der ökologischen oder der administrativen als Erfolgsdelikte. Um dies anhand des § 325 Abs. 1[88] zu veranschaulichen: Ist die Luft kein Schutzgut[89] oder allenfalls vorverlagertes Zwischenrechtsgut,[90] dann wird der Tatbestand als abstraktes Gefährdungsdelikt aufgefasst;[91] er wird dagegen als Erfolgsdelikt eingeordnet, wenn die Luft als unmittelbar geschütztes Rechtsgut anerkannt wird.[92] Eine Analyse der Rechtsnatur

83 *Papier*, NuR 1988, 66; vgl. auch *Nisipeanu*, NuR 1988, 227.

84 *Kindhäuser*, in: Helmrich-FS, S. 983.

85 *Rudolphi*, ZfW 1982, 200: vgl. auch *Wachenfeld*, Minimierungsgebot, S. 48 ff.

86 *Kindhäuser*, in: Helmrich-FS, S. 982.

87 Vgl. *Dolde*, NJW 1988, 2334; *Horn*, NuR 1988, 64; NK-*Ransiek*, § 327 Rn. 3; *Rengier*, ZStW 101 (1989), 880 f.

88 Zu einer detaillierten Analyse der Deliktsnatur dieser Vorschrift *Zieschang*, Gefährdungsdelikte, S. 206 ff.

89 *Breuer*, NJW 1988, 2075; *ders.*, JZ 1994, 1081.

90 *K. Rogall*, in: Köln-FS, S. 505 ff.; vgl. auch *K. Seelmann*, NJW 1990, 1257 ff.

91 Vgl. *Lackner/Kühl*, § 325 Rn. 1; NK-*Ransiek*, § 325 Rn. 2.

92 *Dölling*, JZ 1985, 466; *Martin*, Umweltbeeinträchtigungen, S. 191 f.

einzelner Umweltdelikte wäre hier überflüssig; ausreichend wäre es, die Tendenz der „Trivialisierung des Erfolgs“[93] im Umweltstrafrecht durchzusehen, welche die Strafbarkeit vorverlegt:

Die Umwelttatbestände verlangen in der Regel weder Verletzung noch konkrete Gefährdung individueller Rechtsgüter.[94] Tatbestandsmäßig ist schon eine Handlung, wenn sie für Leben oder Gesundheit des Menschen allgemein gefährlich ist. Es geht hier – aus der Sicht des klassischen Strafrechts – um ein abstraktes Gefährdungsdelikt bzw. ein Eignungsdelikt.[95] Beim abstrakten Gefährdungsdelikt im engeren Sinne beschreibt der Gesetzgeber eine bestimmte Verhaltensweise als generell gefährlich und stellt sie als solche unter Strafe. Beim Eignungsdelikt oder potenziellen Gefährdungsdelikt überlässt er dem Richter den Spielraum, zu prüfen, ob die gefährliche Handlung im Einzelfall generell geeignet ist, ein Rechtsgut zu schädigen;[96] zur Anerkennung der Schädigungseignung genügt es dabei, die generelle Gefährlichkeit der Handlung nach den Erkenntnissen der Wissenschaft statistisch zu beweisen.[97]

Der Gesetzgeber verknüpft das Eignungsdelikt auch mit dem Umweltrechtsgut:[98] Er ahndet nicht nur die Verschmutzung von Gewässern, Boden oder Luft (§§ 324, 324a, 325), sondern etwa schon den unerlaubten Umgang mit Abfällen, die geeignet sind, solche Umweltmedien nachhaltig zu verändern oder Tiere und Pflanzen zu gefährden (§ 326 Abs. 1 Nr. 4).[99] Die Kausalbeziehung zwischen der Handlung und der Verletzung eines Individualrechtsguts, die dem klassischen

93 Vgl. *K. Seelmann*, NJW 1990, 1259.

94 Zwei Ausnahmen davon sind §§ 330 Abs. 2, 330a. Diese Tatbestände verbieten die Handlung, die Leben und Gesundheit des Menschen dadurch konkret gefährdet, die Umwelt besonders schwer zu beeinträchtigen oder Gifte freizusetzen oder zu verbreiten. Vgl. NK-*Ransiek*, § 330 Rn. 1 ff., § 330a Rn. 1 ff.

95 Zu diesen Delikten vgl. *Gallas*, in: Heinitz-FS, S. 171 ff.; *Graul*, Gefährdungsdelikte, S. 116 ff.; *Kloepfer/Heger*, Umweltstrafrecht, S. 22 f.; *Saliger*, Umweltstrafrecht, Rn. 51 ff.; *Zieschang*, Gefährdungsdelikte, S. 101 f., 162 ff.

96 Vgl. BGH, NJW 1999, 2129; *Gallas*, in: Heinitz-FS, S. 174 f.; *Kleine-Cosack*, Kausalitätsprobleme, S. 162 f.; *K. Rogall*, in: Köln-FS, S. 505 ff.; *Wohlers*, Deliktstypen, S. 297 ff.; *Zieschang*, Gefährdungsdelikte, S. 166.

97 Vgl. *Kleine-Cosack*, Kausalitätsprobleme, S. 159 ff.; *K. Rogall*, in: Köln-FS, S. 515 ff.; *K. Seelmann*, NJW 1990, 1259; *Tiedemann/Kindhäuser*, NStZ 1988, 341; *Zieschang*, Gefährdungsdelikte, S. 185 ff.

98 *K. Seelmann*, NJW 1990, 1259; *ders.*, KritV 1992, 454.

99 Vgl. BGHSt 36, 257; BGH, NJW 2014, 91; NK-*Ransiek*, § 326 Rn. 3, 28; *Sack*, JR 2001, 475 f. Zu weiteren Tatbeständen, die das Vorfeld einer Umweltverunreinigung abdecken, vgl. *Kloepfer/Heger*, Umweltstrafrecht, Rn. 196 ff.

Strafrecht zugrunde liegt, wird damit doppelt ausgedünnt: Sie wird ersetzt durch die Beziehung zwischen der Handlung und der Schädigungseignung für ein Umweltgut, das sich seinerseits auf Individualrechtsgüter nur mittelbar bezieht.[100] Angesichts dieser doppelten „Gefahrausdünnung"[101] notiert *Herzog*, dass dadurch „ein *Gefährlichkeitsbezichtigungsstrafrecht* geschaffen wird", bei dem es „nicht um *Gefährdungen*, sondern um *Hypothesen über Gefährlichkeit*" geht.[102]

---

100 *K. Seelmann*, NJW 1990, 1259; vgl. auch *Prittwitz*, Risiko, S. 368.

101 *K. Seelmann*, KritV 1992, 454.

102 *Herzog*, Daseinsvorsorge, S. VII (Hervorhebung im Original). Vgl. auch *Frisch*, in: Jung-FS, S. 196; *Prittwitz*, in: Neumann/Prittwitz (Hg.) Kritik, S. 136.

C. Auseinandersetzung mit den Argumenten für die Vorfeldkriminalisierung im Umweltstrafrecht

Die Vorfeldkriminalisierung durch das Umweltstrafrecht wurde vorbereitet und wird unterstützt von manchen Autoren, die verschiedene Thesen liefern, die es ermöglichen und rechtfertigen, Rechtsgüter zu verflüssigen und auf das Erfolgserfordernis zu verzichten. Mit diesen Thesen setzt sich dieses Kapitel auseinander. Zuvor soll aber den Gesichtspunkten nachgegangen werden, die für die Funktionalisierung des Strafrechts eintreten und damit die Vorfeldkriminalisierung im Umweltstrafrecht bestärken.

I. Kritik an der Funktionalisierung des Strafrechts

1. Argument: Präventiver Rechtsgüterschutz

Die Vorfeldkriminalisierung ist eine Folge davon, dass das Strafrecht seine Instrumente „modernisiert" hat, um Rechtsgüter möglichst effektiv zu schützen.[1] Für selbstverständlich und daher unbedenklich gehalten wird diese Entwicklung von den Autoren, welche die „Aufgabe (Legitimation) der Strafe" in dem „präventiven Rechtsgüterschutz" erblicken[2] – und zwar aus folgenden Gründen:

Wenn das Strafrecht Rechtsgüter schützen soll und nur ein solches Strafrecht legitim ist, dann ist es folgerichtig und zweckmäßig, dass das Strafrecht nicht eine Rechtsgutsverletzung abwarten, sondern verhindern soll.[3] Der Schutz von Rechtsgütern setzt voraus, dass sie noch unversehrt vorhanden sind; er kann „nur für die Zukunft gewährt werden".[4] Für das konkret verletzte Rechtsgut kommt die Strafe jedoch immer zu spät; die Bestrafung des Mörders etwa macht das Opfer nicht wieder lebendig. Damit erklärt sich das Spezifikum des „Rechtsgüterschutzes durch Strafe". Er ist nur möglich, wenn es nach begangener Straftat noch ein Rechtsgut gibt, das durch Strafe vor Schaden bewahrt werden kann. Dieses Rechtsgut ist „die durch die Straftat gefährdete Geltungskraft der übertretenen Verhaltensnorm", die zum Schutz von Rechtsgütern menschliches Handeln

---

1 Vgl. oben B. I.

2 MK-*Freund*, Vor § 13 Rn. 37 ff.; *Reus*, Risikogesellschaft, S. 78 f.

3 MK-*Freund*, Vor § 13 Rn. 54.

4 MK-*Freund*, Vor § 13 Rn. 66; vgl. auch *Reus*, Risikogesellschaft, S. 79.

durch Ge- und Verbote steuert.[5] Strafe als Sanktionsnorm schützt Rechtsgüter also mittelbar, indem sie auf einen Verhaltensnormverstoß mit Missbilligung reagiert und damit die gefährdete Geltung der Verhaltensnorm wiederherstellt. Gegen die Verhaltensnorm verstoßen nicht nur die bereits eingetretenen Verletzungen von Rechtsgütern, sondern auch deren Bedrohungen, die noch unterbunden werden können. Daraus folgt: In einem „Rechtsgüterschutzstrafrecht" ist tauglicher Ansatzpunkt der Strafe „bereits der (mehr oder weniger konkret bzw. abstrakt gefährliche) Verhaltensnormverstoß".[6]

Diese Theorie, die „den Einsatz von Strafe zweckrational durch die präventive Rechtsgüterschutzaufgabe" des Strafrechts legitimiert,[7] macht deutlich, dass die staatliche Strafe nur über ihre sozialen Leistungen gerechtfertigt werden kann;[8] aufgrund der Normlogik trägt sie auch dazu bei, die Funktion der Strafe als Sanktionsnorm zu präzisieren.[9] Trotzdem kann man ihr nicht folgen, weil ihre Schwäche überwiegt: Nach dieser an der Prävention orientierten, funktionalen Straflehre ist die Reaktion des Strafrechts tendenziell maßlos, denn je härter die Strafe ist, desto deutlicher ist die Normgeltung.[10] So kann man bei den Vertretern dieser Lehre hören: Strafe setze keinen Erfolgseintritt voraus, da er vom Zufall abhänge; Voraussetzung des Vorwurfs sei nicht das Erfolgs-, sondern das Verhaltensunrecht, sodass für die Legitimation der Strafe die Rechtsgutsverletzung bedeutungslos sei.[11] Diese Lehre löst die Grenze zwischen Verletzung und Gefährdung, da beide darin übereinstimmten, dass sie die Normgeltung in Frage stellten. Grundsätzlich erlaubt sie daher, auf „den bloßen Verdacht der Schädigung" mit Strafe zu reagieren[12] und abstrakte Gefährdungsdelikte „ohne Bedenken" einzusetzen[13] – soweit dies der Prävention dient. Aus der normlogischen

5 MK-*Freund*, Vor § 13 Rn. 67 ff.; vgl. auch *Frisch*, Vorsatz, S. 48; *Kindhäuser*, Gefährdung, S. 132 ff.; *Reus*, Risikogesellschaft, S. 79 f.

6 MK-*Freund*, Vor § 13 Rn. 55; vgl. auch *Reus*, Risikogesellschaft, S. 85.

7 MK-*Freund*, Vor § 13 Rn. 38; *Reus*, Risikogesellschaft, S. 79 f.: „Ein zweckgebundenes Strafrecht ist […] stets vom Rechtsgüterschutz her zu funktionalisieren [… und] *muss* demnach präventiv wirken und folgeorientiert sein" (Hervorhebung im Original). Vgl. auch *Frisch*, Vorsatz, S. 51.

8 Vgl. NK-*Hassemer/Neumann*, Vor § 1 Rn. 105, 108.

9 Vgl. *Prittwitz*, Risiko, S. 345.

10 Vgl. *Hassemer*, in: Einführung, S. 324; *Kunz*, ZStW 98 (1986), 827 ff.; *Murmann*, in: Koriath u. a. (Hg.), Grundfragen, S. 195 ff.; *Neumann*, in: Lüderssen (Hg.), Aufgeklärte Kriminalpolitik, S. 402 f.

11 *Freund*, AT, § 2 Rn. 46 ff.; *Reus*, Risikogesellschaft, S. 98, 130 ff.

12 MK-*Freund*, Vor § 13 Rn. 57.

13 *Reus*, Risikogesellschaft, S. 130; vgl. auch MK-*Freund*, Vor § 13 Rn. 54.

Sicht wäre es zwar konsequent, dass eigentlich nur Verhalten, nicht aber Erfolg, verboten werden kann.[14] Zu beachten ist indessen die intuitive und phänomenologische Differenz zwischen Verletzung und Gefährdung, die im Bewusstsein des Menschen tief verankert ist und damit als Grundlage der normativen Bewertung dient.[15]

Angesichts der berechtigten Kritik, dass nach diesem präventiven Strafrechtskonzept die Strafbarkeit ausufert, behaupten seine Anhänger, die Strafe könne angemessen limitiert werden durch die Prüfung nach dem verfassungrechtlichen Verhältnismäßigkeitsprinzip.[16] Zweifelhaft ist dennoch, ob ein externes Allgemeinprinzip ausreicht, ein Strafrecht zu zügeln, das den inneren Drang nach effektiver Prävention hat.[17] Zur Begrenzung der Strafe ist ein verfassungsrechtlicher Grundsatz zwar notwendig, aber nicht hinreichend.[18] Bedenklich ist vor allem das Bürger- und Normverständnis der rein generalpräventiven, funktionalen Straflehre. Sie betrachtet das Problem des Normgeltungsschutzes ausschließlich aus der Sicht der zweckrationalen Effizienz, sodass sie dazu tendiert, einerseits die Bürger nicht als Mitwirkenden an der, sondern als Angreifer auf die Normgeltung zu begreifen[19] und andererseits Verbotenes sowie sogar Verbietbares stets zu bestrafen.[20] Darin läge der tiefere Grund, warum sie bezweifelt, dass Verletzung strenger geahndet werden soll als Gefährdung.[21] Außer Acht gelassen wird dabei – neben dem oben erwähnten, phänomenologischen Unterschied zwischen beiden – das reaktive, retributive Moment, das für den Strafbegriff konstitutiv ist; es kann zwar die Strafe nicht legitimieren, aber es

---

14 Vgl. *Prittwitz*, StV 1991, 439; *Wolter*, Zurechnung, S. 361.

15 Vgl. *Prittwitz*, in: Hefendehl (Hg.), Fundamente, S. 293 f.; *K. Seelmann*, KritV 1992, 456.

16 *Freund*, Erfolgsdelikt, S. 51 ff.; MK-*Freund*, Vor § 13 Rn. 62; *Reus*, Risikogesellschaft, S. 87 ff. Vgl. auch *Kaspar*, Verhältnismäßigkeit, S. 100 ff.

17 Vgl. *Hassemer*, JuS 1987, 264; *A. Kaufmann*, in: Wassermann-FS, S. 890 f.; *Murmann*, in: Koriath u. a. (Hg.), Grundfragen, S. 195 ff.; *Prittwitz*, Risiko, S. 346 f.; *Valerius*, ZStW 127 (2015), 442. Hier fällt die politische Missgebrauchsgefahr ins Auge, die die funktionale Strafrechtslehre birgt. Der Grundsatz der Verhältnismäßigkeit könnte allenfalls „in guten Zeiten" strafbegrenzend wirken, etwa im demokratischen Rechtsstaat mit einer wohlmeinenden Politik. Man kann sich leicht vorstellen, welche Rolle etwa in einem faschistischen Staat ein Strafrecht spielen würde, das keinen kritischen Maßstab enthält. Vgl. *Murmann*, in: Koriath u. a. (Hg.), Grundfragen, S. 197 f.

18 *Murmann*, in: Koriath u. a. (Hg.), Grundfragen, S. 197 f.

19 Vgl. *Murmann*, in: Koriath u. a. (Hg.), Grundfragen, S. 191.

20 Vgl. *Prittwitz*, Risiko, S. 345.

21 *Freund*, AT, § 2 Rn. 46 ff.; *Reus*, Risikogesellschaft, S. 98 ff.

konstituiert die gesellschaftliche Vorstellung von der verdienten Strafe, die daher bei der Rechtfertigung der Strafe berücksichtigt werden soll.[22] Zu Unrecht verkürzt die präventive Strafrechtslehre die Frage der Legitimation der Strafe auf die der Effektivität der Strafe;[23] insoweit ist sie eindimensional und sozialtechnologisch. Plausibler wäre es, die Erhaltung der Präventivwirkung des Strafrechts nicht als Zweck der Strafe zu sehen, sondern als Ergebnis einer Strafe, die gerecht ist und gerade deshalb von den Bürgern akzeptiert werden kann.[24] Auf die Frage, ob und inwieweit ein auf die Prävenion zielendes Strafrecht sein Ziel erreichen könnte, wird später eingegangen.[25]

2. Argument: Risikogesellschaft

Das wichtigste Argument für die Funktionalisierung, das über die Verfechter der präventiven Straflehre hinaus vertreten wird, ist das Folgende: „Die Risikogesellschaft verlangt nach Antworten."[26] Die neuartigen Großrisiken, besonders die ökologischen, bedrohen die Existenz der Menschheit[27] – strafrechtlich ausgedrückt: aller Rechtsgüter. Aus diesem Grund, wie *Stratenwerth* appelliert, muss sich auch die Strafrechtswissenschaft, „*unsere* Wissenschaft", der Frage widmen, ob und wie sie „zum Fortbestand sinnvollen Lebens auf dieser Erde, zu einer so verstandenen Zukunft beitragen könnte".[28] Darauf antworten die Befürworter der Funktionalisierung, dass das Strafrecht über Instrumente verfüge, um die neuartigen Großrisiken wirkungsvoll zu erledigen;[29] es könne etwa neue Rechtsgüter bilden, Kausalitätserfordernisse lockern, Strafdrohungen erhöhen oder neue Tatbestände schaffen. Diese „ökologische Erneuerung"[30] des Strafrechts rechtfertige sich damit, dass die neuen Risiken die größte Bedrohung seien, sodass sie gerade mit *ultima ratio* bewältigt werden müssten – „im äußersten Fall

22 Näher dazu *Neumann*, in: Lüderssen (Hg.), Aufgeklärte Kriminalpolitik, S. 402 f.; *ders.*, in: Jakobs-FS, S. 438 ff.

23 MK-*Freund*, Vor 13 Rn. 37: „Aufgabe (Legitimation) der Strafe".

24 Vgl. NK-*Hassemer/Neumann*, Vor § 1 Rn. 296.

25 Vgl. unten D.

26 Vgl. *Prittwitz*, StV 1991, 439.

27 Vgl. oben A. I., II.

28 *Stratenwerth*, ZStW 105 (1993), 679 (Hervorhebung im Original).

29 Vgl. *Kratzsch*, in: Oehler-FS, S. 66 ff.; *Reus*, Risikogesellschaft, S. 76; *Roxin*, in: Neumann/Prittwitz (Hg.), Kritik, S. 192.

30 *Beck*, Erfindung, S. 25.

das äußerste Mittel“[31] oder „Hard cases make bad law“;[32] und dies umso mehr, weil diese Risiken zum großen Teil durch die verwerflichen Handlungen verursacht würden, etwa durch die „*Verschleuderung der Ressourcen* künftiger Generationen“ für „die Ausbeutungsinteressen“ „des egoistischsten Individuums“.[33] Die Befürworter der Funktionalisierung verweisen auch darauf, dass sich „das Bedürfnis nach Sicherheit und damit der Wunsch nach einem effektiven und möglichst lückenlosen Strafrecht“[34] immer mehr steigern.[35] Dieser Forderung der Gesellschaft müsse der Strafgesetzgeber nachkommen. Dann könne er nicht nur die Angst der Bürger mildern, sondern auch deren Bewusstsein ändern, was für die Überwindung der heutigen Großrisiken benötigt werde. Wenn er etwa Umweltschädigung als Straftat definiere, dann könne das Umweltbewusstsein der Allgemeinheit forciert werden.[36]

Niemand kann ernsthaft leugnen, dass die Menschheit heute vor der Alternative steht: Wird sie „eine Zukunft haben oder wird sie zugrundegehen?“ Ihre „*gegenwärtige Situation ist nicht normal*“. Die Ethik und auch die Rechtswissenschaft müssen sich daher nicht mehr damit begnügen, „Verhaltensregeln für den Normalfall aufzustellen“, sondern auch damit befassen, die Verhaltensregeln „*für den Notstand*“ bereitzustellen.[37] Völlig verständlich und beifallswürdig ist insofern die Absicht des Versuchs der Funktionalisierung des Strafrechts, eines Versuchs der „Zukunftssicherung mit den Mitteln des Strafrechts“.[38] Mit dem Unterfangen zur Zukunftssicherung durch ein renoviertes Strafrecht einher geht allerdings die Untergrabung des klassischen Strafrechts zur Freiheitssicherung – dies nehmen die Befürworter der Funktionalisierung bewusst in Kauf. Die Frage ist nun, ob ein renoviertes Strafrecht die Zukunft sichern, also Nutzen bringen kann, der den Schaden des klassischen Strafrechts hinnehmbar macht.

Nach den herrschenden Straftheorien und auch nach dem allgemeinen Verständnis der Öffentlichkeit ist die staatliche Strafe die Institution, welche die irdische Gerechtigkeit dadurch verwirklicht, diejenigen Übeltäter schuldangemessen

---

31 *Naucke*, Strafrecht, § 1 Rn. 166.

32 Sch/Sch-*Eser/Hecker*, Einführung Rn. 17.

33 *Schünemann*, GA 1995, 207 f. (Hervorhebung im Original).

34 *Reus*, Risikogesellschaft, S. 72.

35 Vgl. oben A. II. 4., 5.

36 *Meurer*, NJW 1988, 2067; *Tiedemann/Kindhäuser*, NStZ 1988, 340. vgl. auch *Bottke*, JuS 1980, 539; *Schall*, in: Schwind-FS, S. 412.

37 Alle Zitate aus *A. Kaufmann*, Rechtsphilosophie, S. 301 f. (Hervorhebung im Original). Vgl. auch oben A.

38 *Stratenwerth*, ZStW 105 (1993), 679.

zu bestrafen, die – anders als rechtstreue Bürger – wichtige Interessen anderer Personen vorsätzlich schwer verletzen.[39] Es wäre nicht völlig falsch zu sagen, dass heute das klassische Strafrecht, trotz aller Kritik an ihm, von der Mehrheit der Bürger als ernsthaft und würdig empfunden wird, da es seine Aufgabe relativ gut ausführt, der Gerechtigkeit dadurch zu dienen, auf gravierende Delikte mit verdienter Strafe zu reagieren.[40] Insofern wäre es auch nicht falsch zu vermuten, dass der Versuch der Zukunftssicherung durch Strafrecht davon ausgeht, dass die gerechte Ahndung der Übeltäter, die vorsätzlich die Zukunft bedrohen, wegen der Schranken des antiquierten Strafrechts scheitert. Betrachtet man in dieser Hinsicht die Überlebenskrise der Menschheit, so fällt ins Auge, dass sie verursacht worden ist nicht durch die Kooperation der rechtsuntreuen Täter, die vorsätzlich die Zukunft bedrohen, sondern durch die Kumulation der sozialadäquaten Handlungen der rechtstreuen Bürger.[41] Sie ist also keine Folge der rechtswidrigen Handlungen, sondern eine Nebenfolge der rechtmäßigen; es geht hier „nicht um unverantwortliche Organisation, sondern um organisierte Unverantwortlichkeit".[42]

Wo kann man für die ökologische Erneuerung des Strafrechts ansetzen? Denkbar wäre zum Beispiel, zur Minderung der Luftverschmutzung die Strafrechtsregeln so zu verändern, dass das Fahren mit Autos ohne Katalysator unter Strafe gestellt werden kann. Dadurch würde jedoch die Luftqualität nicht oder allenfalls nur wenig verbessert. Denn trotz der Bestrafung der betroffenen Autofahrer würden andere rechtmäßige Handlungen wie das Betreiben von Wärmekraftwerken weiterhin die Luftschadstoffe ausstoßen, die unvergleichbar größer sind als die aus einem Auto ohne Katalysator. Momentan ist es tatsächlich unmöglich, den Betrieb von Wärmekraftwerken als strafbares Unrecht zu erklären. In diesem Beispiel ändert die Renovierung des Strafrechts nichts an der Luftverschmutzung. Sie ändert dagegen die Würde und damit den Begriff der Strafe. Diese mutiert von der Institution, die auf gravierende Delikte reagiert und dadurch die Gerechtigkeit verwirklicht, zu einer Institution, die etwa das Fahren mit Autos ohne Katalysator reguliert und damit nichts bewirkt – außer der Bestrafung von Bagatelldelikten, welche die Freiheit der Täter übermäßig beschneidet. Diese so mutierte Strafe könnte zwar vorübergehend den Wunsch der verunsicherten Bürger nach einem „möglichst lückenlosen Strafrecht"[43] erfüllen

39 Vgl. *A. Kaufmann*, Rechtsphilosophie, S. 161 ff.; *Neumann*, in: Jakobs-FS, S. 435 ff.

40 *Prittwitz*, StV 1991, 440.

41 Vgl. *Albrecht*, KritV 1988, 189; *Herzog*, Daseinsvorsorge, S. 144 f.; *Prittwitz*, in: Neumann/Prittwitz (Hg.), Rechtsgutslehre, S. 109; siehe auch oben A. 3.

42 *Prittwitz*, StV 1991, 439.

43 *Reus*, Risikogesellschaft, S. 72.

und als Symbol dienen, das den Bürgern die Richtung zeigt.[44] Aber langfristig gesehen würde sie von den Bürgern als Täuschung empfunden werden; von der Stärkung des Umweltbewusstseins durch Strafrecht etwa könnte damit keine Rede sein.[45]

3. Argument: Strafgerechtigkeit

Die Funktionalisierung des Strafrechts wird ferner durch die Strafrechtskritik angeregt. Dies erscheint zwar auf den ersten Blick ironisch, bei genauem Hinsehen kann man aber erkennen, was die Kritiker fordern: die Strafgerechtigkeit. Sie bemängeln also den „Klassencharakter"[46] des herkömmlichen Strafrechts, das die Großen laufen lässt und nur die Kleinen fängt.[47] Wenn man das vorhandene Strafrecht beibehalte und es zugleich ablehne, das Strafrecht auf neue Problemfelder wie den Umweltbereich auszudehnen, dann würde dies eine Rückkehr zum „Klassenstrafrecht" bedeuten, das den Kirschdieb verfolge, Aristokraten (heute: begüterte Umweltdelinquenten) dagegen freilasse.[48]

Dass das Strafrecht die Strafgerechtigkeit nicht völlig verwirklicht hat, ist unbestreitbar. Erstrebenswert ist seine Funktionalisierung, wenn sie dazu beitragen könnte, die verwerflichen Großen zu fangen. Die Strafpraxis zeigt leider dennoch, dass das Umweltstrafrecht als Prototyp des funktionalisierten Strafrechts fast nur kleine Fische fängt.[49] Dies liegt daran, dass Umweltschäden in der Regel die Nebenfolgen (Kumulation) der rechtmäßigen Handlungen sind.[50] Zum Beispiel: Während Großbetriebe aufgrund der behördlichen Genehmigung legal zigtausende Tonnen Industrieabwässer in den Main einleiten, wird derjenige bestraft, der am Mainufer beim Ölwechsel unbefugt 2 Liter Altöl ablässt.[51] Er wird

---

44 Zum Problem des „Strafrechts als Symbol" vgl. *Hassemer*, NStZ 1989, 553 ff.; *K. Seelmann*, KritV 1992, 460 ff.

45 Darauf soll später eingegangen werden. Vgl. unten D.

46 *Lüderssen*, Abschaffung, S. 11. Um Missverständnisse zu vermeiden: Der Ausweitung des Strafrechts steht *Lüderssen* kritisch gegenüber.

47 *Prittwitz*, StV 1991, 439. Vgl. auch *Kaiser*, Kriminologie, S. 839 ff.; *Stratenwerth*, Krise, S. 3.

48 Vgl. *Reus*, Risikogesellschaft, S. 76 f.; *Roxin*, AT/1, § 2 Rn. 72; *Schünemann*, in: Kühne/Miyazawa (Hg.), Strafrechtsstrukturen, S. 15 ff.; *Stratenwerth*, in: Lüderssen-FS, S. 379.

49 Vgl. NK-*Ransiek*, Vor § 324 Rn. 27 ff.

50 Vgl. *Albrecht*, KritV 1988, 189; *Herzog*, Daseinsvorsorge, S. 144 f.; *Prittwitz*, in: Neumann/Prittwitz (Hg.), Rechtsgutslehre, S. 109. Siehe auch oben A. II. 3.

51 Vgl. *Albrecht*, KritV 1988, 191 f.; *Herzog*, Daseinsvorsorge, S. 142 ff., 155; *Prittwitz*, in: Neumann/Prittwitz (Hg.), Rechtsgutslehre, S. 109; NK-*Ransiek*, Vor § 324 Rn. 27 ff.

geahndet nicht deswegen, dass er der Hauptschuldige für die Verschmutzung des Mains ist, sondern nur deswegen, dass er – anders als große Fische – keine Genehmigung hat. Dabei wäre es unangemessen und in der Tat unmöglich, für die Strafgerechtigkeit die Aktivitäten der Großbetriebe zu kriminalisieren, da diese den Bedürfnissen der Bürger dienen. Das Umweltstrafrecht bewegt sich im Bagatellbereich, sodass es das Problem der Ungleichheit in der Strafanwendung eher verschlechtert als verbessert.

II. Kritik an der Verflüssigung des Rechtsgutsbegriffs im Umweltstrafrecht

1. Argumentation von *Schünemann*

Schünemann legt den Gesellschaftsvertrag neu aus, leitet daraus die „ökologische Grundnorm“[52] ab und erkennt damit die ökologischen Rechtsgüter an. Wie *Hassemer*, ein Vertreter der Frankfurter Schule,[53] geht er ebenso von der Idee des Sozialvertrags aus,[54] gelangt aber zu einem Ergebnis, das im Gegensatz zu dem *Hassemer*s steht:

Schünemann zufolge können Staat und Recht nur dann konsistent gedacht werden, sofern ihr Fortbestand über die Lebensdauer der jetzt lebenden Menschen hinaus vorausgesetzt wird, da beide Institutionen zur Bewältigung der Zukunft angelegt sind. Als Legitimationsmodell für Staat und Recht müsse daher der Sozialvertrag seine Reichweite nicht auf die zufällig gerade lebenden Individuen beschränken. Sonst müsste er mit jeder Geburt und jedem Tod immer neu geschlossen werden; sonst könnte er sogar dazu missbraucht werden, die willkürliche Tötung von Neugeborenen, einen „bethlehemitischen Kindermord“,[55] zu rechtfertigen. *Schünemann* hebt hervor, dass die innere Logik des Gesellschaftsvertrags erfordere, auch die künftigen Generationen als Vertragspartner aufzunehmen.[56]

---

52 *Schünemann*, in: Schünemann/J. P. Müller/Philipps (Hg.), Menschenbild, S. 11 ff.

53 Zur „Frankfurter Schule“ im Strafrecht vgl. *Roxin*, AT/1, § 2 Rn. 26 ff.; *Schünemann*, GA 1995, 201 ff. (aus der externen Sicht) einerseits und *Herzog*, in: Neumann/Prittwitz (Hg.), Kritik, S. 117 ff.; *Prittwitz*, in: Neumannn/Prittwitz (Hg.), Kritik, S. 131 ff. (aus der inneren) andererseits.

54 Vgl. oben B. I. Zur Kritik von *Schünemann*, dass *Hassemer* die Geistesgeschichte des Gesellschaftsvertrags missdeute, *Schünemann*, GA 1995, 203.

55 *Schünemann*, GA 1995, 206.

56 *Schünemann*, GA 1995, 206; *ders.*, in: Schünemann/J. P. Müller/Philipps (Hg.), Menschenbild, S. 14 ff.

Wenn der Gesellschaftsvertrag „aus der Perspektive der gesamten Gattung des homo sapiens heraus" konzipiert wird,[57] so ist es nach *Schünemann* nur konsistent, das Prinzip des gleichen Lebensrechts aller Menschen, das in räumlicher Hinsicht derzeit universell gilt, um die zeitliche Dimension zu ergänzen.[58] Insofern beruhe auch der Gesellschaftsvertrag letztlich auf der Minimalvoraussetzung aller anderen moralischen Normen, nämlich auf dem Axiom, dass Menschen weiterhin auf der Erde leben sollten. Somit rekonstruiert *Schünemann* die Hierarchie der Werte und Rechtsgüter folgendermaßen: Den obersten Wert bildet das „*Überleben der menschlichen Gattung*"; dieses universale Rechtsgut ist das höchste Rechtsgut.[59] Daraus ergibt sich die „*überpositive universelle Grundnorm jeder Rechtsordnung*",[60] die natürliche Lebensgrundlage der Menschheit zu bewahren, damit alle Generationen, die sich am Sozialvertrag gleichberechtigt beteiligen, die natürlichen Ressourcen in gleichem Maße nutzen. Aus dieser ökologischen Grundnorm, die die „intergenerationelle ökologische Gerechtigkeit" ausführt,[61] lässt sich wiederum ableiten, dass „Bestand und Erhaltung einer lebensfreundlichen und lebenswerten *Umwelt*" das zweithöchste Rechtsgut ist.[62]

Daraufhin tadelt *Schünemann* die Frankfurter Schule. Ihre rein auf das Individuum bezogene Rechtsgutstheorie[63] missachte, dass „der aberwitzige *Raubbau*" an der Natur unserer Zeit in eine Sackgasse geraten sei und damit „jeden Zweifel an der Dominanz der *ökologischen* Rechtsgüter" gegenüber den personalen verbiete. Die „*Verschleuderung der Ressourcen* künftiger Generationen", so akzentuiert *Schünemann*, erfülle den „*Urbegriff des Verbrechens*". Trotzdem erhebe die personale Rechtsgutslehre eine solche Verschleuderung zum höchsten Schutzgut des Strafrechts, und zwar „durch den besinnungslosen Hedonismus eines industriell fabrizierten Pseudo-Individualismus". *Schünemann* zufolge hat sie eine „Perversion der Rechtsgüterordnung" zur Folge, weil sie „die Ausbeutungsinteressen der gerade lebenden Individuen" schützt und „die albernste Laune

57 *Schünemann*, GA 1995, 206.
58 *Schünemann*, in: Schünemann/J. P. Müller/Philipps (Hg.), Menschenbild, S. 17.
59 *Schünemann*, GA 1995, 206 (Hervorhebung im Original).
60 *Schünemann*, in: Schünemann/J. P. Müller/Philipps (Hg.), Menschenbild, S. 12 (Hervorhebung im Original).
61 *Schünemann*, in: Schünemann/J. P. Müller/Philipps (Hg.), Menschenbild, S. 15.
62 *Schünemann*, GA 1995, 206 (Hervorhebung im Original).
63 Dazu vgl. *Hassemer*, in: Philipps/Scholler (Hg.), Funktionalismus, S. 90; NK-*Hassemer/Neumann*, Vor § 1 Rn. 132; *Hohmann*, Umweltdelikte, S. 63; *Neumann*, in: Neumann/Prittwitz (Hg.), Rechtsgutslehre, S. 85 ff.

des egoistischsten Individuums höher einstuft als die Lebensbedingungen der künftige Generationen".[64]

Die Bemühung *Schünemanns*, den Sozialvertrag ökologisch zu rekonstruieren, gibt eine Antwort auf die Schicksalsfrage unserer Zeit, wie die Überlebenskrise der Menschheit bewältigt werden soll. Insofern verdient er Beifall. Besorgnis erregt aber, dass *Schünemann* diese Antwort direkt aus dem Sollen des Überlebens der Menschheit herleitet. Denn dieses Sollen ist nur der klassischen Teleologie zu entnehmen; die neuzeitliche Ethik dagegen, die sich an der Freiheit und Autonomie orientiert, kann nicht garantieren, dass es auch in der Zukunft überhaupt Menschen geben soll.[65] Die ökologische Grundnorm *Schünemanns* ist mit der Ethik der Autonomie unvereinbar und lediglich durch die teleologische Ethik begründbar. In der Tat scheint er von der Teleologie auszugehen: Wenn er die Frankfurter Schule bemängelt, dass sie den Egoismus der Individuen wichtiger schätze als die Existenz der Menschheit, dann teilt er die Ansicht von Ökologen, welche die Autonomie-Ethik als Hindernis für die Existenzsicherung zurückweisen und hinter die Überlebens-Ethik zurückziehen, die die teleologische Metaphysik wiederbelebt.[66] Strittig ist doch zunächst, ob die Autonomie-Ethik ökologische Interessen heutiger und künftiger Generationen überhaupt nicht berücksichtigen kann und daher durch die Überlebens-Ethik ersetzt werden muss.[67] Die Schwäche der Überlebens-Ethik (und damit der ökologischen Grundnorm) liegt jedoch vor allem darin, dass eine solche Metaphysik selbstaufhebend ist. Diese Ethik fordert auf, das Sollen des Überlebens der Menschheit (als Grundnorm) anzunehmen – und zwar nicht deswegen, weil es wahr ist, sondern deswegen, weil es nützlich ist, um die ökologische Krise zu überwinden.[68] Dies ist bemerkbar auch bei der Äußerung *Schünemanns*, dass die Umweltkrise verbiete, die „Dominanz der ökologischen Rechtsgüter" anzuzweifeln.[69] Hier versucht er, die Dominanz der Umweltgüter nicht mit ihrer Wahrheit, sondern mit ihrer Nützlichkeit zu beweisen. Dennoch gewinnt eine metaphysische Theorie an Überzeugungskraft nicht aus ihrer Nüztlichkeit, sondern aus dem Glauben an ihre Wahrheit. Die Überlebens-Ethik macht ihr

---

64 Alle Zitate bei *Schünemann*, GA 1995, 207 f. (Hervorhebung im Original).

65 *K. Seelmann/Demko*, Rechtsphilosophie, S. 278 ff.

66 *Bayertz*, in: ders. (Hg.), Verantwortung, S. 60 ff.; *K. Seelmann/Demko*, Rechtsphilosophie, S. 278 ff.

67 *K. Seelmann/Demko*, Rechtsphilosophie, S. 278 ff.

68 *Bayertz*, in: ders. (Hg.), Verantwortung, S. 63 f.

69 *Schünemann*, GA 1995, 207.

metaphysisches Argument unglaubwürdig, indem sie es als Mittel zur Lösung aktueller Probleme verwendet.[70]

Eine weitere Schwierigkeit, auf die *Schünemann* stößt, besteht darin, dass seine Rechtsgutstheorie nicht mit der modernen Demokratie übereinstimmt, die den Staat von der Person her denkt;[71] dies ist eine zwangsläufige Folge davon, dass die These der ökologischen Grundnorm mit der Idee der Autonomie unverträglich ist. *Schünemann* verweigert die personale Rechtsgutslehre, welche die Interessen der Allgemeinheit von den Interessen des Individuums her konzipert; umgekehrt funktionalisiert er Interessen der Person aus dem Gut der Gesamtheit, also dem Überleben der Menschheit, das den obersten Wert darstelle. Danach werden individuelle Rechtsgüter niedriger bewertet als kollektive. Dann kann und muss man die Frage stellen, wie eine solche Abkehr vom liberalen Staatskonzept begründbar und die Missbrauchsgefahr vermeidbar ist, die jede Variante des Mottos „Du bist nichts, Dein Volk ist alles" in sich trägt.[72] Eine Antwort darauf vermisst man in dem Entwurf *Schünemanns*; er enthält keinen Maßstab, um zu entscheiden, wann und wie die Freiheitsrechte der jetzt Lebenden zum Schutz der Interessen künftiger Generationen durch Strafrecht eingeschränkt werden sollen.[73] Er kann sich nicht von dem Verdacht der Öko-Diktatur[74] befreien.

Es darf insofern nicht ohne Kommentar bleiben, dass *Schünemann* zu Unrecht seine Gegner verspottet. Er attackiert die Frankfurter Kollegen, sie vertraten eine „atavistische" und „perverse" Lehre, welche auf dem „besinnungslosen Hedonismus eines industriell fabrizierten Pseudo-Individualismus" beruhe, mit den „Interessenvertretern einer kurzsichtigen Industriepolitik in eine unheilige Allianz" eintrete, „Ausbeutungsinteressen der gerade lebenden Individuen" bewahre und „*Verschleuderung des Ressourcen* künftiger Generationen" legitimiere, die den „*Urbegriff des Verbrechens*" erfülle.[75] Die Krise von heute und die Opfer von morgen nimmt aber auch die Frankfurter Schule ernst. Sie macht nur darauf aufmerksam, dass der Ernst der Lage nicht sofort zum Einsatz der Strafe führen muss und gute Absichten schlechte Folgen haben können; aufgrund der Befunde, dass das Umweltstrafrecht kontraproduktiv wirkt, schlägt sie vor, aus

70 *Bayertz*, in: ders. (Hg.), Verantwortung, S. 63 f.

71 *Maihofer*, Rechtsstaat, S. 31; *v. d. Pfordten*, JZ 2005, 1071 ff. vgl. auch NK-*Hassemer/Neumann*, Vor § 1 Rn. 132.

72 *Prittwitz*, in: Neumann/Prittwitz (Hg.), Kritik, S. 148 f.; vgl. auch *Lüderssen*, Kriminologie, Rn. 104 ff.

73 *Prittwitz*, in: Neumann/Prittwitz (Hg.), Kritik, S. 151.

74 Dazu vgl. *T. Stein*, Demokratie, S. 201 ff.

75 *Schünemann*, GA 1995, 207 f. (Hervorhebung im Original).

dem Gebiet des Umweltschutzes dieses Instrument zurückzuziehen und andere geeignete Maßnahmen zu ergreifen.[76] Eine Strafrechtsschule, welche die Lebensbedingungen unserer Nachfahren ignoriert, um für „die albernste Laune des egoistischsten Individuums" zu plädieren,[77] existiert ausschließlich in der Fantasie *Schünemanns*. Auf dem Missverständnis basiert ebenfalls sein Vorwurf gegen die Frankfurter Autoren, dass ihre Rechtsgutslehre kollektive Rechtsgüter nicht fehlerfrei einbeziehen könne.[78] Die personale Rechtsgutslehre erkennt Universalrechtsgüter an, indem sie diese aus den Interessen des Einzelnen ableitet. Dadurch liefert sie ein gewichtiges Argument für eine rationale Kriminalpolitik, das dem Vorhaben *Schünemanns* fehlt. Sie gibt also den Anlass, kollektive Rechtsgüter nachzuprüfen, die sich nicht auf Individualrechtsgüter zurückführen lassen und somit als eigenständige Schutzgüter verstanden werden.[79]

2. Argumentation von *Roxin*

Roxin, der sich als ein Befürworter „gesetzgebungskritischen Rechtsgutsdenkens" versteht,[80] hat kürzlich die Frage gestellt, ob „ein modernes Strafrecht die Grenzen des personalen Rechtsgutsschutzprinzips überschreiten" muss, und bejaht.[81] „Die Erweiterung des strafrechtlichen Regelungsbereichs über den Rechtsgüterschutz hinaus" verwundere nicht, denn die Konzeption des Rechtsgüterschutzes sei in der Aufklärungszeit entstanden, sodass sie nicht alle Probleme der Gegenwart lösen könne.[82]

Im Anschluss an die ökologische Grundnorm *Schünemanns* führt *Roxin* aus: „Die Solidarität mit unseren Nachfahren und unsere Schutzpflicht ihnen gegenüber gebieten uns, die Verantwortung dafür zu übernehmen, dass auch ihnen die Voraussetzungen eines menschenwürdigen Lebens erhalten bleiben."[83] Er verweist darauf, dass die „Verantwortung für die künftigen Generationen" in der Verfassung (Art. 20a GG) verankert ist, und daraus zieht er den Schluss,

---

76 Vgl. *Albrecht*, KritV 1988, 193; *Günther/Prittwitz*, in: Hassemer-FS, S. 350 ff.; *Herzog*, Daseinsvorsorge, S. 143 ff.; *Prittwitz*, in: Neumann/Prittwitz (Hg.), Kritik, S. 138, 146 ff.

77 *Schünemann*, GA 1995, 207.

78 *Schünemann*, GA 1995, 218.

79 *Neumann*, in: Neumann/Prittwitz (Hg.), Rechtsgutslehre, S. 91; vgl. auch NK-*Hassemer/Neumann*, Vor § 1 Rn. 137; *Prittwitz*, in: Neumann/Prittwitz (Hg.), Kritik, S. 148; *ders.*, in: Neumann/Prittwitz (Hg.), Rechtsgutslehre, S. 102.

80 *Roxin*, in: Hassemer-FS, S. 574 f.

81 *Roxin*, in: Hassemer-FS, S. 594 f.

82 *Roxin*, AT/1, § 2 Rn. 51.

83 *Roxin*, AT/1, § 2 Rn. 57.

dass das Leben unserer Nachfahren in den Strafrechtsschutz einbezogen werden müsse. Bei dieser nötigen Schutzausweitung könne aber der personale Rechtsgutsbegriff nicht weiterhelfen, weil die Naturausbeutung, die den kommenden Generationen die Lebensgrundlage entziehen würde, den lebenden Personen noch nicht unmittelbar schade und deren Wohlstand vielleich sogar mehre.[84] Insofern müsse man die Grenzen des überlieferten Rechtsgüterschutzprinzips überschreiten. Dies ist *Roxin* zufolge keine Preisgabe, sondern eine berechtigte Erweiterung dieses Prinzips, da „es unbestreitbarerweise auch hier um Rechtsgüterschutz geht und im Rechtsgutsbegriff eine Beschränkung auf die gerade lebende Generation nicht begriffsnotwendig angelegt ist".[85]

Roxin dehnt den Rechtsgutsbegriff weiter aus, um den „Schutz von Tieren und Pflanzen, ja, der Schöpfung schlechthin, zu einer möglichen Aufgabe des Strafrechts" zu machen.[86] Wie er bemerkt, ist die Erhaltung der Natur schon insofern mit dem personalen Rechtsgutskonzept vereinbar, als sie unsere Bedürfnisse befriedigt und unsere Existenz bereichert. Doch meint *Roxin*, dass es auch Fälle gebe, in denen Tiere und Pflanzen unabhängig von unseren Interessen geschützt werden müssten. Freilich räumt er ein, dass unser Leben nicht erwähnenswert berührt würde durch das Aussterben einer Tier- oder Pflanzenart, die für uns keinen Nutzen habe.[87] Sachgerecht sei dennoch, den Rechtsgutsbegriff zu erweitern, damit Tiere und Pflanzen um ihrer selbst willen geschützt würden. Den Grund dafür sieht *Roxin* darin, dass der Mensch der „Herr der Schöpfung" ist, der ihren Fortbestand sichern, aber auch zerstören kann; deshalb sollten wir Verantwortung für sie tragen.[88] Der strafrechtliche Schutz der höheren Tiere lässt sich nach *Roxin* auch von einer „kreatürlichen Solidarität" aus legitimieren. Wir könnten mit misshandelten Tieren im selben Maße Mitleide haben wie mit Menschen, da sie in ähnlicher Weise Schmerz empfinden könnten wie wir. Den Rechtsgüterschutz auf unsere „fremden Brüder" zu erstrecken, sei auch dafür nötig, das Staatsziel „Tierschutz" (Art. 20a GG) umzusetzen.[89]

Die Entwicklung der modernen Wissenschaft und Technik, wie *Roxin* notiert, hat neuartige Probleme geschafft, die jenseits des Horizonts der Aufklärung liegen, die „300 Jahre alt ist".[90] Vor allem die Zerstörung der Welt durch den Menschen,

---

84 *Roxin*, AT/1, § 2 Rn. 57; *ders.*, in: Hassemer-FS, S. 594 f.

85 *Roxin*, in: Hassemer-FS, S. 595.

86 *Roxin*, AT/1, § 2 Rn. 55.

87 *Roxin*, AT/1, § 2 Rn. 56; *ders.*, in: Hassemer-FS, S. 595 f.

88 *Roxin*, AT/1, § 2 Rn. 55 f.; *ders.*, in: Hassemer-FS, S. 596.

89 *Roxin*, AT/1, § 2 Rn. 56, 59; *ders.*, in: Hassemer-FS, S. 596.

90 *Roxin*, AT/1, § 2 Rn. 51.

welche die Aufkärung nur für eine reine Hypothese hielt,[91] ist heute zu einer realen Option geworden. Dies zwingt dazu, dass die Grundannahmen der Aufklärung aufgearbeitet oder aufgehoben werden müssen.[92] Dass die Verantwortung für künftige Generationen generell angenommen und in die Verfassung aufgenommen ist, stellt eine Folge davon dar, dass die Humanität der Aufklärung angesichts der Überlebenskrise in zeitlicher Hinsicht ausgeweitet wird.[93] Logisch erscheint insofern der Appell von *Roxin*, das Konzept des Rechtsgüterschutzes als Erbe der Aufklärung[94] „auf das Leben künftiger Generationen" auszudehnen".[95]

Indessen – wie bei der Kritik an der Grundnorm *Schünemann*s erwähnt[96] – können Gefahr und Schutzbedarf des Menschendaseins nicht sofort rechtfertigen, es durch das Strafrecht zu sichern. Vor dessen Einsatz zum Schutz von Nachfahren müssen wir prüfen, ob dazu die Strafe notwendig und geeignet ist, weil sie, wie *Roxin* selber schreibt, die „ultima-ratio der Sozialpolitik" ist.[97] In dieser Hinsicht fällt zunächst auf, dass die Umweltschäden „ganz überwiegend durch *legale* menschliche Aktivitäten produziert werden".[98] Außer Zweifel steht allerdings, dass diese Aktivitäten stärker geregelt werden sollen als vorher, damit sie die Lebensgrundlage kommender Menschen nicht zerstören. Sie als Verbrechen gegenüber Nachfahren zu deklarieren, könnte zwar rhetorisch überzeugend sein, ist aber rechtlich überstürzt, da sie ihrerseits eine Ausübung der Freiheitsrechte ist, die durch das Grundgesetz (Art. 12, 14 GG) garantiert werden.[99] Wer im Namen zukünftiger Generationen auffordert, diese Ausübung zu kriminalisieren, muss daher ein Argument vorbringen, das überzeugend erklären kann, warum eine Handlung strafwürdig ist, obwohl sie Mitmenschen nicht schadet und auch durch das Grundgesetz garantiert wird. „Die Solidarität mit unseren Nachfahren und unsere Schutzpflicht ihnen gegenüber", die *Roxin* anführt, reichen dafür nicht aus; ob derzeit ein solches starkes Argument verfügbar

---

91 So konnte *Hume* im 18. Jahrhundert sagen, es sei „not contrary to reason to prefer the destruction of the whole world to the scratching of my finger" (zit. nach *Bayertz*, Verantwortung, S. 51).

92 Vgl. oben A. II. 6.

93 Vgl. *Lenk*, Humanität, S. 133 ff., 376 ff. Siehe auch oben A. III. 3.

94 Vgl. oben B. I.

95 *Roxin*, AT/1, § 2 Rn. 57.

96 Vgl. oben C. II. 1.

97 *Roxin*, AT/1, § 2 Rn. 97.

98 *Prittwitz*, in: Neumann/Prittwitz (Hg.), Rechtsgutslehre, S. 109 (Hervorhebung im Original).

99 Vgl. oben A. III. 4.

ist, erscheint mehr als fraglich.[100] Hinzuweisen ist noch auf den Charakter der Umweltschäden. Sie ergeben sich in der Regel nicht aus der Zusammenarbeit der Umweltsünder, sondern aus dem Zusammentreffen von vielen Alltagshandlungen.[101] Diese können und müssen daher durch die langfristige Umweltpolitik gesteuert werden.[102] Versucht man dagegen, für Nachfahren diese Handlungen mit dem Strafrecht zu bekämpfen, dann handelt es sich „um zum Scheitern verurteilte Kreuzzüge".[103]

Was den Vorschlag *Roxin*s angeht, zum Schutz der Schöpfung die Grenzen des Rechtsgutsgedankens zu überschreiten, muss man sagen, dass er zwei Nachteile hat. Er macht einerseits die ethische Frage des Naturschutzes schwieriger und andererseits die kritische Potenz des Rechtsgutskonzepts schwächer:

Dass wir auch unabhängig von unseren Bedürfnissen Tiere- und Pflanzenarten bewahren sollen, kann sich als eine richtige moralische Intuition erweisen.[104] Um an das von *Roxin* angeführte Beispiel anzuschließen: Unsere moralischen Intuitionen gebieten die Erhaltung der „Lebensbedingungen einer seltenen Fledermaus- oder Krötenart, einer dem Menschen keinen Nutzung bringenden Pflanzenart oder eines Biotops".[105] In die Verlegenheit gerät aber der Anthropozentrismus der Aufklärung beim Versuch, diese richtige Intuition moralisch zu begründen.[106] Vielleicht veranlasst dies *Roxin* auszusprechen: Der „Mensch ist der Herr der Schöpfung. [...] Daraus erwächst eine besondere Verantwortung; nur der Mensch kann die Vielfalt der Natur erhalten".[107] Diese Behauptung ist jedoch nicht vertretbar, weil sie, wie der Ausdruck „Schöpfung" andeutet, eine religiöse Weltanschauung voraussetzt, die in einer säkularen Gesellschaft nicht begründbar ist.[108] Selbst wenn hier das Wort „Schöpfung" nur als eine Metapher

---

100 Ein solches Argument könnte man allenfalls aus der Zukunftsethik ableiten, die in der Öffentlichkeit große Resonanz findet. Ist diese Ethik aber in der Gesellschaft so tief verankert, dass sie die Strafe begründen kann? Vgl. *Hefendehl*, Kollektive Rechtsgüter, S. 54 (Anm. 80), 309 (Anm. 385); *Ueda*, in Kühne/Miyazawa, Strafrechtsentwicklungen, S. 148.

101 Vgl. oben A. II. 3.

102 Vgl. *Albrecht*, KritV 1988, 192; *Hassemer/Meinberg*, Neue Kriminalpolitik 1989, 46 ff.; *Herzog*, Daseinsvorsorge, S. 150; NK-*Ransiek*, Vor § 324 Rn. 32.

103 *Prittwitz*, in: Neumann/Prittwitz (Hg.), Rechtsgutslehre, S. 109. Vgl. auch *A. Kaufmann*, in: Spendel-FS, S. 73.

104 Vgl. *Habermas*, Erläuterungen, S. 219 ff.

105 *Roxin*, in: Hassemer-FS, S. 595.

106 Vgl. *Habermas*, Erläuterungen, S. 219 f.

107 *Roxin*, in: Hassemer-FS, S. 596; vgl. auch *ders.*, AT/1, § 2 Rn. 55 f.

108 *Krebs*, in: dies. (Hg.) Naturethik, S. 361.

benutzt wird;[109] selbst wenn es ein Wesen gäbe, das die Welt geschafft und uns als Hüter für seine Schöpfung eingesetzt hätte, ist die These *Roxins* nicht durchführbar. Denn obwohl sie von der richtigen Intuition ausgeht, führt sie zu Ergebnissen, die unserer Intuition widersprechen. Etwa: Danach ist es konsequent, die „Virenart Variola, den Erreger der Pockenkrankheit", zu erhalten und damit „das Risiko seiner Konservierung angesichts des nicht mehr vorhandenen Immunschutzes" hinzunehmen – weil sie ein Teil der Schöpfung ist.[110] Aussichtsreicher als die theistische These *Roxins* wäre es, ohne Berufung auf Gott gute ethische Argumente zu entwickeln, die für den Artenschutz sprechen; auch die anthropozentrische Ethik verfügt heute über solche Argumente.[111]

Ferner ist die religiös anmutende These *Roxins* auch aus der Sicht des Strafrechts unplausibel. Unabhängig davon, ob sie begründbar ist, müsste *Roxin* es entschlossen ablehnen, sie in das Gebiet des Strafrechts einzuführen – soweit er sich als Verfechter „gesetzgebungskritischen Rechtsgutsdenkens" versteht.[112] Denn dieses Denken fordert, religiöse Ideologien nicht mit Strafe zu bewehren, wie *Roxin* in seinem Lehrbuch geschrieben hat.[113] Unnötigerweise schwächt er das kritische Potenzial des Rechtsgutskonzepts, indem er für den strafrechtlichen Schutz der Schöpfung plädiert, die einen religiösen Begriff darstellt. Des Weiteren unterschätzt er die Leistungsfähigkeit der Rechtsgutslehre. Seiner „Schöpfung"-These liegt die Bewertung zugrunde, dass die Rechtsgutslehre nicht in der Lage ist, die künftigen Generationen und die Vielfalt der Arten zu berücksichtigen. Das Gegenteil ist der Fall: Wenn es nötig wäre, den Geltungsbreich des Strafrechts auf Nachfahren und Artenvielfalt auszudehnen, so kann die Rechtsgutslehre bescheidenere, aber einsichtigere Argumente dafür bieten als die These von *Roxin*, die sich auf den Schöpfer beruft.[114] Nach der personalen Rechgutslehre etwa, die das Rechtsgut als „schützenswerte Interesse" definiert,[115] ist es theoretisch möglich, die Sorge des Menschen für Nachfahren und Natur als „Interesse menschenwürdig und verantwortlich lebender Menschen"[116] zu konkretisieren.[117]

---

109 *Krebs*, in: dies. (Hg.) Naturethik, S. 361, 376 f.

110 *Birnbacher*, in: Bayertz (Hg.), Philosophie, S. 304.

111 Vgl. *Habermas*, Erläuterungen, S. 225 f.; *Krebs*, in: dies. (Hg.), Naturethik, S. 364 ff.

112 *Roxin*, in: Hassemer-FS, S. 574.

113 *Roxin*, AT/1, § 2 Rn. 13.

114 *Neumann*, Aktuelle Probleme, S. 10.

115 Vgl. NK-*Hassemer/Neumann*, Vor § 1 Rn. 144.

116 *Prittwitz*, in: Neumann/Prittwitz (Hg.), Rechtsgutslehre, S. 110.

117 Vgl. *Habermas*, Erläuterungen, S. 225 f.: „Allerdings kann ich mir [...] gute *ethische Gründe* vorstellen, die für Pflanzen- und Artenschutz sprechen. Gründe also, die uns

Nur dadurch kann man eindeutig sehen, wo die Gründe und auch die Grenzen des strafrechtlichen Schutzes von Nachfahren und Natur liegen. Die personale Rechtsgutslehre kann auch die richtige Forderung *Roxins* erfüllen, dass das Strafrecht dazu beitragen soll, unsere fremden Brüder zu schonen. Denn nach dieser „interessenbasierten" Lehre ist der Versuch prinzipiell unproblematisch, die Interessen von höheren Tieren, von dem Leiden frei zu sein, gegebenenfalls als Rechtsgut zu erfassen.[118]

3. Argumentation von *Stratenwerth*

Zur „Zukunftssicherung mit den Mitteln des Strafrechts"[119] versucht *Stratenwerth* bei den Umweltdelikten, die er „zukunftsbezogene Delikte" nennt,[120] das Rechtsgutskonzept durch die „Verhaltensdelikte" zu ersetzen, die einen Verstoß gegen allgemeine Wertvorstellungen der Gesellschaft bestrafen sollen.[121]

Er verweist zunächst auf die folgenden Schwierigkeiten, mit denen es das Strafrecht hier zu tun bekommt: Während sich das überkommene Strafrecht damit beschäftigt, die Interessen der jetzt lebenden Personen vor den handfesten Eingriffen einzelner Schurken zu schützen, geht es bei den heutigen Umweltproblemen um

---

in den Sinn kommen, wenn wir uns ernsthaft fragen, wie wir als Angehörige einer zivilisierten Weltgesellschaft auf diesem Planeten leben und als Angehörige unserer Spezies mit anderen Arten umgehen wollen" (Hervorhebung im Original).

118 Vgl. NK-*Hassemer/Neumann*, Vor § 1 Rn. 119e; *Neumann*, Aktuelle Probleme, S. 10. Natürlich müsste diese Argumentation, wie *Neumann* einräumt, im Einzelnen entfaltet werden. Sie müsste vor allem die folgende Frage lösen, die *Habermas* (Erläuterungen, S. 222) stellt: Wenn die Interessen der höheren Tiere, „von den durch Menschen zugefügten Schmerzen verschont zu bleiben", als Rechtsgut des Tatbestandes zum Tierschutz anerkannt werden, dann wäre es nicht konsequent, so zu interpretieren, dass dieses Schutzgut auch ihre wichtigeren Interessen einschließt, „von Menschen nicht getötet zu werden"? In diesem Fall würden etwa Schlachtungen zuerst den Tatbetand erfüllen und danach gegebenenfalls nur gerechtfertigt werden. Hier zeigt sich, „wie außerordentlich schwierig und kompliziert es ist, diese Materie in *justiziable Normen* zu gießen". *A. Kaufmann*, in: Spendel-FS, S. 72 (Hervorhebung im Original). Zu bemerken ist dabei aber, dass eine solche Frage ebenfalls in der These *Roxins* gestellt wird – und zwar in noch stärkerem Maße (vgl. das oben erwähnte Beispiel der Virenart Variola).

119 *Stratenwerth*, ZStW 105 (1993), 679.

120 *Stratenwerth*, ZStW 105 (1993), 681; *ders.*, in: Lenckner-FS, S. 377; *ders.*, in: Lüderssen-FS, S. 373.

121 Zu diesen Delikten grundlegend *Hassemer*, Theorie, S. 126 ff., 160 ff.; *Jakobs*, AT, 2/19 ff.; *K. Seelmann*, in: Jung-FS, S. 893 ff.

die Großrisiken, die aus den komplexen Mechanismen der Gesellschaft folgen, sich der unmittelbaren Wahrnehmung entziehen, und das Leben künftiger Generationen bedrohen.[122] Deshalb hat das Strafrecht große Mühe, mit seinen herkömmlichen Zurechnungsregeln diesen Umweltrisiken zu begegnen.[123]

Anschließend erwägt *Stratenwerth* zwei Vorschläge zur Überwindung dieser Hindernisse: die funktionalistische Option, das Strafrecht zum Instrument effektiver Risikoabwehr umzugestalten, zum einen und die liberale, das Strafrecht auf seinen traditionellen Kernbereich zurückzuführen, zum anderen.[124] Beide Konzepte liefen jedoch darauf hinaus, „entweder Essentialien des Strafrechts zu mißachten oder die Bedrohung der Zukunft zu bagatellisieren".[125] Nach *Stratenwerth* liegt dieses Dilemma daran, dass sie die Probleme der Spätmoderne mit dem Rüstzeug der Aufklärung bewältigen wollen. Sie gründeten sich auf derselben Vorstellung vom Menschen als dem Herrn der Schöpfung, die von der instrumentellen Vernunft und der individuellen Freiheit ausgehe. *Stratenwerth* hebt hervor, dass die Wurzel der Zukunftskrise gerade in dieser anthropozentrischen Vorstellung liege, und stellt fest, dass beide Konzepte zwar in gegensätzliche Richtungen gingen, aber auf ihre Weise diese Vorstellung kräftigten. Der Funktionalismus unterwerfe – nach der Natur – nun menschliches Verhalten dem instrumentellen Denken, das berichtigt werden müsse; der Liberalismus beharre noch auf den individuellen Freiheitsrechten, die beschränkt werden müssten.[126]

Schließlich schlägt *Stratenwerth* einen dritten Weg ein, der „den Menschen nicht mehr als das Andere der Natur" versteht, „sondern als Glied eines Lebenszusammenhanges, der sie beide umschließt".[127] Dieses Menschenbild, das den Erkenntnissen der Naturwissenschaft entspreche, lege nahe, was bei den Umweltdelikten geschützt werden solle – die Lebenszusammenhänge als solche. So fordert *Stratenwerth*, bei den zukunftsbezogenen Delikten das Rechtsgutskonzept zu relativieren. Da der Begriff des Gutes mit konkreten Interessen verbunden sei, sehe das Rechtsgutsdogma nicht, dass es notwendig sein könnte, die „Lebenszusammenhänge als solche zu schützen, ohne daß sich dieses Bedürfnis auf die realen Interessen irgendwelcher Beteiligter zurückführen ließe".[128] *Stratenwerth*

---

122 *Stratenwerth*, ZStW 105 (1993), 680 ff.; *ders.*, Krise, S. 4 ff. Näher dazu oben A. II. 3.
123 *Stratenwerth*, ZStW 105 (1993), 682 ff.
124 *Stratenwerth*, ZStW 105 (1993), 685 ff.
125 *Stratenwerth*, ZStW 105 (1993), 689.
126 *Stratenwerth*, ZStW 105 (1993), 688 ff.; *ders.*, Krise, S. 14 ff.
127 *Stratenwerth*, ZStW 105 (1993), 691; vgl. auch *ders.*, Krise, S. 16; *ders.*, Freiheit, S. 102 ff.
128 *Stratenwerth*, ZStW 105 (1993), 692.

pointiert, dass ein Gewässer etwa nicht als die Substanz, aus der es bestehe, geschützt werde, sondern wegen seiner vitalen Bedeutung für zahllose Organismen. Dabei hält er es für sinnlos und unmöglich, das Interesse des Gewässerschutzes auf irgendein Rechtsgut zu rekurrieren oder Gewässer selbst als Rechtsgut zu deklarieren.[129] Verboten werden müsse und könne eine Gewässerverunreinigung nicht deshalb, weil sie Einzel- oder Kollektivinteresse schädige, sondern allein deshalb, weil sie die Funktion der Gewässer in dem Geflecht ökologischer Beziehungen belaste.[130] Dieses Verbot lasse sich nur dadurch verwirklichen, die Grenze der Belastbarkeit der Gewässer zu bestimmen. Freilich sind diese Grenzwerte schwer festzulegen, wie *Stratenwerth* selber zugibt. Indessen behauptet er, man könne hier, wie beim Verbot der Tierquälerei, an allgemeine Verhaltensnormen anknüpfen, die unsere Kultur prägten.[131] Denkbar sei beispielsweise „eine Regelung der Umgangsformen mit der Natur, Gebote der Schonung und Rücksichtnahme oder vielleicht sogar des Respekts vor einer unendlichen reinen Schöpfung".[132]

Einige Autoren äußern sich, *Stratenwerth* löse sich nicht völlig vom Rechtsgutsgedanken. Wenn er schreibe, dass die Gewässer aufgrund ihrer Rolle im Naturhaushalt geschützt seien, spreche er von ökologischen Gütern; er zähle somit zu den Anhängern der ökozentrischen Rechtsgutsauffassung im Umweltstrafrecht.[133] Jedoch missversteht diese Deutung seine holistische Perspektive,[134] deren Akzent nicht darauf liegt, die Umwelt um ihrer selbst willen zu schützen, sondern darauf, die Grundlagen künftigen Lebens zu sichern.[135] *Stratenwerth* lehnt es ab, das Interesse des Schutzes der Gewässer an diesen selbst festzumachen, worum sich die ökozentrische Rechtsgutssichtweise bemüht. Noch ausdrücklicher distanziert er sich vom Rechtsgutsdenken, indem er gesteht, dass er es als „geradezu pervers" empfinde, die Rechte künftiger Generationen oder der Natur davon abhängig zu machen, welche Wesen Interessen haben könnten.[136]

Die eigentliche Frage, die *Stratenwerth* aufwirft, ist die Folgende: Kann seine Theorie der Verhaltensdelikte – statt der Rechtsgutslehre – als Plattform für eine rationale Strafgesetzgebung dienen?

---

129 *Stratenwerth*, ZStW 105 (1993), 693; *ders.*, Krise, S. 11 ff., 17.

130 *Stratenwerth*, ZStW 105 (1993), 693; *ders.*, Krise, S. 13.

131 *Stratenwerth*, ZStW 105 (1993), 693 f.

132 *Stratenwerth*, Krise, S. 14 ff.

133 *Hirsch*, in: Kühne/Miyazawa (Hg.), Strafrechtsentwicklungen, S. 16; *Krüger*, Entmaterialisierungstendenz, S. 100 f.

134 *Stratenwerth*, Freiheit, S. 102 ff.

135 Vgl. *Hefendehl*, Kollektive Rechtsgüter, S. 308 f.

136 *Stratenwerth*, ZStW 105 (1993), 692.

Sein Vorhaben, die Umwelttatbestände als Verhaltensnormen zu gestalten, welche die Lebenszusammenhänge schützen sollten, steht dem Zweifel gegenüber, wie etwas schützbar ist, was sich nicht als Rechtsgut erfassen lässt.[137] Darauf erwidert *Stratenwerth*, bei der Befassung mit den Umweltdelikten habe er erkannt, dass sich der Rechtsgutsbegriff bei den Zurechnungsregeln des Strafrechts „fast überall mühelos ersetzen" lasse.[138] Indem er auf die Strafvorschriften hinweist, bei denen der Rechtsgutsbegriff belanglos sei,[139] fordert er auf, den Blickwinkel über das Rechtsgutsdogma hinaus zu erweitern,[140] damit eine „Gesamttheorie der möglichen Legitimation von Strafnormen" gewinne.[141] Beobachte man das Normen- und Wertesystem aus der Distanz, so könne man bestätigen, dass das Strafrecht auf elementaren Verhaltensnormen beruhe, die sich ihrerseits auf gemeinsame Wertüberzeugungen gründeten, die zum Minimalkonsens des Gemeinwesens gehörten und somit dessen Identität bildeten.[142] Auch das Rechtsgutskonzept, so unterstreicht *Stratenwerth*, sei ein Teil der Verhaltensnormen, das sich am Ende nur durch den „Rekurs auf konsentierte Wertüberzeugungen" rechtfertigen lasse.[143] Die Anerkennung der Verhaltensnormen sei mit dem Gedanken des Rechtsgüterschutzes vereinbar, da beide in ihrer „Letztbegründung" übereinstimmten.[144] *Stratenwerth* zufolge schützt das Strafrecht soziale Normen, die eine kulturell geprägte Form menschlichen Zusammenlebens ausmachen, ohne direkt auf Interessen des Einzelnen zurückgeführt werden zu können.[145]

Stratenwerth beschreibt zutreffend, dass dem Strafrecht fundamentale Wertungen der Gesellschaft zugrunde liegen. Dennoch übersieht er, dass aus dem

---

137 *Roxin*, in: Kühne/Miyazawa (Hg.), Strafrechtsentwicklungen, S. 412.

138 *Stratenwerth*, in: Lüderssen-FS, S. 373.

139 Erwähnt werden Gefühlsdelikte, Delikte gegen Universalrechtsgüter, abstrakte Gefährdungsdelikte und sogar Tötungs- und Körperverletzungsdelikte. *Stratenwerth*, in: Lenckner-FS, S. 384 ff.; *ders.*, in: Amelung-FS, S. 359; *ders.*, in: Lüderssen-FS, S. 373 ff.; *ders.*, in: v. Hirsch/K. Seelmann/Wohlers (Hg.), Mediating Principles, S. 162 ff. Vgl. dazu *Y.-W. Kim*, ZStW 124 (2012), 597 ff.

140 *Stratenwerth*, in: Lenckner-FS, S. 389 f.; *ders.*, in: Amelung-FS, S. 362; *ders.*, in: Hefendehl/v. Hirsch/Wohlers (Hg.), Rechtsgutstheorie, S. 256 ff.

141 *Stratenwerth* bei *Brandt* u. a., in: Hefendehl/v. Hirsch/Wohlers (Hg.), Rechtsgutstheorie, S. 307.

142 *Stratenwerth*, in: Amelung-FS, S. 355 ff.; *ders.*, in: Hefendehl/v. Hirsch/Wohlers (Hg.), Rechtsgutstheorie, S. 256 ff.; *ders.*, in: v. Hirsch/K. Seelmann/Wohlers (Hg.), Mediating Principles, S. 157 ff.

143 *Stratenwerth*, in: Lenckner-FS, S. 390.

144 *Stratenwerth*, in: Lenckner-FS, S. 390.

145 *Stratenwerth*, ZStrR 115 (1997), 91.

Ist-Zustand kein Sollen folgt. Aus der Tatsache, dass die Strafgesetze auf dem Wertekonsens basieren, zieht er die Bewertung, dass der Wertkonsens die Strafgesetze legitimiert. Damit springt er vom externen Standpunkt, der den faktischen Wertungsvorgang schildert, zum internen, der nach den normativen Wertungskriterien sucht; er begeht den naturalistischen Fehlschluss.[146] Zur Begründung und Begrenzung der Strafe bedarf es inhaltlicher Maßstäbe, um schutzwürdige Werte zu wählen und die Angemessenheit zu prüfen, solche Werte durch das härteste Zwangssystem zu bewahren.[147] Keinen solchen Maßstab bietet aber die Lehre der Verhaltensdelikte, die nur besagt, dass ein bloßer Verstoß gegen allgemeine Werte strafwürdig ist, deren Beweis je nach Sichtweise unterschiedlich erfolgt und deren Gehalt einer normativen Überprüfung unterzogen werden soll.[148] Vielmehr birgt sie die Gefahr, eine normative „Kontrolle gesellschaftlicher Bestrafungstendenzen" aufzugeben und „das Strafrecht damit kampflos den jeweils herrschenden Ideologien" auszuliefern.[149] Sie ist plausibel nur als soziologische Theorie.[150]

Außerdem wird *Stratenwerth* dem Stellenwert des Rechtsguts nicht gerecht. Um seine These zu erhärten, dass die Verhaltensdelikte mit dem Rechtsgutsgedanken im Einklang stünden, führt er aus, dass beide letztendlich auf gesellschaftlichen Wertüberzeugungen basierten.[151] Zwar muss man einräumen, dass es irrational wäre, den soziologischen Faktor „Wertüberzeugung" aus dem Strafrecht völlig zu entfernen; denn eine Strafnorm würde von den Bürgern gerade als irrational vorgeworfen werden, wenn sie deren Wertvorstellungen widerspricht.[152] Obwohl Rechtsgutsgedanken und Verhaltensdelikte in ihrer Letztbegründung übereinstimmen, muss man nicht vernachlässigen, dass zwischen beiden ein wesentlicher

---

146 *Y.-W. Kim*, ZStW 124 (2012), 602 ff.; vgl. auch *Hassemer* und *Schünemann* bei *Gaede/Mühlbauer*, in: Hefendehl/v. Hirsch/Wohlers (Hg.) Rechtsgutstheorie, S. 300 f. Dazu, dass bei Fragen der Legitimität der Strafe eine externe Perspektive nicht durchhaltbar ist, vgl. *Neumann*, in: Lüderssen (Hg.), Aufgeklärte Kriminalpolitik, S. 404 f.

147 *v. Hirsch* bei *Brandt* u. a., in: Hefendehl/v. Hirsch/Wohlers (Hg.), Rechtsgutstheorie, S. 307.

148 Vgl. *Benthin*, Subventionskriminalität, S. 240; *Hassemer* bei *Brandt* u. a., in: Hefendehl/v. Hirsch/Wohlers (Hg.), Rechtsgutstheorie, S. 307; *Hefendehl*, Kollektive Rechtsgüter, S. 53; *Y.-W. Kim*, ZStW 124 (2012), 605.

149 *Neumann*, in: Neumann/Prittwitz (Hg.), Rechtsgutslehre, S. 92.

150 *Neumann*, Aktuelle Probleme, S. 8 f. *Amelung* hält *Stratenwerth* entgegen, dass das Konsenselement aus soziologischer Sicht nicht überschätzt werden soll. *Brandt* u. a., in: Hefendehl/v. Hirsch/Wohlers (Hg.), Rechtsgutstheorie, S. 307.

151 *Stratenwerth*, in: Lenckner-FS, S. 390.

152 *Hefendehl*, Kollektive Rechtsgüter, S. 53; vgl. auch *Benthin*, Subventionskriminalität, S. 240.

Unterschied besteht: Eine straflimitierende Funktion, die dem Rechtsgutskonzept zugeordnet wird, fehlt den Verhaltensdelikten. Diese sind daher höchstens als „absolute Ausnahme" in Erwägung zu ziehen;[153] vor ihrem Einsatz sollte man „die Chancen des Rechtsgutsbegriffs in vollem Umfang nutzen".[154] Schaut man aus dieser Sicht auf den Umweltschutzbereich, den *Stratenwerth* als Prototyp dafür anführt, dass das Rechtsgutskonzept unnütz ist, dann kann man sagen, dass es eher nützlich ist wegen der Weite und Unschärfe des Bereichs; es kann den Umfang des strafrechtlichen Umweltschutzes dadurch präzisieren, den materiellen Unrechtsgehalt nach Nähe und Ferne einer Rechtsgutsverletzung abzustufen.[155] Diese Rationalisierungs- und Begrenzungsfunktion des Rechtsgutsbegriffs, die den Verhaltendelikten mangelt,[156] verhindert auch, das Umweltproblem zu emotionalisieren oder zu mythologisieren, was man dann hinnehmen muss, wenn das Umweltstrafrecht konstituiert wird als Gebot „des Respekts vor einer unendlichen reinen Schöpfung".[157] Wenn *Stratenwerth* trotzdem darauf pocht, auf die Umweltbelastung mit Verhaltensdelikten zu reagieren, dann kann man einerseits darauf hinweisen, dass die legitime Umweltbelastung ihrerseits auf einem Wertkonsens (Art. 12, 13 GG) beruht, und andererseits die Frage stellen, ob sich die Zukunftsethik zu einer Wertüberzeugung unserer Kultur entwickelt hat.[158]

Was die weiteren Strafvorschriften betrifft, mit denen *Stratenwerth* die Rechtsgutslehre bemängelt, ist zwar zuzugeben, dass es Probleme gibt, die dieser Lehre Kopfschmerzen bereiten. Hervorzuheben ist trotzdem, dass die Rechtsgutslehre, besonders die personale, das Rechtsgut nicht als die Allzweckwaffe betrachtet, sondern als einen Argumentationstopos für ein rationales Strafrecht, der es erschwert,

---

153 *Graul*, Abstrakte Gefährdungsdelikte, S. 67 (Anm. 257); *Hefendehl*, Kollektive Rechtsgüter, S. 53. Allerdings ist *Stratenwerth* gegensätzlicher Meinung, dass der Rechtsgüterschutz einen Sonderfall der Verhaltensnormen darstelle. *Ders.*, in: v. Hirsch/Seelmann/Wohlers (Hg.), Mediating Principles, S. 160. Vgl. auch *K. Seelmann*, in: Jung-FS, S. 893 ff.

154 *Hefendehl* bei *Brand* u. a., in: Hefendehl/v. Hirsch/Wohlers (Hg.), Rechtsgutstheorie, S. 307.

155 *Hirsch*, in: Kühne/Miyazawa (Hg.), Strafrechtsentwicklungen, S. 17; vgl. auch *Kühl*, in: Nida-Rümelin/v. d. Pfordten (Hg.), Ökologische Ethik, S. 263.

156 Vgl. *Krüger*, Entmaterialisierungstendenz, S. 114.

157 *Stratenwerth*, Krise, S. 14 ff. Hier ist bemerkenswert, dass *Birnbacher* die Ethik der „Ehrfurcht vor dem Leben" von *A. Schweitzer* als eine „ethische Mystik" kennzeichnet. *Ders.*, in: ders. (Hg.), Ökologie, S. 128 f.

158 *Hefendehl*, Kollektive Rechtsgüter, S. 54 (Anm. 80), 309 (Anm. 385); *Prittwitz*, in: Neumann/Prittwitz (Hg.), Kritik, S. 146 (Anm. 63).

reine Moralwidrigkeiten und bloße Pflichtverletzungen zu kriminalisieren.[159] Daher hält sie es für möglich und nötig, sie durch andere Ansätze zu ergänzen, etwa durch das Belästigungsprinzip[160] oder die Deliktstypenlehre.[161] Auch bei den Tatbeständen, die *Stratenwerth* in Verhaltensdelikte einordnet, kann das Rechtsgutskonzept seine kritische Potenz entfalten, indem es solche Delikte in eine bestimmte Richtung lenkt.[162] Insofern ist der Entwurf von *Stratenwerth* radikal, weil er das Rechtsgutskonzept über Bord wirft, um Grenzfälle zu lösen.[163] Zu schnell ist er vom Rechtsgutsgedanken auf Verhaltensdelikte übergesprungen.[164]

III. Kritik an der Typisierung der abstrakten Gefährdung als Straftat im Umweltstrafrecht

Ansätze, das abstrakte Gefährdungsdelikt zu legitimieren, lassen sich grundsätzlich in zwei Modelle aufteilen:[165] Einerseits orientieren sich die klassischen Modelle an den Kategorien des Erfolgs- und Handlungsunrechts; sie bemühen sich, das abstrakte Gefährdungsdelikt „durch handlungsbezogene Unrechtsbegründungen vom Makel der Systemwidrigkeit zu befreien".[166] Andererseits streben die modernen Modelle danach, diesen Deliktstypus mit den „gesellschaftlichen Funktionen

159 NK-*Hassemer/Neumann*, Vor § 1 Rn. 110 ff.; *Heinrich*, in: Roxin-FS, S. 132; *Neumann*, in: Neumann/Prittwitz (Hg.), Rechtsgutslehre, S. 94 f.; *Roxin*, in: Hassemer-FS, S. 579.

160 *v. Hirsch*, in: Hefendehl/v. Hirsch/Wohlers (Hg.), Rechtsgutstheorie, S. 22 ff.

161 Statt vieler *Wohlers*, Deliktstypen.

162 Vgl. NK-*Hassemer/Neumann*, Vor § 1 Rn. 146 ff.; *Hirsch*, in: Kühne/Miyazawa (Hg.), Strafrechtsentwicklungen, S. 17; *Y.-W. Kim*, ZStW 124 (2012), 610 f.; *Neumann*, in: Neumann/Prittwitz (Hg.), Rechtsgutslehre, S. 94 ff.

163 *Neumann*, in: Neumann/Prittwitz (Hg.), Rechtsgutslehre, S. 92 (Hervorhebung im Original). Vgl. auch *Hirsch*, in: Kühne/Miyazawa (Hg.), Strafrechtsentwicklung, S. 16.

164 *Hassemer* und *Hefendehl* bei *Brandt* u. a., in: Hefendehl/v. Hirsch/Wohlers (Hg.), Rechtsgutstheorie, S. 307; *Hefendehl*, Rechtsgüter, S. 54. Vgl. auch *Hirsch*, in: Kühne/Miyazawa (Hg.), Strafrechtsentwicklungen, S. 16.

165 *Herzog*, Daseinsvorsorge, S. 1 ff., 32; *Neumann*, ZStW 106 (1994), 189 ff.

166 *Herzog*, Daseinsvorsorge, S. 32. Diese Modelle versuchen beispielsweise, die abstrakte Gefährdung als „Wahrscheinlichkeit einer konkreten Gefährdung" über die konkrete Gefährdung als „Wahrscheinlichkeit einer Verletzung" mit dem Erfolgsunwert zu vermitteln. *Cramer*, Vollrauschtatbestand, S. 60 ff. Vgl. auch *Herzog*, Daseinsvorsorge, S. 25 ff.; *Neumann*, ZStW 106 (1994), 189 ff.

des Strafrechts“ zu rechtfertigen.[167] Im Folgenden wird nur den modernen Modellen nachgegangen, denn im Zusammenhang der Funktionalisierung des Strafrechts sind die klassischen Modelle von weniger Bedeutung.

1. Argumentation von *Wolter*

Wolter sucht ein neues Straftatsystem zu entwerfen, das verschiedenartige Zurechnungsstrukturen umfasst.[168] Dabei hält er es für ausgemacht, dass heute jeder Entwurf des Strafrechtssystems nur dann legitimierbar ist, soweit er sich an der Funktion des Strafrechts in der Gesellschaft orientiert.[169] Die primäre Funktion des Strafrechts sieht *Wolter* darin, in gefährliche Verhaltensweisen einzuschreiten und auf diese Weise Rechtsgüter unmittelbar zu schützen. Die Strafdrohung bestehe in erster Linie deshalb, um die Verhaltensweise wegen ihrer spezifischen Gefährlichkeit zu verhindern. Insofern sei die Aufgabe des Strafrechts vor allem mit der Verhinderung von Verletzungen und Gefährdungen zu umschreiben.[170]

Unrecht wird demgemäß neu begründet: Verboten sei „die deliktische Handlung nicht als Ausdruck von Rechtsungehorsam, sondern wegen der mit ihr verbundenen ‚Bedrohung‘ des Rechtsgutsträgers bzw. der realen Chance einer Rechtsgutsverletzung“.[171] Daraus folgert *Wolter* die „Unrechtsidee“ bei den Erfolgsdelikten: Der Täter müsse ein adäquates und rechtlich missbilligtes Risiko schaffen.[172] Zum Unrecht gehöre aber auch die Beziehung zwischen Handlung und Erfolg („Risikozusammenhang“). Nur die dadurch vermittelte Rechtsgutsverletzung erhebe den tatsächlichen Erfolg zu dem zurechenbaren.[173] Daher müsse sich „diejenige Gefahr im Erfolg realisieren, um derentwillen die vom Täter übertretene Verhaltensnorm“ bestehe.[174] Diese Überlegungen fasst *Wolter* wie folgt zusammen: Der Prototyp des Unrechts ist die Schaffung eines adäquaten und rechtlich missbilligten Risikos und damit die Herbeiführung eines über das Handlungsunrecht hinausreichenden objektiven Gefährlichkeitsunrechts

---

167 *Herzog*, Daseinsvorsorge, S. 32; *Neumann*, ZStW 106 (1994), 191. Zu einem „Stilwandel in der Strafrechtswissenschaft“, nämlich der Entwicklung von einer begrifflich-systematischen zu einer normativ-funktionalen Argumentation vgl. *Neumann*, ZStW 99 (1987), 568 ff.

168 *Wolter*, Zurechnung, S. 17 ff.

169 *Wolter*, Zurechnung, S. 21 unter Verweis auf *Lackner*, JZ 1978, 211.

170 *Wolter*, Zurechnung, S. 24.

171 *Wolter*, Zurechnung, S. 25, 357.

172 *Wolter*, Zurechnung, S. 29.

173 *Wolter*, Zurechnung, S. 28, 357.

174 *Wolter*, Zurechnung, S. 29.

(„primäres Erfolgsunrecht"); und der Erfolg ist nicht Zufallsprodukt, sondern adäquate und sozialinadäquate Fortentwicklung des geschaffenen Risikos („sekundäres Erfolgsunrecht").[175] Verboten ist danach grundsätzlich „eine Risikoschaffung, die die Verletzung (oder Gefährdung) des geschützten Rechtsguts objektiv ernstlich möglich macht oder das vom Täter vorgefundene Ausgangsrisiko meßbar erhöht".[176]

Aufgrund dieser Unrechtsbegründung und der herkömmlichen Zweiteilung der abstrakten Gefährdungsdelikte unterscheidet *Wolter* zwischen den „eigentlichen" und den „uneigentlichen" abstrakten Gefährdungsdelikten:[177] Bei den eigentlichen gehe es zum einen um „Massenhandlungen" etwa im Straßenverkehr, die der Gesetzgeber durch starre Regeln gewissermaßen automatisieren wolle. Im Anschluss an *Schünemann*[178] behauptet *Wolter*, hier sei „aus lerntheoretischen Gründen" geboten, die Strafe an den bloßen Regelverstoß zu knüpfen. Allein auf diese Weise lasse sich eine Entlastung des Bürgers bewirken, „um dadurch genügend Aufmerksamkeit für die zahlreichen atypischen Gefahren freizusetzen"; nur so sei auch der großen Unfallgefahr bei Massenhandlungen entgegenzuwirken, die entstünde, wenn der Einzelne im Einzelfall über die Verbindlichkeit des Verbots selbst entscheiden könnte; zudem entgehe man nur dadurch den Beweisschwierigkeiten beim Straßenverkehrsrecht. Ein wichtiges Beispiel dieser Deliktsgruppe sei § 316.[179] Zum anderen rückt *Wolter* die „Kontroll- und Überwachungsmöglichkeit" in den Vordergrund.[180] Wenn etwa der Vertrieb von ungeprüften Chemikalien von der Freigabe einer Prüfstelle abhänge, „verstehe sich von selbst, daß diese Prüfstellen die Zulassung auch dann zu versagen hätten, wenn nach dem Stande der Wissenschaft die Eignung zur Verletzung von Leib oder Leben zwar nicht gesichert ist, aber als möglich erscheint".[181] In diesem Fall sei es zum Schutz der Bürger möglich, im Vorfeld gravierender Rechtsgutsgefährdungen auch auf den Nachweis genereller Kausalität zu verzichten. Vorschriften des Pass- und Meldewesens sowie Umweltdelikte ließen sich durch das Konzept der „Prüfstellendelikte" rechtfertigen.[182] Von den eigentlichen abstrakten Gefährdungsdelikten abzugrenzen seien die uneigentlichen, die weder den Massen- und Prüfstellendelikten noch den

175 *Wolter*, Zurechnung, S. 109 ff.; 356 f.
176 *Wolter*, Zurechnung, S. 29 f.
177 *Wolter*, Zurechnung, S. 276 ff.
178 *Schünemann*, JA 1975, 798.
179 *Wolter*, Zurechnung, S. 187, 277 f., 319 f.
180 *Wolter*, Zurechnung, S. 277 f.
181 *Wolter*, Zurechnung, S. 320 f.
182 *Wolter*, Zurechnung, S. 277, 320 f.

Ordnungswidrigkeiten zugeordnet würden. Nach *Wolter* ist es ein Verstoß gegen die Grundsätze von Kriminalunrecht, diese Delikte ohne unmittelbaren Bezug zur konkreten Gefährdung für Leib und Leben im Strafrecht belassen zu wollen. Als Beispiel für diese Vorschriften nennt *Wolter* § 306a Abs. 1 (§ 306 Nr. 2 StGB a.F.).[183]

Der Entwurf *Wolter*s stößt auf berechtigte Kritik, dass er zur fragwürdigen Ausdehnung der Strafbarkeit führt.[184] Um nur zwei Beispiele zu nennen: § 3 LMG a.F. verbietet es, Lebensmittel herzustellen, deren Genuss geeignet ist, die Gesundheit zu schädigen. Hierzu meint *Wolter*, es sei dabei für die volle Strafbarkeit unerheblich, ob sich ein Risiko für die Gesundheit realisiere. Der Täter, der das *ex ante* gefährliche Lebensmittel hergestellt habe, müsse auch dann wegen vollendeten Delikts bestraft werden, wenn sich *ex post* herausstelle, dass das Lebensmittel doch nicht gesundheitsschädlich gewesen sei; auch in diesem Fall trage das Verhalten des Täters „den kriminellen Akzent, das Risiko für die Gesundheit anderer nicht zu scheuen".[185] Diese Auslegung ist jedoch mit dem geltenden Recht unvereinbar; hier kann der Täter nur wegen des Versuchs gemäß §§ 5, 58 LFGB[186] oder gar nicht bestraft werden.[187] Und was § 131 betrifft, interpretiert *Wolter* diese Vorschrift als „abstraktes Risikodelikt neuen Typs mit potentieller genereller Kausalität" und beurteilt sie als bedenklich. Sie sei deswegen abzulehnen, weil dabei die pönalisierten Verhaltensweisen bis weit in das Vorbereitungsstadium hineinreichen würden und Tatbestandsmerkmale wenig präzise seien. Dennoch werde sie dann gerechtfertigt, wenn man sie zu „potentiellen generellen Verletzungs- bzw. Gefährdungsdelikten" („generellen Risikodelikten") aufwerte.[188] Aber es ist kein Grund ersichtlich, warum die Kritik am „abstrakten Risikodelikt" nicht mehr gelten soll, wenn es als „generelles Risikodelikt" verstanden wird.[189] Denn auch beim generellen Risikodelikt wird der Täter bestraft, auch „wenn die Schädigung anderer – mangels Feststellbarkeit einer generellen Kausalität – nicht auszuschließen ist".[190]

---

183 *Wolter*, Zurechnung, S. 278 f.

184 *Prittwitz*, Risiko, S. 338 ff. Vgl. auch *Lagodny*, Schranken, S. 29 f.

185 *Wolter*, Zurechnung, S. 323 f.

186 § 5 LFGB (Verbote zum Schutz der Gesundheit): „(1) Es ist verboten, Lebensmittel für andere derart herzustellen oder zu behandeln, dass ihr Verzehr gesundheitsschädlich […] ist"; § 58 LFGB (Strafvorschriften): „(4) Der Versuch ist strafbar."

187 Vgl. *Graul*, Gefährdungsdelikte, S. 126 ff.; *Prittwitz*, Risiko, S. 278 f.

188 *Wolter*, Zurechnung, S. 325 f.

189 *Prittwitz*, Risiko, S. 340; vgl. auch *Graul*, Gefährdungsdelikte, S. 128 ff.

190 *Wolter*, Zurechnung, S. 324

Wie gezeigt, tendiert die Zurechnungslehre *Wolter*s dazu, die Strafbarkeit auszuweiten. Dies liegt daran, dass nach dem traditionellen Schuldstrafrecht nicht jede Risikoschaffung strafbar ist, aber *Wolter* anhand des Risikobegriffs die Funktion des Strafrechts erhöhen will:[191] Ein „zukünftiges und wirksames Risikostrafrecht" müsse, so *Wolter*, von den Erfolgsdelikten wegführen und zu einer Vielgestalt von Eignungsdelikten hinführen.[192] Insofern hat *Herzog* Recht, wenn er meint: In dem Risikostrafrecht *Wolter*s „gibt es grundsätzlich gegen abstrakte Gefährdungskriminalisierungen keine Bedenken anzumelden".[193] Der Versuch *Wolter*s, die Zurechnungslehre zu rationalisieren und damit die Funktion des Strafrechts zu optimieren, verdient zwar im Ansatz Zustimmung. Dennoch stimmen seine Ergebnisse in Hinsicht auf das rechtsstaatliche Schuldprinzip bedenklich. *Wolter* selber bemerkt allerdings die Spannung zwischen Risiko- und Schuldstrafrecht, bemüht sich daher um ihre Lösung und betont folglich: Die eigentlichen abstrakten Gefährdungsdelikte seien deutlich aufzuwerten, wenn sie kriminellen Gehalt aufweisen sollen. Aus dem Kriminalunrecht zu verbannen seien abstrakte Gefährdungstaten, „die nicht dem (mittelbaren) Schutz vor gravierenden Rechtsgutsgefährdungen und -verletzungen" dienten „und die zudem nicht mit Hilfe einer präzisen Umschreibung der in Betracht kommenden Verhaltensweisen mit dem Bestimmtheitsgebot versöhnt" seien.[194] Ob eine solche Verbannung wirksam betrieben werden kann, ist aber fraglich. Denn die Forderung dieser Verbannung ergibt sich nicht aus der inneren Logik des Straftatsystems *Wolter*s.[195]

Außerdem überzeugt das Argument der Massenhandlungen nicht. Der Gedanke, eine Handlung aus lerntheoretischen Gründen zu bestrafen, gerät in Konflikt mit dem Autonomiestatus der Betroffenen.[196] Die Ansicht *Wolter*s, die Strafe könne an den bloßen Regelverstoß geknüpft werden, übersieht, dass das Strafrecht keine Schuldform kennt, die sich im bloßen Regelverstoß erschöpft.[197] Bei den Massenhandlungen werden auch die Entschuldigungsgründe entscheidend eingeschränkt,[198] weil hier die Normen ausnahmslos befolgt und vorbehaltlos

191 *Prittwitz*, Risiko, S. 338 ff.
192 *Wolter*, Zurechnung, S. 253.
193 *Herzog*, Daseinsvorsorge, S. 37.
194 *Wolter*, Zurechnung, S. 278, 320.
195 *Herzog*, Daseinsvorsorge, S. 37.
196 *Herzog*, Daseinsvorsorge, S. 35 ff.; *Lüderssen*, in: Hassemer/Lüderssen/Naucke, Generalprävention, S. 76; *Zieschang*, Gefährdungsdelikte, S. 373.
197 *Kindhäuser*, Gefährdung, S. 269.
198 *Herzog*, Daseinsvorsorge, S. 35.

angewendet werden sollen.[199] Ferner verwechselt *Wolter* das Bedürfnis nach der Regelung von Verhalten mit der Berechtigung der Bestrafung von Verhalten. Die Delikte, welche die Massenhandlungen regeln, können nur dann innerhalb des Strafrechts gerechtfertigt werden, wenn begründet wird, dass es legitim ist, die Massenhandlungen allein wegen ihrer generellen Gefährlichkeit zu pönalisieren. Mit anderen Worten: Um die Pönalisierung bei den Massenhandlungen zu rechtfertigen, reicht es nicht aus, auf die Notwendigkeit der Automatisierung durch starre Regeln zu verweisen.[200] Wenn man bei den massenhaft begangenen Delikten nur aus lerntheoretischen Gründen eine Strafbarkeit begründen kann, dann stellt sich die Frage: Würde dies auch besagen, dass etwa eine Brandstiftung nach § 306 den Massenhandlungen zuzuordnen ist, falls sie nur oft genug begangen würde? Diese Frage zeigt, dass die Massenhandlungen die abstrakten Gefährdungsdelikte „vor unlösbare Legitimationsprobleme" stellen.[201] Entsprechendes gilt für die Prüfstellendelikte; unter den Gesichtspunkten der Kontroll- und Überwachungsmöglichkeit lässt sich die Strafwürdigkeit nicht begründen. Der Normzweck der Massen- und Prüfstellendelikte kann und soll nur mit dem Ordnungswidrigkeitenrecht erreicht werden.[202]

2. Argumentation von *Kratzsch*

Einen Entwurf des Risikostrafrechts baut *Kratzsch* aus:[203] Ausgangspunkt seiner Arbeit ist die Ansicht, die herrschenden Unrechts- und Auslegungslehren bedürften einer Veränderung; diese Lehren betrachteten das Unrecht „zu einseitig aus der Sicht des (potentiellen) Täters und der auf ihn bezogenen Bestimmungsfunktion der Norm", sodass sie das Unrecht nur darauf bezögen, was der einzelne Täter aus eigener Kraft tun könne und müsse. *Kratzsch* zufolge übersehen sie, dass das Strafrecht über zahlreiche konstruktive Möglichkeiten verfügt, einen zunächst unbeherrschbaren Handlungsbereich steuerbar zu machen. Insofern widersprachen sie dem geltenden Gesetz, denn die Verfassung verpflichte das

---

199 *Wolter*, Zurechnung, S. 277, 319 f. Vgl. auch *Roxin*, AT/1, § 11 Rn. 160; *Schünemann*, JA 1975, 798.

200 *Ahn*, Gefährdungsdelikte, S. 119; *Wohlers*, Deliktstypen, S. 301.

201 Vgl. *Detzner*, Rückkehr, S. 262; *Lüderssen*, Krise, S. 15, 56.

202 *Hirsch*, in: Tiedemann-FS, S. 156; *Frisch*, in: Stree/Wessels-FS, S. 92.

203 *Kratzsch*, Verhaltenssteuerung, S. 269 glaubt, das Strafrecht sei „seiner Funktion und seiner Struktur nach ein Risikostrafrecht".

Strafrecht dazu, alle ihm gegebenen Mittel auszuschöpfen, um seiner Aufgabe des Rechtsgüterschutzes nachzukommen.[204]

Ansatzpunkt für die Reform der herrschenden Lehre erblickt *Kratzsch* darin, die Relation zwischen Unrecht und Norm umzudenken. Er deutet die Norm als das Instrument, welches das Verhalten des Menschen steuert, damit das Unrecht verhindert wird. Diese „Mittel-Zweck-Beziehung" erkläre, dass sich Unrecht und Norm wechselseitig beeinflussten. Die Steuerungselemente der Norm bestimmten den Inhalt des Unrechts entscheidend mit; als Bezugspunkt des Unrechts gälten vor allem die Normen in ihrer Eigenschaft als Steuerungssystem.[205] Dies ziehe die Grundfrage nach sich, in welcher Form ein Steuerungssystem aufgebaut werden solle. Dabei gibt *Kratzsch* dem „Prinzip der optimalen Zielverwirklichung"[206] den Vorzug: Die Normen müssten sich so organisieren, dass ihre Ziele bestmöglich erreicht werden könnten. Für sie ergebe sich damit die Hauptaufgabe, „durch planmäßige Umgestaltung der Wirklichkeit eine optimale, d. h. möglichst effektive und angemessene Form der Unrechtsbekämpfung durchzusetzen".[207]

Um diese Aufgabe zu erfüllen, müssten sich die Normen „wie zielgerichtete Systeme strukturieren und verhalten".[208] Aufgrund der kybernetischen Systemtheorie weist *Kratzsch* darauf hin, es sei für zielgerichtete Systeme wesentlich, den Zufall als Störfaktor der Zielerreichung auszuschalten.[209] Deshalb müsse die Unrechtsbekämpfung nicht dort enden, wo der Täter „rein zufällig" den tatbestandsmäßigen Erfolg herbeiführe; vielmehr sei Zufall in den Wirkungsbereich der Strafrechtsnormen einzubeziehen, obwohl er für den Einzelnen nicht beherrschbar sei. Denn sonst würden unnötige Rechtsschutzlücken verbleiben, die das Opfer in wichtigen Lebensbereichen schutzlos bleiben ließen. So führt *Kratzsch* aus: „Das verfassungsrechtlich verankerte Prinzip des effektiven Rechtsgüterschutzes hat nur dann Aussicht auf Verwirklichung", wenn „dem Zufall der Kampf angesagt wird. Drohenden Rechtsgutsverletzungen muß durch

---

204 *Kratzsch*, in: Oehler-FS, S. 66 ff.; *ders.*, Verhaltenssteuerung, S. 31, 185 f.; *ders.*, JuS 1994, 376 ff.

205 *Kratzsch*, Verhaltenssteuerung, S. 92, 118 f.; *ders.*, GA 1989, 58 f.

206 *Kratzsch*, Verhaltenssteuerung, S. 120; *ders.*, GA 1989, 51 ff.; *ders.*, JuS 1994, 377. Vgl. *E. v. Hippel*, JZ 1984, 955.

207 *Kratzsch*, Verhaltenssteuerung, S. 30 f.

208 *Kratzsch*, Verhaltenssteuerung, S. 120 f., 163 f.; 186.

209 *Kratzsch*, JA 1983, 427 f.; *ders.*, in: Oehler-FS, S. 68; *ders.*, Verhaltenssteuerung, S. 31, 119, 199 ff.

ein System von Regelungen entgegengewirkt werden, das – soweit vertretbar – möglichst lückenlos ist und dem Zufall keine Chance läßt".[210]

Zum Kampf gegen Zufall, so meint *Kratzsch*, müsse das Strafrecht als ein soziales System von Handlungen erfasst werden, in dem alle Beteiligten zur besseren Zielverwirklichung zusammenwirkten.[211] Für soziale Handlungssysteme sei es kennzeichnend, dass sie danach strebten, Störungen ihrer Ziele zu reduzieren, damit die Ziele in den „gewünschten Zuständen" verblieben und „alle anderen möglichen Zustände" ausgeschlossen seien. Unter diesem organisatorischen Aspekt rekonstruiert *Kratzsch* das Unrecht. Dieses sei weder Eigenschaft noch Ergebnis einer Handlung des Täters, sondern der „schlechte Zustand (Unwert), der verhindert werden" müsse, „damit das Strafrechts- bzw. Normsystem insgesamt die Normziele optimal verwirklichen" könne.[212] Das so verstandene Unrecht setze nicht voraus, dass der Täter in der Lage sei, die drohende Rechtsgutsverletzung abzuwenden; denn es müsse schon dann verhindert werden, wenn seine Bekämpfung von allen Verantwortlichen optimal verwirklicht werden solle. Im strafrechtlichen Handlungssystem verteile sich die Aufgabe der Rechtsgutserhaltung auf jeden Beteiligten, nämlich auf Täter, Gesetzgeber, Richter, Opfer usw. Diese Aufgabenverteilung ermögliche „ein Maß an optimaler Rechtsguterhaltung, zu der der einzelne Mensch [...] auch nicht annäherungsweise in der Lage wäre".[213] Rechtsgrund und Richtpunkt der Aufgabenverteilung seien die Grundsätze der distributiven Gerechtigkeit, insbesondere das Autonomie- und Gegenseitigkeitsprinzip.[214]

Daraufhin argumentiert *Kratzsch*, abstrakte Gefährdungsdelikte seien dort die optimale Form des Rechtsgüterschutzes, wo der Eintritt einer Rechtsgutsgefährdung vom Zufall abhänge.[215] Ob ein bestimmter Verhaltenstyp für die schlechten Zustände der Rechtsgüter kausal sei, werde dabei erst dann erkennbar, wenn das Wirken der einzelnen Norm über einen längeren Zeitraum beobachtet werde.[216] Am Beispiel des § 306a Abs. 1 Nr. 1 (§ 306 Nr. 2 StGB a.F.) erläutert *Kratzsch*, es

---

210 *Kratzsch*, Verhaltenssteuerung, S. 119 f.

211 *Kratzsch*, Verhaltenssteuerung, S. 30 f., *ders.*, JuS 1994, 378.

212 *Kratzsch*, Verhaltenssteuerung, S. 186, 389.

213 *Kratzsch*, Verhaltenssteuerung, S. 389 f.; *ders.*, GA 1989, 73 ff.

214 *Kratzsch*, in: Oehler-FS, S. 69 f.; *ders.*, Verhaltenssteuerung, S. 390 ff.; *ders.*, JuS 1994, 377.

215 *Kratzsch*, JA 1983, 428; *ders.*, Verhaltenssteuerung, S. 113 f., 274 ff.; 378 ff. Nach *Kratzsch*, GA 1989, 59 gilt die Schwelle zum Unrecht bereits dann als überschritten, wenn das Ausbleiben des Erfolgseintritts zufallsabhängig wird.

216 *Kratzsch*, Verhaltenssteuerung, S. 274 ff., 286.

gebe zwar mehrere tatbestandsrelevante Brandstiftungen, die keinerlei Gefahr für das Rechtsgutsobjekt mit sich brachten; ihre Gefährlichkeit zeige sich aber erst dann, wenn man sie über eine längere Zeitspanne als eine aus zahlreichen Einzeltaten bestehende „Großstörung" betrachte.[217] Entsprechendes gelte für die Gewässerverunreinigung gemäß § 324.[218] Auf den Eingriff des Strafrechts in die Großstörung könne nicht verzichtet werden. Denn sie könne „zwar nicht stets, aber in nicht genau vorausberechenbarer Weise doch wiederholt" das geschützte Rechtsgut in Gefahr bringen.[219]

Wegen der zufallsabhängigen Kausalketten kann der Täter aber die Großstörung nicht beherrschen, selbst wenn er mit größter Sorgfalt alle Gefahrenquellen berücksichtigt.[220] Um diese Schwierigkeit zu umgehen, schlägt *Kratzsch* vor, die „wesentliche und anspruchsvollere Aufgabe der Gefahrenabwehr" nicht allein dem Täter zu überlassen, sondern beim Gesetzgeber zu „zentrieren" – der Gesetzgeber müsse die Aufgabe selbst erledigen.[221] Da sich aber die Einzelgefahr einer direkten Steuerung entziehe, bleibe ihm nur eine Notlösung, sich mit einer statistischen Gefahr der Einzeltat zu begnügen und demnach der Großstörung durch die Bestrafung aller Einzelstörungen insgesamt zu begegnen.[222] Als Maßnahme der „zentralistischen Lösung" zieht *Kratzsch* also nur einen „Großregler" in Betracht, der von den Merkmalen der Einzelstörungen abstrahiere und die Großstörungen als Ganzes mit typisierenden Merkmalen regle.[223] Beispielsweise verbiete § 306a Abs. 1 Nr. 1 die reine Handlung des Inbrandsetzens von Wohnhäusern, unabhängig davon, dass eine reale Chance einer Rechtsgutsgefährdung bestand oder der Täter diese verhindern konnte.[224]

Von diesem Standpunkt aus interpretiert *Kratzsch* abstrakte Gefährdungsdelikte als „Großreaktion" des Strafrechts auf Großstörungen und legitimiert sie damit, dass sie zur Aufrechthaltung der „Großregelung" dienten.[225] Die Großregelung von

---

217 *Kratzsch*, Verhaltenssteuerung, S. 277 f.

218 *Kratzsch*, GA 1989, 69.

219 *Kratzsch*, GA 1989, 67.

220 *Kratzsch*, Verhaltenssteuerung, S. 113 f., 278.

221 *Kratzsch*, Verhaltenssteuerung, S. f., *ders.*, JuS 1994, 378.

222 *Kratzsch*, in: Oehler-FS, S. 69; *ders.*, Verhaltenssteuerung, S. 283 ff., *ders.*, JuS 1994, 379.

223 *Kratzsch*, Verhaltenssteuerung, S. 278; *ders.*, GA 1989, 67. Der Bezugspunkt des Gefahrurteils sei dabei die „Relation zwischen dem zu beurteilenden Einzelfall und der Gesamtklasse aller durch den Tatbestand geregelten Fälle".

224 *Kratzsch*, JA 1983, 428; *ders.*, in: Oehler-FS, S. 67; *ders.*, Verhaltenssteuerung, S. 110 ff., 277 ff.

225 *Kratzsch*, Verhaltenssteuerung, S. 284, 298.

abstrakten Gefährdungsdelikten hat nach *Kratzsch* Verstärkungs- und Entlastungsfunktion: Zum einen bringe sie die „Wirkung einer dem Lebensschutz dienenden Handlungsverstärkung“; sie untersage Handlungen, deren Ablauf der Täter wegen seiner unzureichenden Prognosefähigkeit nicht hinreichend beherrschen könne; mithin werde der Beginn der Regelung auf einen Zeitpunkt vorverlegt, in dem das Ausbleiben der Rechtsgutsbeeinträchtigung noch nicht allein vom Zufall abhänge. Zum anderen diene sie der „Entlastung des Täters“ und damit letztlich einer „Erweiterung der Autonomie des Individuums“; etwa § 306a Abs. 1 Nr. 1 befreie den Täter von der ihn überfordernden Aufgabe der Gefahrenabwehr, befehle ihm nur die wesentlich einfachere Handlung des Inbrandsetzens und beschränke somit seine Verantwortung darauf, einzelne genau umrissene Handlungen zu vermeiden.[226] Von zentraler Bedeutung seien abstrakte Gefährdungsdelikte vor allem in „besonders schwer durchschaubaren Deliktsbereichen einer hoch technisierten und differenzierten Markt- und Industriegesellschaft“ wie Wirtschafts- und Umweltstrafrecht.[227]

Der Ansatz *Kratzsch*s ist „tendenziell sehr fruchtbar“[228] und durchaus zeitgemäß;[229] trotzdem ist er in der Diskussion „kaum auf Gegenliebe gestoßen“.[230] Der Grund dafür liegt vor allem darin, dass er dem Rechtsstaatsprinzip widerspricht.[231] *Kratzsch* meint, einer Großstörung müsse durch das abstrakte Gefährdungsdelikt begegnet werden. Damit wird das Strafrecht in das Feld der Ordnungswidrigkeiten vorverlegt, sodass es seinen subsidiären Charakter verliert.[232] Diese Schwächung des *ultima-ratio*-Prinzips wird aber nicht durch die Stärkung des Rechtsgüterschutzes ausgeglichen, vielmehr führt sie zur unberechtigten Beschränkung der Freiheit der Bürger. Für die optimale Reduktion von Zufallsgefahren verweigert *Kratzsch* jegliche Reduktion des abstrakten

226 *Kratzsch*, in: Oehler-FS, S. 67; *ders.*, Verhaltenssteuerung, S. 114 f., 298; *ders.*, GA 1989, 74 ff.

227 *Kratzsch*, Verhaltenssteuerung, S. 218 f.; *ders.*, JuS 1994, 377.

228 *Neumann*, GA 1987, 279.

229 Vgl. *Bloy*, in: Fragmentarisches Strafrecht, S. 19; *Neumann*, GA 1987, 279; *Prittwitz*, Risiko, S. 348 ff.

230 *Lagodny*, Schranken, S. 26.

231 Diese Unvereinbarkeit deutet an, dass Versuche scheitern würden, die Probleme der Risikogesellschaft mit dem traditionellen Strafrecht in den Griff zu bekommen. Vgl. *Prittwitz*, Risiko, S. 350.

232 Vgl. *Frehsee*, StV 1996, 228; *Hirsch*, in: Tiedemann-FS, S. 156; *Kindhäuser*, Gefährdung, S. 271 (Anm. 1); *Köhler*, AT, S. 30 ff.; *Prittwitz*, Risiko, S. 349; *Zieschang*, Gefährdungsdelikte, S. 363 f.

Gefährdungsdelikts;[233] so wird der Täter auch dann aus diesem Delikt bestraft, wenn er sich durch Vorkehrungen von der Ungefährlichkeit seines Handelns überzeugt hat und damit eine konkrete Gefährdung des Schutzguts ausgeblieben ist. Diese Bestrafung kann dennoch nicht auf dem Gedanken des Rechtsgüterschutzes beruhen, da der Täter weder subjektiv noch objektiv das Rechtsgut angegriffen hat; aus demselben Grund scheint es fraglich, ob das Rechtsgut dadurch besser geschützt wird, eine restriktive Auslegung des abstrakten Gefährdungsdelikts abzulehnen.[234] Dass diese Bestrafung auch gegen das Schuldprinzip verstößt, liegt auf der Hand.[235] Wenn *Kratzsch* das Rechtsgut nicht nur „vor verantwortlich verübten Verletzungen",[236] sondern auch vor zufallsbedingten Schädigungen strafrechtlich bewahren will, beachtet er nicht, dass eine Handlung nicht allein deshalb eine Strafe verdient, weil sie einem Verhaltenstypus angehört, dem eine „stochastische" Gefährlichkeit anhaftet.[237]

Die damit einhergehende Kritik am Konzept *Kratzsch*s ist, dass es zur „Entmündigung des Einzelnen"[238] führt. *Kratzsch* schlägt dem Gesetzgeber vor, bei einer Großstörung vorweg die drohende Rechtsgutsgefährdung zu bemerken, zu bewerten und zu bekämpfen; denn andernfalls würden dem Täter Aufgaben aufgebürdet, die er in der Regel nicht ausführen könne. Wenn durch diese zentralistische Lösung das Verhalten des Täters „bis ins einzelne vorprogrammiert" werde, dann braucht er nur der getroffenen Regelung zu folgen. *Kratzsch* präzisiert dies folgendermaßen: „Was im Gesetz äußerlich als Verhalten des Täters erscheint, ist in Wahrheit die kodifizierte Einstellung einer Steuerung." Beim abstrakten Gefährdungsdelikt sei die Selbststeuerung des Täters derart in den Hintergrund gedrängt, dass er sich den Funktionsbedingungen des Gesamtsystems unterwerfen müsse und dessen Standard-Grenzwerte anzuerkennen habe, und zwar selbst dann, wenn er die konkrete Situation „voll im Griff" habe oder objektiv und subjektiv „sorgfaltsgemäß" handele.[239] Auf diese Weise entwirft *Kratzsch* ein „systemtheoretisch ‚aufgeklärtes' absolutistisches Polizeistrafrecht"[240] und entzieht dem

233 *Kratzsch*, Verhaltenssteuerung, S. 274 ff.

234 *Martin*, Umweltbeeinträchtigungen, S. 80 f.

235 *A. Kaufmann*, JZ 1963, 432.

236 *Neumann*, GA 1987, 279.

237 Vgl. NK-*Hassemer/Neumann*, Vor § 1 Rn. 49 ff.; *Neumann*, in: Jakobs-FS, S. 435 ff.; *Zaczyk*, Unrecht, S. 38.

238 *Zieschang*, Gefährdungsdelikte, S. 364.

239 *Kratzsch*, Verhaltenssteuerung, S. 419.

240 *Herzog*, Daseinsvorsorge, S. 39.

Bürger die Stellung als autonomes Rechtssubjekt.[241] Wenn ein Täter zum Steuerungsobjekt degradiert und lediglich als einer von vielen Beteiligten in dem Steuerungssystem definiert wird, drängt sich die Frage auf: Ist es fair, nur dem Täter die Folge des Steuerungsversagens zuzurechnen, also auf die Großstörung durch die Bestrafung des Täters zu reagieren?[242]

Die Entmündigung des Einzelnen erscheint auf den ersten Blick erstaunlich, weil *Kratzsch* das Autonomieprinzip als oberstes Leitprinzip erwähnt, an dem sich alle strafrechtlichen Regelungen einschließlich der Aufgabenverteilung orientieren müssen.[243] Bei genauem Hinsehen ist jedoch zu erkennen, dass er die Grundsätze der Gerechtigkeit zwar in seinen Gedanken aufnimmt, aber wenig stringent aufzählt[244] und ihr Verhältnis zu der effektiven Zielverwirklichung nicht aufklärt. Die Frage bleibt offen, wie „eine ungerechte Regelung mit Gesichtspunkten der Effizienz und eine ineffiziente mit Gesichtspunkten der Gerechtigkeit"[245] behandelt werden sollen. Dazu äußert sich *Kratzsch*, dass ein effektiver Rechtsgüterschutz nicht schrankenlos sein könne; dieser werde nur dann optimal verwirklicht, wenn er mit dem Autonomieprinzip in Einklang gebracht werde. Die zentralistische Lösung müsse also nicht verallgemeinert, sondern nur in Ausnahmefällen verwendet werden. Aber sofort überrascht uns *Kratzsch* mit der folgenden Bemerkung zu § 29 Abs. 1 BtMG: Durch diese Bestimmung hat der Gesetzgeber den Konflikt zwischen dem Rechtsgüterschutz- und Autonomieprinzip optimal gelöst, „die schon Besitz oder den Erwerb von gefährlichen Sachen unter Strafe stellt, um damit die Entstehung von Gefahren im Keime zu ersticken".[246] Dies ist ein Anzeichen dafür, dass in der „überdimensionalen Rechtsgutsschutzmechanik"[247] von *Kratzsch* Wertgesichtspunkte letztlich preisgegeben werden.[248]

Ferner bedürfen die Prämissen der Untersuchung *Kratzsch*s einer Überprüfung. Er scheint es als gegeben anzunehmen, dass die Strafdrohung durchweg wirksam ist. Er erfasst den Versuch als ein abstraktes Gefährdungsdelikt und

---

241 *Benthin*, Subventionskriminalität, S. 184; *Detzner*, Rückkehr, S. 225; *Herzog*, Daseinsvorsorge, S. 40; *Zieschang*, Gefährdungsdelikte, S. 364.

242 *Zaczyk*, Unrecht, S. 37, 40.

243 *Kratzsch*, Verhaltenssteuerung, S. 350 ff., 390.

244 *Zaczyk*, Unrecht, S. 37.

245 *Neumann*, GA 1987, 280.

246 *Kratzsch*, Verhaltenssteuerung, S. 379 ff.

247 *Müssig*, Rechtsgüterschutz, S. 40 (Anm. 65). Vgl. auch *Jakobs*, AT, 1/11 (Anm. 11).

248 Vgl. *Herzog*, Daseinsvorsorge, S. 40; *Kindhäuser*, Gefährdung, S. 271 (Anm. 1); *Zaczyk*, Unrecht, S. 38 (Anm. 103).

erblickt dessen Strafbarkeit in der „Erfahrung, daß deliktische Willensbetätigungen, die dieses fortgeschrittene Stadium erreichen, typischerweise die Gefahr begründen, daß sie erfolgreich zu Ende geführt werden".[249] Dem liegt die Annahme zugrunde, dass die Strafdrohung des Versuchsdelikts (bzw. abstrakten Gefährdungsdelikts) einen präventiven Effekt erzeugt, der an der des Vollendungsdelikts (bzw. Erfolgsdelikts) fehlt. Aber die Alltagserfahrung lehrt uns, dass der Täter normalerweise beabsichtigt, den tatbestandsmäßigen Erfolg zu bewirken; bewusst missachtet er die Androhung der Vollendungsstrafe. Insoweit erscheint zweifelhaft, ob der Täter auf die Versuchsstrafdrohung achtet. Die Voraussetzung, dass eine Verschärfung der Strafdrohung zur Verstärkung des Rechtsgüterschutzes führe, wird daher skeptisch beurteilt.[250] Hinzuweisen ist auch auf den Optimismus *Kratzschs*, dass der Gesetzgeber seine Handlung frei von Versagen durchführen könne. Versteht *Kratzsch* die Rechtsgüter im Kontext einer sozialen Handlungsorganisation,[251] dann rückt auch das Recht auf dasselbe Niveau. Der Rechtsgüterschutz des Gesetzgebers muss dann in Kontakt stehen mit der Rechtspersonen und ihren Rechtsgütern. Daraus folgt: Wenn die Handlungen der Personen zwangsläufig mit Zufall belastet sind, so ist kein Grund ersichtlich, warum die des Gesetzgebers von dieser Belastung ausgenommen sind.[252]

3. Argumentation von *Kindhäuser*

Kindhäuser lehnt die herrschende Meinung[253] ab, die den Zweck der strafrechtlichen Verhaltensnormen darin sieht, Rechtsgutsverletzungen zu vermeiden: Sie begreife die Gefährdung nur als Vorstufe einer Verletzung, indem sie eine Straftat als „Angriff"[254] auf ein Rechtsgut auslege und seinen Verlauf von der Planung bis zur Verletzung zerlege; hier lasse sich das Unrecht einer Gefährdung aus dem Unrecht einer Verletzung ableiten und nach der jeweiligen Nähe zur Verletzung bewerten. *Kindhäuser* zufolge widerspricht dieses „Angriffsparadigma"[255] der bestehenden Gesetzeslage, weil sich dabei nicht alle Gefährdungsdelikte in

249 *Kratzsch*, Verhaltenssteuerung, S. 438.

250 *Neumann*, GA 1987, 280.

251 *Kratzsch*, Verhaltenssteuerung, S. 350 ff.

252 *Zaczyk*, Unrecht, S. 38 (Anm. 103), 40.

253 Vgl. statt vieler nur *Jescheck/Weigend*, AT, S. 264; *Roxin*, AT/1, § 11 Rn. 153 ff.; Sch/Sch-*Lenckner/Eisele*, Vor § 13.

254 Zur Terminologie „Angriff" vgl. *D'Avila*, GA 2011, 578 ff.; *Langer*, Sonderstraftat, S. 38 ff.

255 *Kindhäuser*, Gefährdung, S. 163 ff.; *ders.*, in: Krey-FS, S. 253 ff.

Verletzungsdelikte umdeuten lassen.[256] Seine eigentliche Kritik sei jedoch, dass es vor dem Dilemma stehe: Verletze eine verbotene Gefährdung das geschützte Rechtsgut nicht, so sei ihre Bestrafung materiell nicht legitimiert, weil sie den Normzweck nicht verfehle, Rechtsgutsverletzungen zu verhindern; komme sie nun zur Verletzung, so sei ein Gefährdungsverbot überflüssig, da sie zugleich Gegenstand eines vorrangigen Verletzungsverbots sei.[257]

Dieses Legitimationsproblem der Gefährdungsdelikte führt *Kindhäuser* darauf zurück, dass ihr Zweck begrenzter ist als ihr Geltungsbereich. Wenn man von der Prämisse ausgehe, dass die Rechtsgutsverletzung den Schaden darstelle, dessen Vermeidung auch Gefährdungsverbote bezweckten, sei es aus logischen Gründen unmöglich, materielles Unrecht bei ausgebliebener Rechtsgutsverletzung zu begründen.[258] Die formelle Norm sei, so behauptet *Kindhäuser*, nur dann auch „der rechtlich richtige Verpflichtungsgrund", wenn ihr „Zweck durch ihre Verletzung *eo ipso* verfehlt" werde. Materiell legitime Strafrechtsnormen seien daher als „Selbstzwecknormen" auszugestalten.[259] *Kindhäuser* stellt fest, das Legitimationsproblem der Gefährdungsdelikte verschwinde, wenn ihnen ein eigenständiges Unrecht zukomme.[260]

Dementsprechend entwickelt er seine eigene Konzeption der Gefährdung: Er erblickt strafrechtliches Unrecht in „Desavouierung einer gerechten Koordination von Freiheitssphären" und erfasst diese Freiräume über den Begriff des Rechtsguts.[261] So interpretiert er Rechtsgüter als die rechtlich garantierten Bedingungen der freien Entfaltung des Einzelnen im sozialen Leben; sie seien gerade

---

256 Daher sinke auch das Strafmaß von den Verletzungsdelikten bis zu den abstrakten Gefährdungsdelikten nicht stetig. *Kindhäuser*, in: Krey-FS, S. 254 f.

257 *Kindhäuser*, Gefährdung, S. 14 f.; *ders.*, Krey-FS, S. 254 ff. *Kindhäuser* teilt mit, dieses Dilemma verschärfe sich bei den abstrakten Gefährdungsdelikten. Denn das Konkurrenzproblem, dass im Falle einer Verletzung das Gefährdungsdelikt vom Verletzungsdelikt verdrängt werde, könne auch im Verhältnis von abstraktem und konkretem Gefährdungsdelikt virulent werden. Infolgedessen gerate ihre Dogmatik in „ein methodisches Trilemma". Näher dazu *ders.*, Gefährdung, S. 18 f., 354; *ders.*, in: Lüderssen (Hg.), Aufgeklärte Kriminalpolitik, S. 272 f.

258 *Kindhäuser*, Gefährdung, S. 14 f.; 189 ff.; 227 ff.

259 *Kindhäuser*, Gefährdung, S. 13 ff., 272 f.

260 *Kindhäuser*, Gefährdung, S. 19, 354; *ders.*, in: Krey-FS, S. 262.

261 *Kindhäuser*, in: Schünemann/Suárez González (Hg.), Bausteine, S. 127 ff. So sieht *Kindhäuser* den Zweck der Norm darin, einen rechtsgutsbezogenen Freiheitskonflikt zu vermeiden. Vgl. *ders.*, Gefährdung, S. 150.

deswegen wertvoll und geschützt, weil sie Mittel freier Entfaltung darstellten.[262] Fraglos mindere sich ihr Wert, wenn ihre Substanz so verändert werde, dass ihre Mittelfunktion beeinträchtigt werde – das sei der Fall einer Rechtsgutsverletzung.[263] Die Wertminderung eines Gutes, so betont *Kindhäuser*, erschöpfe sich nicht in seiner substanziellen Beeinträchtigung. Der Entzug einer Sache etwa sei für ihren Eigentümer kein geringerer Schaden als ihre Zerstörung. Deshalb gebe es keinen Grund, warum das Strafrecht Rechtsgüter lediglich vor Verletzungen schützen solle.[264]

Anschließend behauptet *Kindhäuser*, dass auch die Gefahr zu eng verstanden werde, wenn man sie nur als Vorstadium eines Verletzungserfolges betrachte.[265] *Kindhäuser* wirft einen Blick darauf, wann das Wort der Gefahr verwendet wird, und teilt dann mit, dass es in zweierlei Hinsicht normativ sei. Es beziehe sich erstens auf die Möglichkeit eines Schadensereignisses, dessen Eintritt der Sprecher nicht wünsche, und zweitens auf die Unfähigkeit, beim Vollzug eines Verhaltens den Eintritt eines Schadens gezielt vermeiden zu können. Von der Gefahr spreche man also dann, wenn man sich eines Schadenseintritts unsicher sei und wenn man es für unsicher halte, einen Schadenseintritt zu vermeiden. Folglich definiert *Kindhäuser* Gefahr als unbewusste Unsicherheit; „Unsicherheit bezüglich der gezielten Vermeidbarkeit eines möglichen Schadens" konstituiere den Gefahrbegriff.[266] Dabei bemerkt *Kindhäuser*, das Moment der Unsicherheit könne durch das Merkmal der Zufälligkeit ersetzt werden. Denn: Dass eine mögliche Schädigung eines Gutes nicht gezielt vermieden werden könne, bedeute, dass ihr Eintritt aus der Sicht des Gutes vom Zufall abhänge.[267]

Kindhäuser überträgt diese Überlegung zum Gefahrbegriff auf die strafrechtlichen Deliktsstrukturen: Als konkrete Gefährdung bezeichnet er einen unmittelbar bevorstehenden Schaden, dessen Eintritt aus der Perspektive des Gutes nur noch vom Zufall abhängt. Hier sei das Gut in seinem Wert für seinen Inhaber

262 *Kindhäuser*, Gefährdung, S. 137 ff.; *ders.*, in: Lüderssen (Hg.), Aufgeklärte Kriminalpolitik, S. 263 ff.; *ders.*, in: Krey-FS, S. 257, 261.

263 *Kindhäuser*, Gefährdung, S. 19, 137 ff.; *ders.*, Lüderssen (Hg.), in: Aufgeklärte Kriminalpolitik, S. 266 f.; *ders.*, in: Krey-FS, S. 257.

264 *Kindhäuser*, Gefährdung, S. 19, 146 ff.; *ders.*, in: Schünemann/Suárez González (Hg.), Bausteine, S. 130 ff.; *ders.*, in: Krey-FS, S. 257 f.

265 *Kindhäuser*, in: Krey-FS, S. 258; vgl. auch *ders.*, Gefährdung, S. 189 ff.; *ders.*, Lüderssen (Hg.), in: Aufgeklärte Kriminalpolitik, S. 267 ff.

266 *Kindhäuser*, in: Krey-FS, S. 258 ff.

267 *Kindhäuser*, in: Krey-FS, S. 260.

erheblich gemindert,[268] daher könne man in der konkreten Gefährdung eine eigenständige Schädigung eines Gutes sehen.[269] In abstrakte Gefährdung ordnet *Kindhäuser* solche Fälle ein, „in denen modellhaft alle Bedingungen einer Gefährdung erfüllt wären, wenn ein Gut an Ort und Stelle gewesen wäre".[270] Dass ein Gut nicht an Ort und Stelle war, müsse dabei wiederum vom Zufall abhängen. Dafür nennt *Kindhäuser* das Beispiel eines Autofahrers, der eine unübersichtliche Kurve schneidet. In diesem Fall sei eine abstrakte Gefahr gegeben, denn eine Schädigung hätte nicht gezielt vermieden werden können, wenn ein Fahrzeug entgegengekommen wäre. Aus der Sicht des Fahrers oder aus der Sicht beliebiger Verkehrsteilnehmer sei es Zufall gewesen, dass tatsächlich kein Fahrzeug entgegengekommen sei.[271]

Darauf sagt *Kindhäuser*: „Aber auch abstrakte Gefährdungen können als Schädigungen *sui generis* bewertet werden. Denn Güter können nicht rational als Mittel freier Entfaltung eingesetzt werden, wenn nicht hinreichend sicher ist, dass sie bei diesem Einsatz nicht geschädigt werden."[272] Mit einem Pkw eine Fahrt zu unternehmen, wäre beispielsweise irrational, wenn ungewiss sei, ob andere Fahrzeugführer betrunken seien. Der Pkw werde zwar nicht beschädigt, wenn er nicht benutzt werde; aber in diesem Fall sei sein Wert in seiner Mittelfunktion beeinträchtigt. Hieraus folgert *Kindhäuser* das eigenständige Unrecht der abstrakten Gefährdung: Sie beeinträchtige „berechtigte Sorgelosigkeit bei der Verfügung über Güter", also normativ garantierte Sicherheit. Sicherheit, die durch abstrakte Gefährdungen tangiert werde, sei „der dem über Güter Verfügenden

268 Aktien könnten beispielsweise allein schon bei bloßen Gerüchten sinkender Gewinne an der Börse drastisch an Wert verlieren. *Kindhäuser*, in: Krey-FS, S. 261. Vgl. auch *ders.*, in: Lüderssen (Hg.), Aufgeklärte Kriminalpolitik, S. 270.

269 *Kindhäuser*, in: Krey-FS, S. 260 ff. *Kindhäuser* definiert die konkrete Gefährdung als „die Unfähigkeit, die Schadensrelevanz einer bestimmten Bedingung gezielt abzuschirmen", und sieht ihre spezifische Schädlichkeit in „der akuten Schutzlosigkeit des Gutes, also in der Abhängigkeit seiner Integrität von heteronomen Einflüssen". *Ders.*, Gefährdung, S. 201 ff., 353 f.; *ders.*, in: Schünemann/Súarez González (Hg.), Bausteine, S. 131.

270 *Kindhäuser*, in: Krey-FS, S. 262. Abstrakt sei die Gefährdung, da sie typisierte Sicherheitsstandards beeinträchtige, deren Effizienz eine maßgebliche Größe rationaler Nutzung von Gütern sei. *Ders.*, Gefährdung, S. 310 ff., 347; *ders.*, in: Schünemann/Suárez González (Hg.), Bausteine, S. 131.

271 *Kindhäuser*, Gefährdung, S. 290 ff.; *ders.*, in: Krey-FS, S. 262.

272 *Kindhäuser*, in: Krey-FS, S. 262 (Hervorhebung im Original).

rechtlich garantierte Zustand, daß hinreichend vorgesorgt" sei.[273] Nach *Kindhäuser* ist es durchaus möglich und berechtigt, Sicherheit als „schutzwürdigen Zweck einer strafrechtlichen Verhaltensnorm" anzusehen, weil sie „bereits geistesgeschichtlich den Rang eines fundamentalen Menschenrechts hat und zudem heute zu einer *idée directrice* sozialer Lebensgestaltung geworden ist".[274]

Folglich deutet *Kindhäuser* die abstrakten Gefährdungsdelikte als Selbstzwecknormen, die es verbieten, „die zur sorgelosen Verfügung über Güter notwendigen (heteronomen) Sicherheitsbedingungen zu beeinträchtigen".[275] Er meint, es sei für die Begründung der Verbote dieser Normen belanglos, ob das normwidrige Verhalten im Einzelfall zu einer Rechtsgutsverletzung führe oder keine Verletzungsrelevanz aufweise. Denn diese Normen garantierten nicht die Gefahrlosigkeit einer bestimmten Verfügung über Güter, sondern die Sorgelosigkeit bei der Verfügung über Güter;[276] so schütze etwa § 306a Abs. 1 Nr. 1 nicht eine konkrete Verfügung über Güter, sondern „die Möglichkeit des Wohnens in den fraglichen Räumen ohne Furcht vor einer Gefährdung durch einen Brand".[277] Nach *Kindhäuser* sind die abstrakten Gefährdungsdelikte vor allem dort angebracht, wo es erforderlich ist, berechtigte Sorgelosigkeit nicht dem Einzelnen zu überlassen.[278] Ein typisches Beispiel dafür nennt *Kindhäuser* den Bereich des Umweltschutzes. Einerseits soll die Umwelt als Entfaltungsbedingung von Gütern auf Dauer garantiert werden,[279] und andererseits könne der Einzelne die Umweltgefahren auch nicht annähernd konkret erfassen. In diesem Fall müsse der Anspruch auf Sicherheit Bestandteil des Rechtsgüterschutzes sein; aus

---

273 *Kindhäuser*, Gefährdung, S. 280 ff.: Sicherheit sei „die Gewißheit künftiger Gefahrlosigkeit im Sinne einer für eine rationale Verfügung über Güter ausreichenden Überzeugung vom Ausbleiben gegebenenfalls nicht gezielt abschirmbarer schadensrelevanter Bedingungen und die auf dieser Gewißheit basierende Sorgelosigkeit".

274 *Kindhäuser*, Gefährdung, S. 282 ff.; 340.

275 *Kindhäuser*, Gefährdung, S. 280. *Kindhäuser* differenziert zwischen einer autonomen und einer heteronomen Zuständigkeit für Sicherheit. Während autonome Zuständigkeit die Selbstverantwortung des Individuums für seine Angelegenheit meine, betreffe die heteronome Sicherheit „die Kompensation der vom einzelnen nicht oder nur mit unverhältnismäßigem Aufwand zu leistenden Vorsorge bei der Verfügung über seine Güter". Vgl. *ders.*, Gefährdung, S. 279; *ders.*, in: Schünemann/Suárez González (Hg.), Bausteine, S. 132.

276 *Kindhäuser*, Gefährdung, S. 283, 336.

277 *Kindhäuser*, Gefährdung, S. 296.

278 *Kindhäuser*, Gefährdung, S. 290 ff.

279 *Kindhäuser*, in: Lüderssen (Hg.), Aufgeklärte Kriminalpolitik, S. 276.

diesem Grund müsse das Umweltstrafrecht durch die abstrakten Gefährdungsdelikte „angstfreie Daseinsgewißheit von Rechtsgütern" sichern.[280]

Die Auffassung *Kindhäusers* wird von einem Teil des Schrifttums so interpretiert, dass sie Sicherheit als das Rechtsgut der abstrakten Gefährdungsdelikte einführe.[281] Wenn der Rechtsgutsbegriff auf diese Weise ausgeweitet werde, könnten die abstrakten Gefährdungsdelikte stets mit einer spezifischen Rechtsgutsverletzung verbunden und damit letztlich in Verletzungsdelikte umgedeutet werden.[282] Dagegen wendet *Kindhäuser* ein, dass er Sicherheit keinesfalls als ein Rechtsgut ansehe, sondern als den Komplementärbegriff zur Gefahr und Gefährdung als Zustand der Unsicherheit. Dadurch habe er versucht, zu zeigen, dass ein Rechtsgut nicht nur durch die Verletzung seiner Substanz, sondern auch durch seine Gefährdung beeinträchtigt werden könne.[283] Es werde also „nicht der Bereich geschützter Rechtsgüter vergrößert, sondern nur die Möglichkeiten ihrer wertmindernden Schädigung erweitert".[284]

Die Meinung *Kindhäusers* ist somit folgendermaßen zu verstehen: Sicherheit ist zwar kein eigenständiges Rechtsgut, aber ein notwendiger Teil seines Wertes, sodass der Gedanke des Rechtsgüterschutzes nicht nur die Integrität des Gutes, sondern auch die sichere Verfügbarkeit über Güter berücksichtigen muss.[285] Zweifelhaft ist jedoch, ob diese Verfügbarkeit als eigenständige, schützenswerte Größe ausgewiesen werden kann.[286] Denn Sicherheit kann nur durch Schutz der bedrohten Rechtsgüter hervorgerufen werden. Genauer: Sicherheit ist nur ein Reflex des Rechtsgüterschutzes; sie zu generieren und zu garantieren, ist eine Funktion des Strafrechts als solche.[287] So wird im Schrifttum zutreffend darauf hingewiesen, dass Sicherheit ein imaginäres „Allgemeinrechtsgut"[288] oder

280 *Tiedemann/Kindhäuser*, NStZ 1988, 340.

281 *Anastasopoulou*, Deliktstypen, S. 118; *Frisch*, in: Stree/Wessel-FS, S. 91 f.; *Hirsch*, in: Tiedemann-FS, S. 161 f.; *Koriath*, GA 2001, 67; *Krüger*, Entmaterialisierungstendenz, S. 94 ff.; *Martin*, Umweltbeeinträchtigungen, S. 72 ff.; *Schünemann*, GA 1995, 211.

282 *Hirsch*, in: Kühne/Miyzawa (Hg.), Strafrechtsentwicklungen, S. 18; *ders.*, in: Tiedemann-FS, S. 162; *Krüger*, Entmaterialisierungstendenz, S. 111 ff.; *Zieschang*, Gefährdungsdelikte, S. 355.

283 *Kindhäuser*, Gefährdung, S. 19.

284 *Kindhäuser*, in: Krey-FS, S. 263.

285 *Kindhäuser*, Gefährdung, S. 19, 280 ff.

286 *Koriath*, GA 2001, 64.

287 *Hirsch*, in: Tiedemann-FS, S. 162; *Koriath*, GA 2001, 67; *Krüger*, Entmaterialisierungstendenz, S. 97; *Roxin*, AT/1, § 11 Rn. 157; *Tenthoff*, Tötung auf Verlangen, S. 132; *Zaczyk*, ZStW 113 (2001), 198; *Zieschang*, Gefährdungsdelikte, S. 356.

288 *Hirsch*, in: Tiedemann-FS, S. 161.

„Metarechtsgut"[289] ist, das man sich aus konkreten Rechtsgütern zusammengesetzt denken kann. Der Begriff der Sicherheit ist folglich zu groß dimensioniert, um einzelne Straftatbestände zu rechtfertigen.[290]

Dagegen verteidigt sich *Kindhäuser* mit dem Argument, dass es bei Rechtsgütern, die von „dem simplen Schema des Angriffsparadigmas" nicht geschützt würden, sinnvoll und notwendig sei, Sicherheitsstandards ungeachtet der Gefährlichkeit eines Verhaltens einzuhalten.[291] Aber der von *Kindhäuser* vertretene Zweck der abstrakten Gefährdungsdelikte, Sicherheit zu gewährleisten, lässt sich mit dem Angriffsparadigma ebenfalls erreichen. Zum Beispiel wird die Sorgelosigkeit beim Wohnen keinesfalls beeinträchtigt, solange sich der Täter – wegen der Strafdrohung des § 306a Abs. 1 Nr. 1 – vor einer Brandstiftung vergewissert hat, dass sich niemand in der Wohnung aufhält. Verhaltensweisen, die nach dem Angriffsparadigma als ungefährlich beurteilt werden, beeinträchtigen auch das Sicherheitsgefühl nicht.[292] Hinzu kommt der Einwand, dass es bei der Bestimmung von Sicherheitsstandards letztlich darum geht, geschützte Rechtsgüter klar zu konturieren. Denn Sorgelosigkeit ist die „Kehrseite des Unterbleibens bestimmter Handlungen", sodass das Interesse daran nur dann berechtigt ist, „soweit bei Vornahme der entsprechenden Handlungen Bedrohungen der im Hintergrund stehenden Güter" vorstellbar sind;[293] ohne gedanklichen Bezug auf den Integritätsschaden gewinnt der Sicherheitsschaden keine Realität.[294] Um die Frage zu beantworten, wann und inwiefern Sicherheit beeinträchtigt ist, muss man daher auf die Frage der Gefährlichkeit für gesicherte konkrete Rechtsgüter zurückgreifen.[295]

Also: Im Vergleich zum Angriffsparadigma, das die Frage nach dem geschützten Rechtsgut direkt behandelt und die Grenzen des Rechtsgüterschutzes genau bestimmt, ist die Konzeption *Kindhäusers* nachteilig und sogar gefährlich. Nachteilig ist sie, weil sie auf Umwegen – über weitere Schritte zur Bestimmung der Sicherheit – zur Rechtsgutsfrage gelangt; gefährlich, weil sie – anhand vom vagen Sicherheitsbegriff – Schleichwege zulässt, um das geschützte Rechtsgut möglichst weit zu fassen und damit die Legitimationsgrundlage für alle möglichen

289 *Stächelin*, Strafgesetzgebung, S. 94 (Anm. 362).

290 *Hirsch*, in: Tiedemann-FS, S. 162; *Koriath*, GA 2001, 67; *Zieschang*, Gefährdungsdelikte, S. 356.

291 *Kindhäuser*, in: Krey-FS, S. 265 ff.

292 *Martin*, Umweltbeeinträchtigungen, S. 74; *Roxin*, AT/1, § 11 Rn. 157.

293 *Frisch*, in: Stree/Wessel-FS, S. 92.

294 *Bloy*, in: Momsen/Bloy/Rackow (Hg.), Fragmentarisches Strafrecht, S. 14 (Anm. 29).

295 *Frisch*, in: Stree/Wessel-FS, S. 92; *Hirsch*, in: Tiedemann-FS, S. 162.

Gefährdungsdelikte zu schaffen: Wäre das Rechtsgut durch eine Handlung nicht bedroht, dann könnte seine sichere Verfügung herangezogen werden, um sie zu ahnden. Diese Aufweichung des Rechtsgüterschutzes ist in rechtsstaatlicher Hinsicht bedenklich, denn sie „begünstigt es, sich im Vorfeld des traditionellen Aufgabenbereichs des Kriminalstrafrechts ungebremst einzurichten, ohne dass es auffiel, dass man sich im Vorfeld bewegte".[296]

Angesichts dieser Kritik macht *Kindhäuser* darauf aufmerksam, dass sein Ansatz rein analytisch sei: Dieser erkläre nur die Bedingungen, unter denen Gefährdungsdelikte als eigenständiges Unrecht verstanden werden könnten; deswegen dürfe er nicht dahingehend missverstanden werden, dass er jedes Gefährdungsdelikt unkritisch legitimiere.[297] Dennoch widerspricht diese Apologie von *Kindhäuser* seiner Äußerung, dass den abstrakten Gefährdungsdelikten „eine quasi überpositive Geltungsberechtigung"[298] zugebilligt werde. Aus der „geistesgeschichtlichen", „rechts- und staatsphilosophischen" Tradition der Sicherheit als Menschenrecht folgert er, dass Sicherheit eine „*idée directrice*" sozialer Lebensgestaltung sei.[299]

4. Argumentation von *Schünemann*

Schünemann glaubt, dass auch die abstrakten Gefährdungsdelikte mit dem Schuldprinzip versöhnt werden könnten, sofern man das dogmatische Instrumentarium genügend differenziere und flexibel erweitere. Demgemäß unterteilt er diese Delikte wie folgt in drei Kategorien:[300] In die erste Gruppe fallen die Delikte mit einem „vergeistigten *Zwischenrechtsgut*" wie die Falschaussage- und Bestechungstatbestände. Dabei ist bereits die Verletzung des Zwischenrechtsguts strafwürdig; diese Strafbarkeit wird daher nur auf die Weise eingeschränkt, dass durch eine restriktive Auslegung Minimalverstöße ausgeschieden werden. Zur zweiten Gruppe zählen die *Massenhandlungen* (vor allem im Straßenverkehr), die durch starre Regeln automatisiert werden. Sie müssen aus lerntheoretischen Gründen strikt befolgt werden, sodass hier eine Einschränkung der Strafbarkeit nicht in Betracht kommt. Auch die übrige Gruppe, zu der etwa § 306 a.F. gehört, ist mit dem Schuldgrundsatz zu vereinbaren, und zwar nach dem „Prinzip der kleinsten gemeinsamen Basis"; „denn was *gerade noch schuldangemessen* ist, kommt der das Schuldprinzip vernachlässigenden legislatorischen Entscheidung

---

296 *Hirsch*, in: Tiedemann-FS, S. 162.

297 *Kindhäuser*, in: Krey-FS, S. 263 ff.

298 *Herzog*, Daseinsvorsorge, S. 44 f.

299 *Kindhäuser*, Gefährdung, S. 284 ff., 340.

300 Zum Folgenden *Schünemann*, JA 1975, 798 (Hervorhebung im Original).

am nächsten". Dieser Forderung entspricht die Rechtsfigur des *„fahrlässigen Versuchs"*, der durch die subjektive Sorgfaltswidrigkeit gekennzeichnet ist.

Danach verteidigt *Schünemann* die abstrakten Gefährdungsdelikte gegen die Kritik der Frankfurter Schule, die diese Delikte als bedenklich empfindet: Deren Existenzberechtigung erblickt er in den Eigenschaften der Risikogesellschaft. Diese sei zum einen durch *„multiple Kausalzusammenhänge"* gekennzeichnet, die mit den heutigen Methoden der Naturwissenschaft nicht bis in jedes Detail erklärt werden könnten. Als ihr zweites Merkmal erwähnt *Schünemann* „die Ersetzung individueller durch *kollektive Handlungszusammenhänge*", nämlich die Ersetzung des individuellen zwischenmenschlichen Kontakts durch eine anonymisierte und standardisierte Verhaltensnorm.[301] Suche man in diesem sozialen Wandel nach dem Punkt, an dem der *„Präventionshebel* der Strafrechtsnormen" angesetzt werden müsse, so ergebe sich „der Wandel vom klassischen Erfolgsdelikt zum modernen abstrakten Gefährdungsdelikt geradezu aus der Natur der Sache".[302] *Schünemann* verdeutlicht dies am Beispiel des Massenvertriebs von Lebensmitteln, wobei sich die Kausalketten in der Anonymität verlieren. Um unter diesen Umständen noch einen Rechtsgüterschutz aufrechtzuerhalten, müsse der „Hebel des Strafrechts bei der unerträglich gefährlichen Handlung als solcher" angesetzt werden, also bei der Produktion und Distribution von Lebensmitteln, welche die Gesundheit zu schädigen geeignet seien.[303] Gleiches gelte, so sagt *Schünemann*, für den Umweltschutz – hier müsse die Strafbarkeit bereits in den Bagatellbereich hinein vorgelagert werden.[304] Aber die Frankfurter Schule verkenne diese Handlungsbedingungen der Risikogesellschaft, verkünde daher die reaktionäre Rückführung des Strafrechts auf Erfolgsdelikte, verfehle damit seine Aufgabe des Rechtsgüterschutzes und verhindere letztlich seine notwendige Modernisierung.[305]

Die Erörterung *Schünemanns* eröffnet den Weg, das Umweltstrafrecht aufgrund des Zwischenrechtsguts[306] oder der Beweiserleichterung[307] legitimieren zu können. In diesem Bereich beschreitet *Schünemann* selber doch einen anderen

301 *Schünemann*, GA 1995, 211 (Hervorhebung im Original).

302 *Schünemann*, GA 1995, 212.

303 *Schünemann*, GA 1995, 212.

304 *Schünemann*, in: Hefendehl/v. Hirsch/Wohlers (Hg.), Rechtsgutstheorie, S. 154.

305 *Schünemann*, GA 1995, 213 f.; vgl. auch *ders.*, in: Triffterer-FS, S. 453 ff.

306 *Heghmanns*, Grundzüge, S. 172 f., 353; *Maurach/Schroeder/Maiwald*, BT/2, § 50 Rn. 17; *K. Rogall*, in: Köln-FS, S. 514 f., 520; *Tiedemann*, Neuordnung, S. 28 f.

307 *Bottke*, JuS 1980, 540; *Breuer*, JZ 1994, 1088 f.; *Krusche*, ZRP 1985, 307; *Triffterer*, Umweltstrafrecht, S. 35 ff.

Weg.[308] Ausgehend von der „ökologischen Grundnorm"[309] behauptet er, die Umwelttatbestände dienten direkt dem Schutz der Umweltgüter selbst.[310] Deshalb spiele hier die Kausalitätsfrage keine Rolle, ob eine Umweltschädigung weitere Verletzungen der Interessen von Personen oder Behörden verursache. Das Regelungsproblem konzentriere sich stattdessen darauf, die „Grenzlinie zwischen erlaubter Umweltnutzung und unerlaubter Umweltschädigung" präzise zu ziehen. Dafür, so meint *Schünemann*, sei es notwendig, den generellen Maßstab der Umweltschutzgesetze durch die Verwaltungsakte zu konkretisieren und damit dem Bürger eine klare Verhaltensanweisung zu geben. *Schünemann* vertritt diesbezüglich eine „positive" Verwaltungsakzessorietät: Nur „die gesetzmäßigen, nicht aber die gesetzeswidrigen Erlaubnisse und Verbote der Verwaltungsbehörden" sollten „das strafrechtliche Unrecht präjudizieren".[311] Als Modell der Umwelttatbestände gelte demgemäß § 324. Er setze lediglich die Verunreinigung voraus und lasse die Genehmigung der Behörde nur als Rechtfertigungsgrund eingreifen, sofern sich diese im Rahmen des Wasserhaushaltsgesetzes halte. Im Grunde könnten und sollten auch andere Umweltdelikte nach diesem Muster ausgestaltet werden.[312]

Die Überlegung *Schünemanns* ist zwar produktiv, scheint aber problematisch. Zunächst ist unklar, was ein „vergeistigtes Zwischenrechtsgut" bedeutet. Seit *Schünemann* angesichts der Aussage- und Amtsdelikte diesen Ausdruck angewendet hat, wird dieser auch von anderen Autoren für verschiedene Tatbestände benutzt.[313] Trotzdem – oder gerade deshalb – kann von einem einheitlichen

---

308 *Schünemann* weist allerdings darauf hin, dass die Umweltprobleme teilweise dadurch entschärft werden könnten, ein „Zwischenrechtsgut der Bewirtschaftungshoheit" zu schaffen. *Ders.*, in: Hefendehl/v. Hirsch/Wohlers (Hg.), Rechtsgutstheorie, S. 154.

309 *Schünemann*, in: Schünemann/J. P. Müller/Philipps (Hg.), Menschenbild, S. 11 ff. Vgl. oben C. II. 1.

310 *Schünemann*, in: Triffterer-FS, S. 452 ff.

311 *Schünemann*, in: Triffterer-FS, S. 454. Der „positiven" Akzessorietät stehe die „negative" entgegen, die „die Strafbarkeit auch bei rechtswidrigen Verwaltungsakten von dem Inhalt der behördlichen Entscheidung abhängig" mache „und dadurch das Vollzugsdefizit des Verwaltungsrechts auf das Strafrecht" übertrage.

312 *Schünemann*, in: Triffterer-FS, S. 454.

313 Als Zwischenrechtsgüter genannt werden beispielsweise nicht nur die gerichtliche Wahrheitsfindung bei den §§ 153 ff. und das Vertrauen der Bevölkerung in die Reinheit der Amtsführung bei den §§ 331 ff., sondern auch die Sicherheit des Rechtsverkehrs bei § 267, die Umweltmedien bei den §§ 324 ff. und der Wettbewerb bei § 398. Näher dazu *Hefendehl*, Kollektive Rechtsgüter, S. 175 ff.; *Martin*, Umweltbeeinträchtigungen, S. 94; *Wolter*, Zurechnung, S. 328 f.

Verständnis des Zwischenrechtsguts keine Rede sein.[314] Etwa: §§ 331 ff. zählt *Wolter* zu den Delikten mit vergeistigtem Zwischenrechtsgut, indem er erzählt: Die einzelne Gefährdungshandlung beeinflusse „das Vertrauen des Publikums in die Sachlichkeit von Verwaltungsentscheidungen" noch nicht, aber „der Schwund des Vertrauens in die Integrität der Verwaltung" beeinträchtige „die Bereitschaft der Bevölkerung zur Abnahme von Entscheidungen und damit eine Funktionsbedingung staatlichen Verwaltens unmittelbar".[315] Auch hier bleibt offen, was das Zwischenrechtsgut ist, weil nach *Wolter* das Vertrauen in die Verwaltungsintegrität „eigenständiges Institutionenschutzgut" darstellt.[316] Dabei vertritt *Saal* unter Berufung auf *Roxin* die Ansicht, dass das Vertrauen der Bevölkerung in die Reinheit der Amtsführung das Zwischenrechtsgut sei und die Funktionsfähigkeit der Verwaltung das Endrechtsgut bilde;[317] *Roxin* selber betrachtet jedoch das Vertrauen der Bevölkerung als das Rechtsgut der Bestechungsdelikte.[318] Dies legt nahe, dass der Bezugspunkt des Zwischenrechtsguts beliebig gewählt werden kann. Welche Station auf dem Weg zur Rechtsgutsverletzung als Zwischenrechtsgut auszumachen ist, bleibt dunkel; für diffuse Schutzobjekte kann keine präzise Verletzungshandlung bestimmt werden.[319] Dass ein Rechtsgut weiter konkretisiert werden kann, sollte „eher ein Indiz für eine unzutreffende Rechtsgutsbestimmung als für ein legitimes Zwischenrechtsgut" sein.[320]

Natürlich bemüht sich *Schünemann*, das Argument des Zwischenrechtsguts zu verfeinern: Er definiert es als eine vom Strafrecht zu schützende Institution, die der Gesetzgeber zwischengeschaltet hat, um seine endgültige Schutzaufgabe zu erreichen. Beispielsweise sei das Betäubungsmittelstrafrecht legitimierbar, insofern „zum Schutz Jugendlicher die Begründung einer staatlichen *Drogenverkehrshoheit als Zwischenrechtsgut* legitim wäre, so dass man einerseits in

314 Zwischenrechtsgüter will *Tiedemann* (JuS 1989, 691) zwischen die Interessen des Staates und die des Einzelnen ansiedeln, demgegenüber sieht *Saal* (Vortäuschen, S. 104) sie als Rechtsgüter an, die die abstrakten Rechtsgüter der Allgemeinheit auf einer weniger abstrakten Ebene repräsentieren; sogar die „Aufrechterhaltung einer Gesamtordnung" im Konzept *Kratzsch*s wird von *Radtke* (Brandstiftungsdelikte, S. 54 ff.) als Zwischenrechtsgut beschrieben. Vgl. *Anastasopoulou*, Deliktstypen, S. 146 ff.; *Mölders*, Bestechung, S. 118 f.

315 *Wolter*, Zurechnung, S. 328 f. unter Verweis auf *Loos*, in: Welzel-FS, S. 887 ff.

316 Vgl. *Hefendehl*, Kollektive Rechtsgüter, S. 176.

317 *Saal*, Vortäuschen, S. 104 ff.

318 *Roxin*, AT/1, § 11 Rn. 161.

319 *Herzog*, Daseinsversorge, S. 34 f.; *Wohlers*, Deliktstypen, S. 301 f.

320 *Hefendehl*, Kollektive Rechtsgüter, S. 178. Vgl. auch *Lüderssen*, Entkriminalisierung, S. 193 ff., *ders.*, StV 2004, 100.

Abänderung des heutigen Rechts für verantwortlich handelnde Personen eine Möglichkeit zum Erwerb von Cannabis in geringen Mengen zum Eigenverbrauch schaffen müsste, andererseits einen außerhalb dieses Weges erfolgenden Handel weiterhin mit den Mitteln des Strafrechts unterbinden könnte".[321] Durch diese Ausführung wird der Zweifel am Zwischenrechtsgut eher verdeutlicht als beseitigt: Einerseits scheint es unnötig, zum Jugendschutz die Drogenverkehrshoheit als Zwischenrechtsgut zu etablieren; denn der Schutz Jugendlicher kann dadurch genügend berücksichtigt werden, dass ein Erwachsener, der Betäubungsmittel an einen Jugendlichen abgibt, auch durch dessen Entscheidung zur Selbstgefährdung nicht entlastet werden kann.[322] Andererseits ist es nicht ersichtlich, zu welchem endgültigen Zweck das Zwischenrechtsgut der Drogenhoheit beiträgt. *Schünemann* lehnt hier ab, den Schutz von vagem „Gemeinschaftsbelang" als die endgültige Aufgabe anzusehen. Dann müsste das Endrechtsgut letztlich nur in Leben und Gesundheit einzelner Menschen gesucht werden. Wenn *Schünemann* dies anerkennt und das Betäubungsstrafrecht mit dem Zwischenrechtsgut begründet, dann stellt sich die Frage, wie eine „paternalistische Strafgesetzgebung" legitimiert werden kann, die er entscheidend zurückweist.[323] Durch ein Zwischenrechtsgut werden die abstrakten Gefährdungsdelikte nicht gerechtfertigt, sondern nur in einen Zwischenbereich gerückt, wo die eigentliche Legitimationsproblematik noch offen bleibt.[324]

Was den fahrlässigen Versuch angeht, kann man *Schünemann* zwar zustimmen, dass die subjektive Sorgfaltswidrigkeit die „kleinste gemeinsame Basis" von den abstrakten Gefährdungsdelikten und dem Schuldprinzip ausmacht.[325] Zweifelhaft ist aber, ob sie allein es ermöglicht, „die das Schuldprinzip vernachlässigende legislatorische Entscheidung" wieder mit dem Schuldgrundsatz in Einklang zu bringen. *Schünemann* sagt, es gehe beim fahrlässigen Versuch nicht

---

321 *Schünemann*, in: Hefendehl/v. Hirsch/Wohlers (Hg.), Rechtsgutstheorie, S. 152 f. (Hervorhebung im Original).

322 Denn in diesem Fall ist der Einwilligende aufgrund seiner Jugend nicht kompetent, eine eigenverantwortliche Entscheidung zu treffen. Vgl. *Anastasopoulou*, Deliktstypen, S. 148 f.; *Wohlers*, Deliktstypen, S. 194.

323 *Schünemann*, in: Hefendehl/v. Hirsch/Wohlers (Hg.), Rechtsgutstheorie, S. 146; *ders.*, GA 2003, 307 ff. Vgl. *Neumann*, GA 1996, 38: „Wer sich im vollen Besitz seiner geistigen und psychischen Kräfte für den Konsum von Rauschgift entscheidet, würde sich mit der Schuldzuweisung ‚Du hättest mir das Rauschgift vorenthalten müssen' lächerlich machen."

324 Vgl. *Herzog*, Daseinsvorsorge, S. 34; *Wohlers*, Deliktstypen, S. 301 ff.; *Zieschang*, Gefährdungsdelikte, S. 369 ff.

325 Vgl. *Wolter*, Zurechnung, S. 289.

um die objektive Sorgfaltswidrigkeit, sondern nur um die subjektive, und veranschaulicht dies wie folgt: „Wer den Tatbestand des § 306 [a.F.] erfüllt, ohne die aus seiner Sicht und seinem Vermögen erforderlichen Maßnahmen zur Ausschaltung *jeglicher* Schadensmöglichkeit zu treffen, verdient aufgrund seiner Gefährlichkeit auch dann die Bestrafung aus dem abstrakten Gefährdungstatbestand, wenn seine Maßnahmen bei objektiver Berücksichtigung aller Umstände als ausreichend erscheinen."[326] Dieser Schluss ist bedenklich, denn die Grenzen der Strafbarkeit werden dabei durch die Überhöhung der subjektiven Sorgfaltswidrigkeit zu weit nach vorn verschoben.[327] Und da man nur etwas tatsächlich Drohendes subjektiv voraussehen und vermeiden kann, fragt es sich, wie auf die objektive Sorgfaltswidrigkeit verzichtet werden kann.[328] Diese und weitere[329] Bedenken gegen die von *Schünemann* vorgeschlagene Rechtsfigur bestärken die Bewertung *Herzogs*: Der fahrlässige Versuch „legt ein beredtes Zeugnis davon ab, zu welchen Verrenkungen Strafrechtsdogmatik bereit sein muß, wenn sie sich derart dienstbar macht, dem Gesetzgeber aus der Verlegenheit zu helfen, bei seinen Entscheidungen das Schuldprinzip nicht bedacht zu haben".[330] Dass das Argument der Massenhandlungen zweifelhaft ist, wurde schon oben dargelegt.[331]

Wenig plausibel ist auch die Behauptung *Schünemanns*, das abstrakte Gefährdungsdelikt sei unentbehrlich wegen der schwer erklärbaren multiplen Kausalzusammenhänge. Aus der komplexen Kausalverflechtung und den damit einhergehenden Beweisproblemen folgt aber nicht zwangsläufig der Schluss, dass es sowohl notwendig als auch legitim ist, auf das abstrakte Gefährdungsdelikt zurückzugreifen.[332] Prozessuale Vereinfachungen berechtigen keine Vorverlegung der Strafbarkeit, denn im materiellen Strafrecht geht es „um die Bewertung von Täterverhalten und nicht um die verfahrensökonomischsten Vorgehensmöglichkeiten der Strafverfolgungsbehörden".[333] Zu erinnern ist hier auch an die Tatsache, dass die Beweisschwierigkeiten noch vor kurzem als Argument für den

326 *Schünemann*, JA 1975, 798.

327 Vgl. *Radtke*, Brandstiftungsdelikte, S. 240; *Wolter*, Zurechnung, S. 289 f.

328 *A. H. Meyer*, Gefährlichkeitsdelikte, S. 110.

329 Näher dazu *Hirsch*, in: Kohlmann (Hg.), Probleme, S. 634; *ders.*, in: Tiedemann-FS, S. 159 (Anm. 39).

330 *Herzog*, Daseinsvorsorge, S. 36.

331 Oben C. III. 1.

332 *Kleine-Cosack*, Kausalitätsprobleme, S. 178 f.; *Lin*, Gefährdungstatbestände, S. 101; *Lüderssen*, ZStW 107 (1995), 900 f.; *Weigend*, in: Triffterer-FS, S. 706; *Zieschang*, Gefährdungsdelikte, S. 367.

333 *Hirsch*, in: Tiedemann-FS, S. 156. Vgl. auch *Zieschang*, Gefährdungsdelikte, S. 368.

Rückzug des Strafrechts angeführt wurden.[334] Wenn man für die Beweiserleichterung die Voraussetzung der Strafbarkeit verkürzt, wird das Strafrecht mit den Aufgaben des Polizeirechts verknüpft; es wird damit seinen fragmentarischen Charakter und seine Eindruckskraft verlieren.[335] Vor der Schaffung eines abstrakten Gefährdungsdelikts muss daher geprüft werden, ob es den materiellen Kriterien für die Kriminalisierung entspricht und unter Berücksichtigung alternativer Regelungsmöglichkeiten notwendig ist.[336]

Außerdem ist der Angriff *Schünemanns* auf die Frankfurter Schule nicht überzeugend. Er wirft ihr vor, sie verfehle die Aufgabe des Rechtsgüterschutzes, und zwar durch die „Verteufelung der abstrakten Gefährdungsdelikte".[337] Aber gerade vom Prinzip des Rechtsgüterschutzes her gesehen, scheinen diese Delikte eher gefährlich, weil sie weder Schäden noch reale Gefährdung verlangen. Während die konkreten Gefährdungsdelikte tatsächliche Umstände erwägen und dadurch einen wirksamen Rechtsgüterschutz erzielen können, kommt bei den abstrakten alles darauf an, „dass der Gesetzgeber das Gefährdungspotential der inkriminierten Handlungsweise richtig einschätzt";[338] diese Delikte greifen auch bei den Fällen ein, in denen sich die Einschätzung des Gesetzgebers als falsch erwies, also eine Gefahr für ein Rechtsgut ausgeschlossen war.[339] Damit geht die Frage der Strafgerechtigkeit[340] einher: Bei den Verletzungsdelikten und auch noch den konkreten Gefährdungsdelikten können die Bürger glauben, „dass letztlich alles herauskommt und bestraft wird"; demgegenüber weiß jeder bei abstrakten Gefährdungsdelikten, „dass die Sanktionierung ein zufälliges und seltenes Ereignis darstellt".[341]

Und dem Vorschlag *Schünemanns*, die reine Verunreinigung der Umweltmedien als ein strafbares Unrecht zu deklarieren, kann man zwar prinzipiell zustimmen, aber praktisch nicht folgen. Denn eine solche Verunreinigung passiert

---

334 *Weigend*, in: Triffterer-FS, S. 706: Die „Straflosstellung von Verhaltensweisen wie etwa versuchter Abtreibung, versuchter homosexueller Betätigung oder – aktueller – der Vergewaltigung in der Ehe". Vgl. auch *Lüderssen*, ZStW 85 (1973), 295 f., 299.

335 *Hirsch*, in: Tiedemann-FS, S. 156. Vgl. auch *Zieschang*, Gefährdungsdelikte, S. 367 f.

336 *Lüderssen*, ZStW 107 (1995), 901; *Weigend*, in: Triffterer-FS, S. 707.

337 *Schünemann*, GA 1995, 213.

338 NK-*Hassemer/Neumann*, Vor § 1 Rn. 260; vgl. auch *Zieschang*, Gefährdungsdelikte, S. 368.

339 NK-*Hassemer/Neumann*, Vor § 1 Rn. 260: „Abstrakte Gefährdungsdelikte können deshalb an den Geßler-Hut aus Schillers ‚Wilhelm Tell' erinnern."

340 *Neumann*, in: Lüderssen (Hg.), Aufgeklärte Kriminalpolitik, S. 402 ff.; *ders.*, in: Liu/Neumann (Hg.), Gerechtigkeit, S. 117 ff.

341 *Prittwitz*, in: Hefendehl (Hg.), Fundamente, S. 291.

täglich, die Umweltschädigungen sind also in der Regel die Folgen der Kumulation von vielen legalen Verhaltensweisen.[342]

5. Argumentation von *Kuhlen, Hefendehl* und *v. Hirsch/Wohlers*

Angesichts der Gewässerverunreinigung des § 324 bildet *Kuhlen* einen neuen Deliktstyp, der die Beziehung zwischen Handlung und Rechtsgut weiter lockert, als das abstrakte Gefährdungsdelikt das tut:

Um möglichst alle Fälle einer Gewässerverschmutzung strafrechtlich zu erfassen, hat der Gesetzgeber § 324 kurz und prägnant gefasst.[343] Der Tatbestand verbietet jede unbefugte Handlung, die „ein Gewässer verunreinigt oder sonst dessen Eigenschaften nachteilig verändert"; dabei verlangt er nicht, dass sie eine Gefahr für Mensch oder Umwelt verursacht. Rechtsprechung und herrschende Meinung bestimmen – gemäß seinem Wortlaut – die Gewässerreinheit als sein Schutzgut und begreifen sein Merkmal „nachteilige Veränderung"[344] als Verletzungserfolg. Danach wird § 324 als Verletzungsdelikt in Bezug auf das Gewässer eingeordnet.[345]

Kuhlen hält aber diese Einordnung für ungereimt. Er weist darauf hin, dass ein Sachverhalt nicht geschädigt wird; deshalb könne ein Rechtsgut nicht beeinträchtigt werden, da es „rechtlich positiv bewerteter Sachverhalt" sei. „Verletzen oder gefährden kann man", so hebt *Kuhlen* hervor, „nur denjenigen, dessen Interesse an dem Sachverhalt rechtlich geschützt wird". Die Typologie von Verletzungs- und Gefährdungsdelikten betreffe also die Relation zwischen Handlung und Rechtsgutsträger.[346] Insoweit stütze sich die dominierende Ansicht auf eine „bizarre ökozentrische Konzeption", dass das Gewässer Rechtsgutsinhaber sei, dessen Interesse an der Reinhaltung durch den Erfolgseintritt verletzt werde. Sie

342 Vgl. *Herzog*, Daseinsvorsorge, S. 141 ff.; *Prittwitz*, in: Fundamente, S. 294 f.; *ders.*, in: Personale Rechtsgutslehre, S. 109.

343 BT-Drs. 8/2382, S. 9 f., 13 f.; BT-Drs. 8/3633, S. 19. Vgl. auch BGH, NStZ 1987, 324; *Saliger*, Umweltstrafrecht, Rn. 225. Zur Entstehungsgeschichte des § 324 vgl. *Braun*, Gewässerverunreinigung, S. 44 f.; *Erdt*, § 324 StGB, S. 23 ff.

344 Das Merkmal „Verunreinigung" wird einhellig als Unterfall der „nachteiligen Veränderung" interpretiert. Vgl. statt vieler *Saliger*, Umweltstrafrecht, Rn. 346 ff.

345 BGH, NStZ 1987, 324; BGH, NJW 1992, 123; BGHSt 38, 332, 339; MK-*Alt*, § 324 Rn. 1, 5; *Breuer*, NJW 1988, 2074 f.; Sch/Sch-*Heine*, § 324 Rn. 1, 9; *Möhrenschlager*, NuR 1983, 211; *Rengier*, Umweltstrafrecht, S. 11 ff.; *Rudolphi*, in: Lackner-FS, S. 864; *Samson*, ZStW 99 (1987), 621; SK-*Schall*, § 324 Rn. 3; LK-*Steindorf*, § 324 Rn. 3, 40; *Tiedemann/Kindhäuser*, NStZ 1988, 340.

346 *Kuhlen*, ZStW 105 (1993), 713.

verstehe das Verhältnis der Handlung zu deren Objekt „naturalistisch", verwandle damit § 324 zu einem Verbot des „Gewässerfrevels" und vermöge daher nicht zu beurteilen, ob die Veränderung eines Gewässers nachteilig sei. *Kuhlen* stellt die Frage, in welchem Sinne es etwa für einen Fluss einen Nachteil bedeuten sollte, wenn die Zuleitung aus einem Kraftwerk seine Temperatur um 2 Grad Celsius erhöhe; dann stellt er fest, ein Gewässer ziehe aus seinen Veränderungen weder Nutzen noch Nachteil.[347]

Folglich meint *Kuhlen*, § 324 schütze „das langfristige Interesse der Allgemeinheit an der Erhaltung des Gewässers als natürliche Lebensgrundlagen" für Mensch, Tier und Pflanze; diese ökologische Funktion des Gewässers für Lebewesen sei das Schutzgut des Tatbestandes.[348] Für dieses globale Rechtsgut könnten Einzelhandlungen normalerweise nicht einmal eine abstrakte Gefahr hervorrufen. *Kuhlen* verdeutlicht dies am Beispiel von A, der ein Haus bewohnt, das am Main gelegen und an keine Kanalisation angeschlossen ist. Wenn A seine Küchenabwässer unmittelbar in den Main einleite, sei dies allein „nicht einmal generell oder abstrakt geeignet, eine Störung von Gewässerfunktionen herbeizuführen".[349] „Ein Fluß von dieser Größe verkraftet solche Mengen sozusagen spielend",[350] bemerkt *Kuhlen* unter Berufung auf die empirische Erkenntnis.

Das Verhalten von A, wie *Kuhlen* gesagt hat, ist zwar mit keiner Gefahr einer Verunreinigung verbunden, aber der Gefahr der Strafverfolgung nach § 324 ausgesetzt. Denn die Judikatur verweist darauf, dass sich gravierende Verschmutzungen häufig aus unerheblichen Verunreinigungen vieler Menschen ergeben,[351] und vertritt die Ansicht, es genüge, dass „die potentielle schädliche Wirkung der eingeleiteten Stoffe erst im Zusammenspiel mit anderen Ursachen" entstehe[352] – und zwar ungeachtet ihrer Menge.[353] Dem liegt der Gedanke zugrunde, dass das Verhalten die Gefahren jedenfalls vergrößert habe.[354] Auch der überwiegende

347 *Kuhlen*, GA 1986, 394; *ders.*, ZStW 105 (1993), 713 f.

348 *Kuhlen*, GA 1986, 394; *ders.*, ZStW 105 (1993), 714; *ders.*, in: v. Hirsch/K. Seelmann/Wohlers (Hg.), Mediating Principles, S. 154.

349 *Kuhlen*, ZStW 105 (1993), 714 f.: „Wenn etwa ein Landwirt eine Ladung Jauche in einen Bach schüttet, so gefährdet das […] unser langfristiges Interesse an der Ressource Wasser nicht."

350 *Kuhlen*, GA 1986, 390.

351 OLG Stuttgart, MDR 1976, 690; OLG Stuttgart, ZfW 1977, 179.

352 OLG Stuttgart, NJW 1977, 1406 f. Vgl. auch OLG Celle, NJW 1986, 2327; OLG Frankfurt, ZfW 1988, 238.

353 OLG Stuttgart, ZfW 1977, 179; OLG Karlsruhe, ZfW 1982, 387. Vgl. *Möhrenschlager*, WiVerw 1984, 63; NK-*Ransiek*, § 324 Rn. 20; *Saliger*, Umweltstrafrecht, Rn. 241.

354 BGH, NStZ 1987, 324.

Teil der Literatur bejaht bei den kumulativen Umweltschäden Kausalität im Sinne der Äquivalenztheorie:[355] Für den Gesamterfolg ursächlich sei der Einzelne, der den für sich allein ungefährlichen Teilerfolg bewirkt habe. Danach kann die Abwassereinleitung von A unter § 324 subsumiert werden, wenn sie dadurch zu einer Gewässerverunreinigung führen kann, dass auch andere dem Main Stoffe zuführen.[356]

Hierzu äußert sich *Kuhlen*, „die Konzeption einer Rechtsgutsverletzung oder -gefährdung durch die Einzelhandlung" erweise sich als unfähig, dogmatisch zu erläutern, wie § 324 praktisch angewendet werde.[357] Denn in der Anwendungspraxis sei die Gewässerverunreinigung weder Verletzungs- noch konkretes noch abstraktes Gefährdungsdelikt. § 324, so behauptet *Kuhlen*, sprenge die „stillschweigende und gerade deshalb so wirksame Prämisse", dass alle Delikte Einzelhandlungsdelikte seien und die Deliktstrias abschließend sei. Um die Deutung des § 324 durch Judikatur und Literatur stimmig zu erklären, müsse man daher die These abändern, dass das abstrakte Gefährdungsdelikt „die weiteste Vorverlagerung des Rechtsgüterschutzes" darstelle.[358]

So schlägt *Kuhlen* vor, die Gewässerverunreinigung als „Kumulationsdelikt" aufzufassen und den es festlegenden Tatbestand als „Kumulationstatbestand".[359] Dieser verbiete auch für sich genommen ungefährliche Handlungen, bei denen ohne Sanktionsdrohung damit zu rechnen wäre, dass „sie in großer Zahl vorgenommen würden und dann eine Störung geschützter Gewässerfunktionen zur Folge hätten".[360] Vom abstrakten Gefährdungsdelikt unterscheide sich das

---

355 *Kleine-Cosack*, Kausalitätsprobleme, S. 18 ff.; 76 f.; *Kloepfer/Heger*, Umweltstrafrecht, Rn. 92; *Saliger*, Umweltstrafrecht, Rn. 235; LK-*Steindorf*, § 324 Rn. 31.

356 Allerdings versichert der Gesetzgeber, dass die Bestrafung geringfügiger Verunreinigungen nicht zu besorgen sei: Einerseits garantiere die Minima-Klausel, dass solche Verunreinigungen ausschieden (BT-Drs. 8/2382, S. 14); andererseits habe die Rechtsprechung „die unbestimmten Begriffe ‚Verunreinigung' und ‚nachteilige Veränderung' so weit konkretisiert, daß die Grenzen der Strafbarkeit auch für den Betroffenen klar erkennbar seien" (BT-Drs. 8/3633, S. 25). Aber dies ändert nichts daran, dass das Minimaprinzip bei § 324 leerläuft. Die Bagatellgrenze kann hier „durch die Verkleinerung oder Vergrößung des betrachteten Gewässerabschnitts manipuliert werden". *Samson*, ZStW 99 (1987), 625. Näher dazu *Bloy*, JuS 1997, 582; *Daxenberger*, Kumulationseffekte, S. 52 f.; *Frisch*, Verwaltungsakzessorietät, S. 123 f. (Anm. 353); *Rotsch*, Großunternehmen, S. 104; *Saliger*, Umweltstrafrecht, Rn. 226.

357 *Kuhlen*, ZStW 105 (1993), 715.

358 *Kuhlen*, GA 1986, 398 f. in Bezug auf *Ostendorf*, JuS 1982, 426.

359 *Kuhlen*, GA 1986, 399; *ders.*, ZStW 105 (1993), 716.

360 *Kuhlen*, ZStW 105 (1993), 716.

Kumulationsdelikt also danach, ob die Gefährlichkeit einer Einzelhandlung die Regel sei: Während etwa eine Trunkenheitsfahrt (§ 316) des Einzelnen regelmäßig die Eignung einer Schädigung aufweise, egal ob auch andere betrunken Auto fuhren, sei die Abwassereinleitung von A im obigen Beispiel gefahrlos für den Main als Lebensgrundlage, soweit es bei seiner Einleitung bleibe.[361] *Kuhlen* pointiert auch eine „praktisch zentrale Pointe" des Kumulationsdelikts: Es mache die komplexe Frage der kumulativen Kausalität überflüssig. Denn bei dieser Frage gehe es um „die Zurechnung eines *wirklichen* eingetretenen Erfolges", der auf mehreren Handlungen beruhe, demgegenüber stütze sich ein Kumulationstatbestand auf „die *hypothetische* Erwägung", „was wäre, wenn eine Handlung in großer Zahl vorgenommen würde".[362]

Kuhlen weiß freilich, dass sein Vorschlag den Zweifel weckt, ob es legitim ist, Handlungen zu bestrafen, die nicht einmal abstrakt gefährlich sind. Darauf antwortet er, der Kumulationstatbestand sei nicht nur tauglich, sondern auch erforderlich, um das „Problem der großen Zahl" zu lösen – nämlich das Problem, dass individuell rationales Verhalten zu kollektiv irrationalen Resultaten führe, wenn es in großer Zahl ausgeführt werde.[363]

Als Beispiel dafür erwähnt *Kuhlen* den Fall von C, der vor der Entscheidung stehe, ob er am Wochenende eine Spazierfahrt in den Odenwald unternehme. Aus dieser Fahrt würde er einen großen Nutzen ziehen, noch höher sei freilich sein Interesse daran, den Odenwald auch als Wald nutzen zu können und erhalten zu sehen. Einerseits nehme C an, dass es sein Interesse verletze, wenn viele Leute derartige Spazierfahrten begingen; andererseits wisse er, dass seine Fahrt allein sein Interesse nicht einmal bedrohe. Nach *Kuhlen* ist es „in dieser Situation individuell rational, die Spazierfahrt zu unternehmen, denn wenn C auf sie verzichten würde, würde er auf den damit verbundenen Nutzen verzichten, ohne irgendeinen Beitrag zur Förderung seines höherrangigen Interesses zu leisten". Wenn sich viele Fahrer rational in diesem Sinne verhielten, führe dies zur Gefährdung des Odenwaldes.[364] Im Anschluss an die soziologische Analyse des Verhaltens von Individuen, die ihren eigenen Nutzen zweckrational verfolgen, führt *Kuhlen* wie folgt aus: Der Kern des Problems der großen Zahl ist, dass diese Individuen in der Regel nicht danach streben, ihre Interessen an Gemeingütern wie etwa sauberen Gewässern zu verwirklichen – auch wenn solche Interessen sehr stark sind. Denn die „egoistische Rationalität" des Einzelnen treibt ihn dazu, keinen Beitrag zum Gemeingut

---

361 *Kuhlen*, GA 1986, 399 f.; *ders.*, ZStW 105 (1993), 716 (Anm. 93).

362 *Kuhlen*, GA 1986, 399 (Anm. 56); *ders.*, ZStW 105 (1993), 719 (Anm. 110).

363 *Kuhlen*, GA 1986, 401.

364 *Kuhlen*, GA 1986, 401 f.

zu leisten, sondern „möglichst als Trittbrettfahrer von den Beiträgen anderer zu profitieren". Da aber auch diese anderen für ihren Nutzen das Gleiche tun, wird das Gemeingut nicht erzeugt oder erhalten.[365]

Zur Vermeidung dieser Tragödie, so sagt *Kuhlen*, verhelfe das Strafrecht. Wenn man bestimmte Handlungen bei Strafe verbiete, verknüpfe man sie mit den Kosten, die ihren Nutzen überstiegen. Dann würden jedenfalls viele Individuen als rationale Egoisten sie unterlassen. *Kuhlen* glaubt, *nur* das Problem der großen Zahl biete ein sinnvolles Argument, um einen Kumulationstatbestand zu begründen – und umgekehrt: *Wenn* man dieses Problem durch Strafrecht bewältigen wolle, liefere *nur* dieser Tatbestand ein geeignetes Instrument dazu; selbst ein abstrakter Gefährdungstatbestand wäre nicht dienlich.[366] *Kuhlen* zeigt dies am folgenden Gedankenspiel: Angenommen, dass vor Erlass des Verbots einer Fahrt in den Odenwald viele Leute solche Fahrten unternommen haben. C hat durch seine Spazierfahrt an der Waldgefährdung teilgehabt, diese Teilhabe ist deutlich weniger als der Gefährdungsbeitrag beim abstrakten Gefährdungsdelikt und selbst sie entfällt, wenn die Verbotsnorm erlassen und befolgt wird. Angenommen, dass nach Erlass eines Fahrverbots solche Fahrten nur vereinzelt stattfänden und davon keine Waldgefährdung mehr ausgeht. Hier könnte man überhaupt nicht sagen, dass die vereinzelten Normverstöße an einer Gesamtgefährdung teilhätten. Aufgrund dieses Gedankenspiels stellt *Kuhlen* fest, dass es „geradezu absurd" wäre, „zur Lösung eines Problems der großen Zahl einen abstrakten Gefährdungstatbestand zu schaffen". Denn durch die das Problem bildenden reinen Kumulationsbeiträge könnte dieser Tatbestand erst nur dann erfüllt werden, wenn sein Ziel verfehlt wäre, nämlich wenn die Spazierfahrten wieder massenhaft stattfänden.[367]

Kuhlen erachtet es als notwendig, Kumulationstatbestände zur Lösung von Problemen der großen Zahl einzusetzen. Die heutigen Umweltbelastungen etwa würden ohne effektive Gegenmaßnahmen zu irreparablen Umweltschädigungen führen, die die Lebensgrundlage nachfolgender Generationen zerstörten. Diese Belastungen beruhten auf ungefährlichen Einzelhandlungen, die deshalb in großer Zahl vorgenommen würden, weil ihre Vornahme individuell rational sei. Das strafbewehrte Verbot dieser Handlungen ist nach *Kuhlen* die einzige erfolgversprechende Maßnahme, die drohenden Schädigungen zu verhindern. In dieser Situation sei es „nicht nur die Möglichkeit, sondern die moralische *Verpflichtung*", durch

365 *Kuhlen*, ZStW 105 (1993), 720. Grundlegend hierzu *Buchanan*, Ethics 76 (1965), 1 ff.; *Hardin*, Science 162 (1968), 1243.

366 *Kuhlen*, GA 1986, 401 f.

367 *Kuhlen*, GA 1986, 402 f.

Kumulationstatbestände die Umweltzerstörung abzuwenden.[368] Anschließend prüft *Kuhlen*, ob Kumulationsdelikte als Straftaten oder als Ordnungswidrigkeiten auszugestalten sind. Dass reine Kumulationsbeiträge schwerlich den Handlungs- und Gesinnungsunwert aufwiesen, gibt er zwar zu. Jedoch zweifelt er, ob es bei Problemen der großen Zahl angemessen ist, auf den Unwert der Einzelhandlungen abzustellen. Er postuliert, der Tatbestand der Gewässerverunreinigung falle in den „Spielraum, innerhalb dessen der Gesetzgeber zwischen Straf- und Ordnungswidrigkeitenrecht wählen" könne. In diesem Raum gehe es um die empirische Frage, welche Alternative eine größere Präventionskraft habe. Im Ergebnis stimmt *Kuhlen* dem Gesetzgeber zu, der in dieser Frage von „einem präventiven Plus des Strafrechts gegenüber dem Ordnungswidrigkeitenrecht" ausgegangen ist.[369]

Kuhlen hat überzeugend gezeigt, dass die herrschende Auslegung des § 324 bei einem Vorfeld traditioneller Strafbarkeit angelangt ist, wo es nicht einmal auf abstrakte Gefährdungsdelikte ankommt.[370] Hervorhebung verdient seine Einsicht, dass globale Rechtsgüter in der Regel erst durch das Zusammentreffen von Einzelhandlungen beeinträchtigt werden. Der Kumulationsgedanke[371] wirft ein neues Licht auf die Deliktstypen zum Schutz von Universalrechtsgütern:[372] Im Anschluss an *Kuhlen* berücksichtigt *Hefendehl* den Kumulationstatbestand bei zwei Arten kollektiver Rechtsgüter, nämlich bei den „gesellschaftsrelevanten Vertrauensrechtsgütern" und den „aufzehrbaren gesellschaftsrelevanten Kontingenten".[373] Auch *v. Hirsch* und *Wohlers* erheben das Kumulationsdelikt

368 *Kuhlen*, GA 1986, 403 (Hervorhebung im Original).

369 *Kuhlen*, GA 1986, 405 f.

370 *Daxenberger*, Kumulationseffekte, S. 60; *Herzog*, Daseinsvorsorge, S. 153 (Anm. 238); *Müller-Tuckfeld*, in: IfKrimFfm (Hg.), Zustand, S. 465 f.; *K. Rogall*, in: Köln-FS, S. 518; *Rotsch*, Großunternehmen, S. 111 f.; *K. Seelmann*, NJW 1990, 1259. Nach dem Konzept *Kuhlens* lässt sich die Rechtsprechung zur Gewässerverunreinigung schlüssig darlegen (etwa: BGH, NStZ 1987, 323; OLG Celle, NJW 1986, 2327; OLG Frankfurt, ZfW 1988, 238; OLG Karlsruhe, ZfW 1982, 387). Vgl. *Saliger*, Umweltstrafrecht, Rn. 245.

371 Früher als *Kuhlen* hat *Loos* diesen Gedanken erwähnt, obwohl er dafür eine andere Terminologie verwendet hat. Die Umweltbeeinträchtigung durch Emissionen und die Bestechungsdelikte hat er den „Massengefährdungsdelikten" zugeordnet, „bei denen erst eine Summierung von Gefährdungshandlungen zu einer Verletzung zu führen vermag" (in: Welzel-FS, S. 891 f.). Der Kumulationsgedanke ist jedoch erst von *Kuhlen* in der Strafrechtsdogmatik eingehend erörtert worden.

372 Vgl. *Anastasopoulou*, Deliktstypen, S. 162 ff.; *Müller-Tuckfeld*, in: IfKrimFfm (Hg.), Zustand, S. 466.

373 *Hefendehl*, GA 2002, 27; vgl. auch *ders.*, Kollektive Rechtsgüter, S. 123 ff., 132 ff.

zum „eigentlichen Grundtypus des Straftatbestands“ bei überindividuellen Interessen wie etwa Umweltmedien, bestimmten staatlichen Institutionen oder gesellschaftlichen Funktionszusammenhängen.[374] Also: Auf analytischer Ebene ist die Konzeption des Kumulationsdelikts zutreffend und bestechend.

Zweifelhaft und bedenklich ist sie aber auf normativer Ebene. Die für sich betrachtet ungefährliche Abwassereinleitung von A im obigen Beispiel ist nach *Kuhlen* nur deswegen strafbar, weil sie dadurch zur Rechtsgutsschädigung führen kann, dass viele andere für sich genommen genauso ungefährliche Einleitungen von Stoffen vornehmen, von Stoffen wie „Speiseresten, Waschmittel, Mineraldünger, Abfallprodukte aus der landwirtschaftlichen Tierhaltung“.[375] Dabei ist unnötig, dass die Einleitungen in der Tat in großer Zahl stattfinden. Die Strafwürdigkeit reduziert sich somit auf die Hypothese „Wenn das jeder tun würde“. A wird bestraft nicht wegen seiner eigenen Handlung, sondern allein wegen der hypothetischen Handlungen anderer, die er nicht beeinflussen kann.[376] Offensichtlich verletzt das Kumulationsdelikt den Schuldgrundsatz.[377]

Dagegen wendet *Kuhlen* ein, das Kumulationsdelikt habe „keine Haftung für fremdes Unrecht“ zur Konsequenz. Die Prognosefrage, „ob ohne sanktionsbewehrtes Verbot Handlungen anderer in so großer Zahl vollzogen würden, daß das schädliche Auswirkungen hätte“, sei wichtig nur für die Entscheidung, „ob ein solches Verbot erlassen werden sollte“. Bevor diese Entscheidung getroffen sei, könne von einem Unrecht der Handlungen keine Rede sein. Nachdem sie getroffen sei, handle es sich aber nur noch um die Einzelhandlung. Sie sei auch dann verbotswidrig, wenn es bei dieser einen Handlung bleiben sollte, von der keine Gefahr ausginge. Aus diesem Grund, so behauptet *Kuhlen*, haftet auch

---

374 *v. Hirsch/Wohlers*, in: Hefendehl/v. Hirsch/Wohlers (Hg.), Rechtsgutstheorie, S. 199; *Wohlers*, Deliktstypen, S. 309 f.; *ders.*, GA 2002, 19.

375 *Kuhlen*, GA 1986, 402.

376 NK-*Hassemer/Neumann*, Vor § 1 Rn. 137; *Herzog*, Daseinsvorsorge, S. 147; *Roxin*, AT/1, § 2 Rn. 82; *Samson* bei *Perron*, ZStW 99 (1987), 663; *Sternberg-Lieben*, Einwilligung, S. 433. *K. Seelmann*, NJW 1990, 1259 merkt an, dass diese Verkürzung die Gefährdung „psychologisiert“; denn hier hat die Tat ihre soziale Bedeutung „allenfalls in ihrer Verführungswirkung auf andere“.

377 Vgl. *Anastasopoulou*, Deliktstypen, S. 179; *Benthin*, Subventionskriminalität, S. 267 f.; *Daxenberger*, Kumulationseffekte, S. 65 ff.; *Müller-Tuckfeld*, in: IfKrimFfm (Hg.), Zustand, S. 466; *Papamoschou/Bung*, in: IfKrimFfm (Hg.), Irrwege, S. 257 ff.; *Rengier*, in: Schulz (Hg.), Ökologie, S. 53; *K. Rogall*, in: Köln-FS, S. 520; *Rotsch*, Großunternehmen, S. 114; *Rzepka*, in: IfKrimFfm (Hg.), Irrwege, S. 281 f.; *Saliger*, Umweltstrafrecht, Rn. 245; LK-*Steindorf*, § 324 Rn. 40; *Sternberg-Lieben*, Einwilligung, S. 435.

beim Kumulationsdelikt der Einzelne nur für sein eigenes Unrecht.[378] Diesen Einwand unterstützt *Hefendehl*, indem er zwischen Kriminalisierung und Tatbestandsformulierung unterscheidet.[379] Die obige Prognosefrage sei maßgeblich nur auf der Ebene der Kriminalisierung; sie sei relevant nicht für den Täter, sondern ausschließlich für den Gesetzgeber. Wenn dieser sich für eine Kriminalisierung entscheide, dann gehe es um die Ebene der konkreten Ausgestaltung des Tatbestandes. Nach diesen beiden Schritten, also auf der Ebene des Einzelfalls, komme es nur darauf an, ob die Einzelhandlung das im Tatbestand umschriebene Unrecht verwirkliche. Daraus folgert *Hefendehl*, dass „auch beim Kumulationsdelikt lediglich für eigenes Unrecht gehaftet" werde.[380]

Aber die Unvereinbarkeit des Kumulationsgedankens mit dem Schuldgrundsatz wird durch die Unterscheidung zwischen Kriminalisierung und Tatbestandsformulierung nicht verschwinden, sondern nur verschoben. Auch auf der Kriminalisierungsebene beurteilen *Kuhlen* und *Hefendehl* einen Kumulationsbeitrag nicht nach den faktischen Einzelhandlungen, sondern nach den fiktiven Massenhandlungen; sie begründen den Zusammenhang zwischen Handlung und Rechtsgutsschädigung noch allein mit den hypothetischen Handlungen potentieller Täter. Damit wird die Zurechnung zum Einzelnen „nicht bewiesen, sondern unterstellt";[381] die Fiktion eines Schadens kann den Eintritt eines Schadens nicht ersetzen.[382] Letztlich begehen *Kuhlen* und *Hefendehl* einen Zirkelschluss. Ihnen zufolge wird etwa eine unschädliche Abwassereinleitung nur deswegen bestraft, weil der Gesetzgeber sie als strafbare Gewässerverunreinigung bestimmt hat.[383] Hinter dem Kumulationsdelikt verbirgt sich also ein „nackter Gesetzespositivismus".[384] Eine positivrechtliche Setzung des Gesetzgebers ändert aber nichts daran, dass der Kumulationstatbestand auf eine Haftung für das Unrecht Dritter hinausläuft.[385]

---

378 *Kuhlen*, ZStW 105 (1993), 718 f.

379 *Hefendehl*, Kollektive Rechtsgüter, S. 182 f.

380 *Hefendehl*, Kollektive Rechtsgüter, S. 189 f.; *ders.*, GA 2002, 27.

381 *Rotsch*, Großunternehmen, S. 114; *ders.*, wistra 1999, 324.

382 *Alwart*, JZ 1986, 564; *Sternberg-Lieben*, Einwilligung, S. 435 (Anm. 496); *Zieschang*, Gefährdungsdelikte, S. 244.

383 *Müller-Tuckfeld*, in: IfKrimFfm (Hg.), Zustand, S. 466; *Rotsch*, Großunternehmen, S. 114; *ders.*, wistra 1999, 324.

384 *Papamoschou/Bung*, in: IfKrimFfm (Hg.), Irrwege, S. 258.

385 Vgl. *Müller-Tuckfeld*, in: IfKrimFfm (Hg.), Zustand, S. 466; *Zieschang*, Gefährdungsdelikte, S. 244.

Doch verteidigt sich *Kuhlen* weiter auf der Ebene der Rechtsphilosophie.[386] Ein Kumulationstatbestand rechne dem Einzelnen keine großen Belastungen zu, sondern nur seinen kleinen Beitrag dazu,[387] und zwar aufgrund einer realistischen[388] Bewertung, welche großen Probleme durch kleine Beiträge konstituiert würden. Er bewältige das Problem der großen Zahl[389] dadurch, Trittbrettfahrer zu bestrafen, die es den anderen überlassen, Normen für Gemeingüter zu befolgen. Unter Strafe gestellt seien sie hier nur für ihre „unspektakulären" Einzelbeiträge zum gravierenden Gesamtschaden. Desgleichen rückt *Hefendehl* das Problem des Trittbrettfahrers (*free-rider*) in den Vordergrund: Sogar sozial gesinnte Bürger könnten sich motiviert fühlen, Normen zum Umweltschutz zu übertreten, sofern sie erkannten, dass mit vereinzelten Verstößen die Umwelt nicht zerstört werde, „sondern erst dann, wenn eine Schwelle überschritten sei".[390] Wenn viele Verstöße ein Umweltrechtsgut wirklich gefährdeten,[391] müsse ein Einzelverstoß geahndet werden, der isoliert betrachtet rechtsgutsirrelevant sei – sonst wäre eine Umweltzerstörung unausweichlich. In diesem Fall will *Hefendehl* dem Einzelnen verwehren, sich damit zu rechtfertigen, dass sein Beitrag allein gefahrlos sei. Es gebe im Prinzip keinen Grund, ihn vor den anderen zu bevorzugen. Soweit der Einzelne Freiheit „im Sinne einer Ausnahme" für sich erstrebe und

---

386 Vgl. *Kuhlen* bei *Perron*, ZStW 99 (1987), 658.

387 *Kuhlen*, ZStW 105 (1993), 719 (Anm. 110).

388 Dass sich das Kumulationsdelikt auf eine „wirkliche" Gefahr beziehe, betont *Kuhlen*, um der hypothetischen Frage *Samsons* zu begegnen: Müsse man auch das Pfeifen auf der Straße zum Kriminalunrecht erheben, wenn alle dort pfiffen, sodass der Lärm unerträglich wäre (bei *Perron*, ZStW 105 [1993], 663)? *Kuhlen* erwidert, eine solche Frage stelle sich nicht schon aus faktischen Gründen; der Gesetzgeber habe „gute Gründe anzunehmen, daß mehr Leute Gewässer verunreinigen als auf der Straße zu pfeifen". *Ders.*, ZStW 105 (1993), 716 (Anm. 91) mit Hinweis auf *Petznek*, Umweltstrafrecht, S. 26.

389 *Kuhlen* bringt in Erinnerung, dass die Staatsphilosophie, vor allem *Hobbes* und *Hume*, dieses Problem schon seit langem behandelt hat, und bringt vor, dass sie durchaus auf den strafrechtlichen Bereich übertragbar sei (bei *Perron*, ZStW 105 [1993], 658).

390 Vgl. *Hefendehl*, Kollektive Rechtsgüter, S. 193.

391 In Übereinstimmung mit *Kuhlen* unterstreicht *Hefendehl*, dass „nur realistische synergetische Effekte" als „kumulationsgeeignet" angesehen werden. Die Prognose einer realistischen Kumulation sei in zwei Fällen statthaft: (1) wenn „güterrespektierendes Verhalten und Alltags- bzw. Berufsleben in Widerstreit geraten" könnten (etwa: Umweltdelikte), und (2) wenn „realistische Kumulationseffekte bei individuellen Rechtsgütern notwendigerweise Einfluß auf die kollektiven Rechtsgüter" nahmen (etwa: Geldfälschungsdelikte). *Ders.*, Kollektive Rechtsgüter, S. 186 f.; *ders.*, GA 2002, 27.

zugleich aus der Normtreue anderer einen Gewinn erziele, sollten die Interessen der Allgemeinheit vor der individuellen Freiheit den Vorrang haben.[392] Auch *v. Hirsch* und *Wohlers* legitimieren grundsätzlich die „Pönalisierung von Kumulationsbeiträgen",[393] indem sie von der Auffassung *Feinbergs* ausgehen, dass Trittbrettfahren (*freeloading*) eine typische unfaire Ausnutzung sei.[394] Erschienen Kumulationseffekte realistisch,[395] so könne sich der Handelnde nicht darauf berufen, dass erst das Verhalten anderer die Rechtsgutsschädigung herbeigeführt habe. Denn jeder der Handelnden habe einen kleinen Beitrag dazu geleistet, dass die Schwelle der Beeinträchtigung überschritten worden sei. Anschließend akzentuieren *v. Hirsch* und *Wohlers* die Rechtspflichten der Mitglieder einer staatlich verfassten Gesellschaft; diese Pflichten erschöpften sich nicht in der Beachtung des „*neminem laede*", sondern erstreckten sich auf die Beteiligung an der Erhaltung des Zustandes „*suum cuique tribuere*".[396] Diesbezüglich dürfe niemand sich eine Rolle eines Trittbrettfahrers anmaßen, da alle Mitglieder ihrem Rechtsstatus nach gleichberechtigt seien. Trittbrettfahrer verweigerten eine Mitwirkung an der Gewährleistung kollektiver Güter und verletzten damit den Grundsatz gleicher Rechte aller Personen. *v. Hirsch* und *Wohlers* sehen die Legitimität von Kumulationstatbeständen letztlich darin, dass diese das durch Trittbrettfahren gestörte Verhältnis der Rechtsgleichheit wiederherstellen.[397]

Die Argumentation der vier Autoren gründet sich auf den Grundsatz der Gleichbehandlung,[398] der rechtsphilosophisch begründbar, verfassungsrechtlich vertretbar (Art. 3 I GG) und daher tatsächlich gut dazu verwendbar ist, um die

---

392 *Hefendehl*, Kollektive Rechtsgüter, S. 190 f.; *ders.*, GA 2002, 27.

393 *v. Hirsch/Wohlers*, in: Hefendehl/v. Hirsch/Wohlers (Hg.), Rechtsgutstheorie, S. 207 f.; *Wohlers*, Deliktstypen, S. 318 ff.

394 *Feinberg*, Harmless Wrongdoing, S. 13 f., 183, 202 f.

395 Auch *v. Hirsch* und *Wohlers* beschränken die Pönalisierung auf die Fälle, bei denen „realistischerweise mit Kumulationseffekten zu rechnen ist", und unterteilen diese Fälle in zwei Arten: zum einen „die Prognose, bei der die Auswirkungen der in Frage stehenden Verhaltensweisen bekannt sind" (etwa: §§ 324 ff.), und zum anderen „die Prognose, die bereits unsicher ist, welche Auswirkungen die in Frage stehenden Verhaltensweisen haben werden" (etwa: §§ 264 ff.). Näher dazu *v. Hirsch/Wohlers*, in: Hefendehl/v. Hirsch/Wohlers (Hg.), Rechtsgutstheorie, S. 208 f.; *Wohlers*, Deliktstypen, S. 322 ff.

396 *v. Hirsch*, in: Simester/Smith (Hg.), Harm, S. 268; *v. Hirsch/Wohlers*, in: Hefendehl/v. Hirsch/Wohlers (Hg.), Rechtsgutstheorie, S. 207; *Wohlers*, Deliktstypen, S. 321.

397 *v. Hirsch/Wohlers*, in: Hefendehl/v. Hirsch/Wohlers (Hg.), Rechtsgutstheorie, S. 207 f.; *Wohlers*, Deliktstypen, S. 322 ff.

398 Vgl. *Sternberg Lieben*, Einwilligung, S. 133.

staatliche Strafe zu rechtfertigen. Er allein genügt aber nicht, die Strafe zu begründen; dazu soll es auch angemessen sein, auf die betreffenden Verhaltensweisen mit Strafe zu reagieren.[399] Wie *v. Hirsch* und *Wohlers* einräumen, liegt das Problem in der „Auswahl der legitimerweise zu pönalisierenden Verhaltensweisen".[400] Die Frage ist also, ob man die Ausnutzung durch Trittbrettfahren als eine „Anmaßung irregulärer Chancen"[401] ansehen kann, die durch die Ausprägung eines neuartigen Straftatbestandes ausgeglichen werden soll. Obwohl Trittbrettfahrer ihre „Pflicht zur Mitwirkung (*duty of cooperation*)"[402] ablehnen und damit das Gleichheitsverhältnis von Mitgliedern antasten, reicht dies aber noch nicht aus, um ein Kumulationsdelikt in das Strafrecht aufzunehmen. Die Störung des Gleichheitsverhältnisses ist keine Eigenart der Verbrechen, die das Strafrecht bekämpfen soll, sondern eine Erscheinung, mit der sich grundsätzlich alle Rechtsordnungen befassen sollen.[403] Der Einsatz des Strafrechts hängt vor allem davon ab, wie schwer eine Handlung auf rechtswidrige Weise Rechtsgüter anderer beeinträchtigt. Insoweit scheint es zweifelhaft, einen Kumulationsbeitrag zu kriminalisieren, der einzeln „nichts und niemanden verletzt oder gefährdet".[404]

Außerdem lässt *Kuhlen* das Bagatellprinzip außer Acht. Er sagt allerdings, dass er es keinesfalls abschaffe,[405] sondern nur auf den Kumulationsgedanken[406] abstimme. So gestaltet er die § 324 begrenzende Bagatellklausel um wie folgt: Eine Veränderung von Gewässereigenschaften ist dann unerheblich, wenn sie, würde sie selbst in großer Zahl vorgenommen, ökologische Funktionen eines

399 Vgl. *Neumann*, in: Liu/Neumann (Hg.), Gerechtigkeit, S. 128 f.; *Neumann/Schrott*, Kriminalität, S. 15.

400 *v. Hirsch/Wohlers*, in: Hefendehl/v. Hirsch/Wohlers (Hg.), Rechtsgutstheorie, S. 208.

401 Vgl. *Neumann*, in: Liu/Neumann (Hg.), Gerechtigkeit, S. 133 f.

402 *v. Hirsch*, in: Simester/Smith (Hg.), Harm, S. 268; *v. Hirsch/Wohlers*, in: Hefendehl /v. Hirsch/Wohlers (Hg.), Rechtsgutstheorie, S. 208.

403 *Anastasopoulou*, Deliktstypen, S. 191; *Prittwitz*, in: Neumann/Prittwitz (Hg.), Kritik, S. 165: „Wenn die (ohne Zweifel existierende und umweltpolitisch, also auch umweltrechtlich relevante) Trittbrettfahrerproblematik das entscheidende Problem wäre, dann wäre in der Tat anders über die Reform des Umweltstrafrechts zu reden."

404 *Papamoschou/Bung*, in: IfKrimFfm (Hg.), Irrwege, S. 258; vgl. auch *Anastasopoulou*, Deliktstypen, S. 191; *Benthin*, Subventionskriminalität, S. 269; *Müller-Tuckfeld*, in: IfKrimFfm (Hg.), Zustand, S. 466; *Sternberg-Lieben*, Einwilligung, S. 434 f.

405 *Kuhlen*, ZStW 105 (1993), 717 (Anm. 95).

406 Nach diesem Gedanken könne es bei § 324 nur darauf ankommen, „ob es mit einer Gefährdung der ökologischen Funktionen des jeweiligen Gewässers verbunden wäre, wenn Veränderungen wie die konkret zu beurteilende in großer Zahl vorgenommen würden". *Kuhlen*, GA 1986, 407 (Hervorhebung im Original).

Gewässers wie des betroffenen nicht beeinträchtigen würde.[407] Dies ist jedoch nach den Erkenntnissen der Ökologie eine absolute Ausnahmesituation, sodass geringfügige Veränderungen weitestgehend tatbestandsmäßig bleiben würden.[408] Auch in der Praxis, wie *Kuhlen* zugibt, ist es weder erfolgreich noch hilfreich, „wenn man ermitteln wollte, wie groß denn die Zahl sein würde, die ohne Geltung der Verbotsnorm bestimmte Gewässerverschmutzungen herbeiführen würden".[409] An dieser Stelle scheitert *Kuhlen*s Anstrengung, den hypothetischen Kumulationsgedanken „im Rahmen der Auslegung und Anwendung der Bagatellklausel" zu konkretisieren. *Kuhlen* macht letztlich diese Konkretisierung zur Sache der Kasuistik der Rechtsprechung, damit macht er § 324 zum uferlosen Tatbestand, der sich auf Bagatellfälle konzentriert.[410]

Dieses Scheitern liegt wesentlich daran, dass das Konzept der Kumulation unklar ist. *Kuhlen*, *Hefendehl*, *v. Hirsch* und *Wohlers* betonen gemeinsam, dass für die Kriminalisierung von Kumulationsbeiträgen die Frage der großen Zahl ausschlaggebend sei. Gleichwohl behandelt keiner von ihnen die Vorfrage, mit welchen Kriterien der Begriff der großen Zahl auszulegen ist. Ungeklärt bleibt auch, zu welchen Konsequenzen die Kumulierung von Einzelbeiträgen führen wird, nämlich ob sie für das Rechtsgut verletzend, gefährdend oder unbedeutend sein wird.[411] *Kuhlen* führt einerseits aus, dass es theoretisch möglich sei, die Kumulationsdelikte in Verletzungs- und Gefährdungsdelikte zu unterteilen, je nachdem, ob eine große Zahl der Tathandlungen zu einer Verletzung oder Gefährdung führen würde. Andererseits spricht er aus, dass diese Unterscheidung praktisch bedeutungslos sei, weil sie einen hypothetischen Charakter habe. *Kuhlen* versteht diese Bedeutungslosigkeit als einen Gewinn seiner Konzeption, weil dadurch die Kausalitätsfrage auf einen Streich ausgeschnitten werde.[412] Das Gegenteil ist der Fall: Hier verbirgt sich die Gefahr, dass die Strafbarkeit auf unvertretbare Weise ausgedehnt wird. Überträgt man *Kuhlen*s Auffassung beispielsweise auf die

---

407 *Kuhlen*, GA 1986, 407.

408 *Bloy*, JuS 1997, 582 (Anm. 63); *Daxenberger*, Kumulationseffekte, S. 61 ff.; *Rengier*, in: Schulz (Hg.), Ökologie, S. 53; *Rotsch*, Großunternehmen, S. 117; *Samson*, ZStW 99 (1987), 635 f.

409 *Kuhlen*, GA 1986, 407.

410 Vgl. *Anastasopoulou*, Deliktstypen, S. 186; *Daxenberger*, Kumulationseffekte, S. 63; NK-*Ransiek*, § 324 Rn. 11; *Rengier*, in: Schulz (Hg.), Ökologie, S. 53; *K. Rogall*, in: Köln-FS, S. 520; *Saliger*, Umweltstrafrecht, Rn. 245; *Schneider*, StV 1994, 390.

411 Vgl. *Anastasopoulou*, Deliktstypen, S. 179, 181; *Bartholme*, Schutz des Bodens, S. 166; *Benthin*, Subventionskriminalität, S. 269; *Zieschang*, Gefährdungsdelikte, S. 245.

412 *Kuhlen*, GA 1986, 399 (Anm. 56).

Abfallbeseitigung gemäß § 326 Abs. 1 Nr. 4, so ergibt sich, dass diese Vorschrift als „Kumulationseignungsdelikt" einzustufen ist; sie erfordert lediglich „die Gefahr, daß es zu einer reinen Kumulationsbelastung kommen könnte".[413] Im Ergebnis wird bestraft, „wer eine in Zukunft mögliche Körperverletzung an einer unbekannten Person im Zusammenwirken mit in Zahl und Person unbekannten Dritten möglicherweise versucht".[414] Dies löst den Handlungsbegriff auf und hebt die Wertmaßstäbe auf, an denen man abweichendes Verhalten etikettieren und seine eigenen Handlungen verantwortlich orientieren kann.[415]

---

413 *Kuhlen*, ZStW 105 (1993), 717 (Anm. 99).

414 *Rotsch*, Großunternehmen, S. 117.

415 Vgl. *Daxenberger*, Kumulationseffekte, S. 66; *Heine*, Unternehmen, S. 60; *Rotsch*, Großunternehmen, S. 117.

D. Bewertung der Vorfeldkriminalisierung im Umweltstrafrecht

Das vorhergehende Kapitel hat gezeigt, dass die Argumente für die Vorfeldkriminalisierung im Umweltstrafrecht wenig überzeugend sind. Anschließend wird in diesem letzten Kapitel geprüft, ob diese Vorfeldkriminalisierung legitim und effektiv ist – um an die in der Einleitung gestellte Frage anzuschließen: ob sie den Nutzen (mehr Sicherheit) bringt, der den Schaden (weniger Freiheit) überwiegt oder zumindest hinnehmbar macht. Die Prüfung beginnt mit der Frage nach der Aufgabe des Strafrechts.

Im heutigen säkularen Staat ist die staatliche Strafe nur über ihre sozialen Leistungen zu rechtfertigen. Deshalb soll das Strafrecht auf sozialschädliches Verhalten beschränkt werden.[1] Den strafwürdigen Sozialschaden erblickt die überwiegende Meinung in der Verletzung oder Gefährdung eines Rechtsguts. Die Aufgabe des Strafrechts ist der Rechtsgüterschutz.[2] Hier tritt die systemkritische Funktion des Rechtsgutbegriffs hervor, die er neben der systemimmanenten besitzt:[3] Die Lehre vom Rechtsgut bietet dem Gesetzgeber einen Maßstab, um zu entscheiden und zu überprüfen, welche Interessen und Werte er mit Strafe schützen darf. Sie fordert

---

1 NK-*Hassemer/Neumann*, Vor § 1 Rn. 105, 108. Zur Abhängigkeit der straftheoretischen Konzepte vom jeweiligen Staatsverständnis vgl. *Müller-Dietz*, in: Jescheck-FS, S. 813 f.

2 Vgl. statt vieler NK-*Hassemer/Neumann*, Vor § 1 Rn. 62, 108 ff. Dagegen sieht *Jakobs* (AT, 2/2 ff.) die Aufgabe des Strafrechts in der Garantie der Normgeltung. Zur Untauglichkeit dieser Meinung als normative Strafrechtstheorie vgl. *Neumann*, in: Neumann/Prittwitz (Hg.), Rechtsgutslehre, S. 89. Bislang ist es noch nicht gelungen, den Rechtsgutsbegriff abschließend zu definieren. Vgl. *Heinrich*, in: Roxin-FS, S. 132. Dies gibt einigen Autoren Anlass, diesem Begriff zu misstrauen. Vgl. *Appel*, KritV 1999, 278; *Wohlers*, Deliktstypen, S. 213 ff. Es wäre jedoch weder möglich noch angemessen, einen Grundbegriff wie Rechtsgut so zu definieren, dass man daraus „sämtliche Anwendungsfälle *more geometrico* ableiten könnte". Um der gesellschaftlichen Relativität und Fundamentalität des Rechtsguts gerecht zu werden, sollte man es eher offen halten und allgemein als „strafrechtlich schutzbedürftiges menschliches Interesse" definieren. NK-*Hassemer/Neumann*, Vor § 1 Rn. 142 ff. (Hervorhebung im Original).

3 Vgl. *Hassemer*, NStZ 1989, 557; *Jescheck/Weigend*, AT, S. 257. Zu beiden Funktionen des Rechtsguts siehe *Benthin*, Subventionskriminalität, S. 141 ff.; *Hassemer*, Theorie, S. 19 ff.; NK-*Hassemer/Neumann*, Vor § 1 Rn. 113.

ihn auf, die Tatbestände, die nicht dem Rechtsgüterschutz dienen, aus dem StGB zu streichen oder nicht in dieses einzustellen.[4]

Rechtsgüter lassen sich nach ihrem Träger und der Verfügungsbefugnis über sie in zwei Arten einteilen: Rechtsgüter des Einzelnen (Individualrechtsgüter) und Rechtsgüter der Gesamtheit (Universalrechtsgüter).[5] Darüber sind sich fast alle einig.[6] Strittig ist nur, wie das Verhältnis zwischen beiden zu fassen ist:

Der dualistischen Lehre zufolge stehen beide Rechtsgutstypen selbstständig nebeneinander.[7] Die „Entgegensetzung von Rechtsgütern der Individual- und Sozialsphäre"[8] kann Rechtsgüter zwar präzise und lebensnah beschreiben:[9] Einerseits kann der Dualismus die „Praxisferne" des Rechtsgutsbegriffs vermeiden, die hingenommen werden muss, wenn man Individual- und Universalrechtsgüter unter einem Oberbegriff zusammenfasst, was nach *Tiedemann* „nur gewaltsam und

---

4 Vgl. *Gössel*, in: Oehler-FS, S. 100 f.; *Hassemer*, in: Philipps/Scholler (Hg.), Funktionalismus, S. 86 ff.; NK-*Hassemer/Neumann*, Vor § 1 Rn. 115; *Müller-Dietz*, in: Schmitt-FS, S. 116; *Rudolphi*, in: Honig-FS, S. 167. In letzter Zeit wird der Rechtsgutslehre vorgeworfen, sie beschneide die Befugnisse des demokratisch legitimierten Gesetzgebers. Vgl. *Gärditz*, Der Staat 49 (2010), 331 ff.; *Stuckenberg*, GA 2011, 653 ff. Auch das BVerfG hat es in seinem „Inzest"-Urteil 2008 abgelehnt, bei der verfassungsrechtlichen Verhältnismäßigkeitsprüfung des fraglichen Tatbestandes (§ 173 Abs. 2) die Rechtsgutslehre heranzuziehen (BVerfGE 120, 224). Aber die demokratietheoretisch ansetzende Kritik der Rechtsgutslehre reduziert das Demokratieprinzip auf die Verbindlichkeit der Dezision der Mehrheit und ignoriert, dass die Rechtsgutslehre einen Beitrag zu einer demokratischen Diskussionskultur leistet. NK-*Hassemer/Neumann*, Vor § 1 Rn. 119a; *Zaczyk*, Der Staat 50 (2011), 295 ff. Was die „Inzest"-Entscheidung betrifft, ist darauf hinzuweisen, dass die Mehrheit der Verfassungsrichter – trotz ihrer verbalen Distanzierung von der Rechtsgutslehre – bei der Verhältnismäßigkeitsprüfung des fraglichen Tatbestandes untersucht hat, ob er mit Blick auf die geschützten Rechtsgüter angemessen ist. NK-*Hassemer/Neumann*, Vor 1 Rn. 119d; zur Kritik an dieser Entscheidung vgl. *Heinrich*, in: Roxin-FS, S. 140 ff. Folglich dürfte man nicht leugnen, dass die Rechtsgutslehre für die Legitimation einer Strafnorm eine wichtige Rolle spielt. Vgl. auch *Kloepfer/Heger*, Umweltstrafrecht, Rn. 35.

5 Zu dieser Unterscheidung und ihrer Bedeutung vgl. statt vieler NK-*Hassemer/Neumann*, Vor § 1 Rn. 126 f.; *Jescheck/Weigend*, AT, S. 259.

6 Abweichend davon vgl. *Stratenwerth*, in: Hefendehl/v. Hirsch/Wohlers (Hg.), Rechtsgutstheorie, S. 260.

7 *Kuhlen*, ZStW 105 (1993), 704; *Tiedemann*, Nebenstrafrecht, S. 119 ff.

8 *Tiedemann*, Nebenstrafrecht, S. 6.

9 Vgl. *Benthin*, Subventionskriminalität, S. 202 f.; *Hassemer*, Theorie, S. 76 ff.; NK-*Hassemer/Neumann*, Vor § 1 Rn. 120, 130; *Hefendehl*, GA 2002, 24.

um bestimmter Ideologien willen" möglich ist.[10] Andererseits können Dualisten soziale und staatliche Institutionen und Funktionen, die immer schutzbedürftiger, aber zugleich immer komplexer werden, mühelos als eigenständige Rechtsgüter anerkennen; denn sie sehen Gesellschaft und Staat ebenso als Selbstzweck wie das Individuum.[11] Fraglich ist jedoch, wie zwei Gegenstände, die sich unverbunden gegenüberstehen sollen, gleichermaßen als Rechtsgüter begriffen werden können.[12] Die dualistische Theorie vermag beide Rechtsgutsarten nicht miteinander zu verknüpfen, sodass „ihnen kein systematischer Ort in einer Theorie des Verbrechens zugewiesen werden" kann.[13] Sie ist unfähig, den Begriff des Verbrechens und damit die Aufgabe des Strafrechts einheitlich zu bestimmen.[14] Daher öffnet sie dem „Gesetzgeber die Tür für den Einsatz weit ausgreifender Universalrechtsgüter".[15]

Aus diesem Grund muss „der begriffliche Schlussstein über beide Säulen"[16] gebildet werden. Dazu sind zwei Wege gangbar:

Zum einen kann man Rechtsgüter vom Kollektiv her konzipieren und als Güter der Gesamtheit oder des Staates interpretieren. Nach dieser sozialen oder etatistischen Rechtsgutslehre werden Individualrechtsgüter durch Recht zugeteilt oder aus Staatsfunktionen abgeleitet.[17] So führt *Oetker* aus, die Rechtsgüter wie Leben oder Gesundheit seien „Güter des Rechts, nicht der Individuen". Diese hatten kein Rechtsgut Leben, ihr gesichertes Leben sei die Wirkung davon, dass der Staat sein Interesse an dem Zustand ihres Lebens als Rechtsgut anerkenne und durch Normen schütze. Was ein Mörder verletze und verletzen könne, sei nicht das Rechtsgut Leben, sondern ein Einzelleben und damit zugleich „ein normgeschütztes Einzelinteresse" des Staates „an der Unverletztheit des Menschenlebens".[18] Demzufolge wird das Leben des Einzelnen im Interesse der

10 *Tiedemann*, Nebenstrafrecht, S. 119. Zur schmerzlichen Alternative zwischen Vagheit und Praxisferne des Rechtsgutsbegriffs vgl. *Hassemer*, in: Philipps/Scholler (Hg.), Funktionalismus, S. 89 f.; NK-*Hassemer/Neumann*, Vor § 1 Rn. 125.

11 *Tiedemann*, Nebenstrafrecht, S. 67, 119 ff.; *ders.*, JuS 1989, 697. Vgl. auch *Hassemer*, Theorie, S. 76; *Hefendehl*, Kollektive Rechtsgüter, S. 76 ff.

12 *Benthin*, Subventionskriminalität, S. 204; *Hassemer*, Theorie, S. 78; *Hohmann*, Umweltdelikte, S. 60.

13 *Hassemer*, Theorie, S. 78.

14 NK-*Hassemer/Neumann*, Vor § 1 Rn. 130; *Hohmann*, Umweltdelikte, S. 60.

15 *Benthin*, Subventionskriminalität, S. 204.

16 NK-*Hassemer/Neumann*, Vor § 1 Rn. 128.

17 *Binding*, Normen, S. 357 ff.; *Honig*, Einwilligung, S. 92 ff.; 115; *Oetker*, ZStW 17 (1897), 508. Vgl. auch NK-*Hassemer/Neumann*, Vor § 1 Rn. 128.

18 *Oetker*, ZStW 17 (1897), 508.

Gesamtheit geschützt.[19] Aber dieser etatistische Monismus widerspricht dem gegenwärtigen Staatsverständnis, wonach „sich nicht mehr der Mensch um den Staat, sondern der Staat um den Menschen dreht".[20] In der modernen Demokratie ist der Staat nicht Ursprung, sondern Resultat menschlichen Wirkens.[21] Hier kann das Recht letztlich durch die Interessen des Einzelnen legitimiert werden. Als Selbstzweck geschützt wird nicht der Staat, sondern der Mensch.[22] Dessen Tötung ist schädlich nicht deswegen, weil sie Nachteile für den Staat auslöst, sondern deswegen, weil sie das Lebensinteresse des Einzelnen verletzt; das Strafrecht schützt das Rechtsgut Leben für den Einzelnen, nicht für die Gesamtheit.[23] Die etatistische Rechtsgutstheorie hat heute an Boden verloren, da sie das Individuum nicht ernst nimmt und Individualrechtsgüter nicht begründen kann.[24]

Mit einer liberalen Staatskonzeption vereinbar ist nur der zweite Weg des Monismus – nämlich die personale Rechtsgutslehre, die Staat und Rechtsgüter vom Individuum her denkt: „Sie funktionalisiert die Interessen der Allgemeinheit von den Interessen der Person her, sieht Güter der Gesellschaft und des Staates zu Gütern des Individuums in einer Ableitungsbeziehung: erkennt Interessen der Allgemeinheit als berechtigte nur an, insoweit sie personalen Interessen dienen."[25] Natürlich bleibt auch sie nicht ohne Kritik, die sich wie folgt zusammenfassen lässt. Sie ist einerseits zu eng und andererseits zu weit:

Auf der einen Seite wird der personalen Rechtsgutslehre vorgeworfen, sie könne wegen ihres Individualismus Universalrechtsgüter nicht einbeziehen[26] und wegen ihres Anthropozentrismus Umwelttatbestände nicht rechtfertigen.[27]

---

19 *Binding*, Normen, S. 358; *Honig*, Einwilligung, S. 92 ff.

20 *Maihofer*, Rechtsstaat, S. 31.

21 *Benthin*, Subventionskriminalität, S. 213.

22 Vgl. *v. d. Pfordten*, JZ 2005, 1071 ff.; *Roxin*, AT/1, § 2 Rn. 43.

23 *Kargl*, ARSP 82 (1996), 493 f.

24 *Benthin*, Subventionskriminalität, S. 213; *Hefendehl*, Kollektive Rechtsgüter, S. 73.

25 NK-*Hassemer/Neumann*, Vor § 1 Rn. 132; vgl. auch *Hassemer*, in: Philipps/Scholler (Hg.), Funktionalismus, S. 90; *Hohmann*, GA 1992, 77 ff.

26 *Kuhlen*, ZStW 105 (1993), 704; *Schünemann*, GA 1995, 218; *Stratenwerth*, in: Hefendehl/v. Hirsch/Wohlers (Hg.), Rechtsgutstheorie, S. 258: Die personale Rechtsgutslehre kann „letzten Endes nur erfassen, was dem Einzelnen um seiner selbst willen wichtig ist, böse formuliert: als homo oeconomicus, oder etwas freundlicher: als ein allein auf sein eigenes Wohlergehen bezogenes Subjekt. Eben deshalb sind die kollektiven Rechtsgüter besonders problematisch".

27 *Stratenwerth/Kuhlen*, AT, § 2 Rn. 10 f. Vgl. auch *Schulz*, in: Lüderssen (Hg.), Aufgeklärte Kriminalpolitik, S. 208 ff.; *Wohlers*, in: Hefendehl/v. Hirsch/Wohlers (Hg.), Rechtsgutstheorie, S. 203.

Dieser Vorwurf missversteht jedoch, „dass und (wie!) die personale Rechtsgutslehre Rechtsgüter der Allgemeinheit anerkennt".[28] Sie nimmt kollektive Rechtsgüter an, die zwar nicht in der Disposition eines Einzelnen stehen, aber zu seiner personalen Entfaltung benötigt werden.[29] Sie begreift den Einzelnen nicht als „insularer Robinson", sondern als „soziale Individualität", „ein in die Gemeinschaft eingebundenes Selbst".[30] Als Rechtsgüter akzeptiert sie daher soziale und staatliche Institutionen, in denen eine Person ihre Interessen wahren und umsetzen kann – dies durch die Vermittlung über die Interessen der mit diesen Institutionen lebenden Menschen.[31] Auch die Tatbestände zum Umweltschutz kann die personale Rechtsgutslehre in sich aufnehmen, indem sie der Umwelt als „Ensemble der menschlichen Lebensbedingungen" die Qualität des Rechtsguts zuspricht und damit Umweltdelikte als Gefährdungsdelikte in Bezug auf Leben und Gesundheit des Menschen deutet.[32] Zu betonen ist dabei, dass nur sie folgerichtig begründen kann, warum Umweltschädigungen eine strafwürdige Gefährdung individualer Interessen sein können. In einem liberalen Strafrechtsmodell, in dessen Mittelpunkt das Individuum steht, sind die Positionen dagegen kaum begründbar, welche die Institutionen oder die Umwelt als Universalrechtsgüter erfassen, die mit Individualrechtsgütern gleichwertig oder diesen gegenüber höherrangig sind.[33]

Auf der anderen Seite wird gegen die personale Rechtsgutslehre eingewandt, sie sei – entgegen ihrem Anspruch – außerstande, das Strafrecht wirksam zu begrenzen; sie lasse es zu, anhand des Rechtsgutskonzepts das Strafrecht weit in die Gefährdungsbereiche vorzuverlegen.[34] Dieser Einwand trifft dennoch die personale Rechtsgutslehre nicht, weil sie das Rechtsgut als strafrechtlich schutzbedürftiges Interesse des Menschen versteht.[35] Indem sie das Rechtsgut so an den

---

28 *Prittwitz*, in: Neumann/Prittwitz (Hg.), Rechtsgutslehre, S. 102.

29 NK-*Hassemer/Neumann*, Vor § 1 Rn. 128, 138.

30 *Sternberg-Lieben*, in: Hefendehl/v. Hirsch/Wohlers (Hg.), Rechtsgutstheorie, S. 69 unter Hinweis auf *A. Kaufmann*, Schuldprinzip, S. 102.

31 NK-*Hassemer/Neumann*, Vor § 1 Rn. 138; *Hohmann*, Umweltdelikte, S. 64.

32 *Hassemer*, in: Philipps/Scholler (Hg.), Funktionalismus, S. 92; NK-*Hassemer/Neumann*, Vor § 1 Rn. 136.

33 Vgl. *Hassemer*, in: Philipps/Scholler (Hg.), Funktionalismus, S. 92; NK-*Hassemer/Neumann*, Vor § 1 Rn. 137; *Schulz*, in: Nida-Rümelin/v. d. Pfordten (Hg.), Ökologische Ethik, S. 279.

34 *Frisch*, in: Stree/Wessels-FS, S. 71 ff.; *Müssig*, Rechtsgüter, S. 206; *Wohlers*, in: Hefendehl/v. Hirsch/Wohlers (Hg.), Rechtsgutstheorie, S. 283.

35 *Hassemer*, in: Philipps/Scholler (Hg.), Funktionalismus, S. 91; NK-*Hassemer/Neumann*, Vor § 1 Rn. 144.

greifbaren Begriff des Interesses bindet, verhindert sie, dass es – abgekoppelt von alltäglichen Erfahrungen – verflüchtigt wird.[36] Dazu ist Folgendes zu bemerken: Die Vertreter der personalen Rechtsgutslehre sehen das Rechtsgut nur als eine notwendige, aber nicht eine hinreichende Bedingung für eine gerechte Strafdrohung; so halten sie es für nötig, bei der Kriminalisierung eines Verhaltens das Rechtsgutskonzept durch weitere Kriterien strafwürdigen Verhaltens[37] zu konkretisieren, damit der Bereich des Strafrechts nicht uferlos erweitert wird.[38] Die personale Rechtgutslehre zielt keineswegs darauf, den Rechtsgutsbegriff zu ontologisieren oder zu verabsolutieren,[39] sondern vielmehr darauf, ihn als ein gewichtiges Argument zu bilden, das sich für eine menschliche, durchsichtige und nachprüfbare Kriminalpolitik einsetzt.[40] Dadurch schließt sie Versuche aus, herrschende Wertvorstellungen, Weltanschauungen, populistische Forderungen usw. in die Strafrechtsordnung aufzunehmen.[41]

Wenn man von der personalen Rechtsgutslehre ausgeht, dann folgt daraus, dass Straftatbestände zum Schutz kollektiver Rechtsgüter auf besondere Weise legitimiert werden müssen. Solche Tatbestände sind nur dann legitim, wenn der Anlass zum Rechtsgüterschutz besonders dringlich und der Modus der Schutztechnik relativ glimpflich ist. Denn Universalrechtsgüter haben nur einen vermittelten Bezug zu personalen Interessen und daher eine Vorfeldkriminalisierung zur Konsequenz. „Je mehr Schritte man gehen muß, um eine Strafdrohung mit einem menschlichen Interesse legitimierend zu vermitteln, desto vorsichtiger muß man im Ob und Wie der Strafdrohung sein."[42]

Auf den Prüfstand kommt insofern das Umweltstrafrecht. Denn es schützt Universalrechtsgüter und besteht mithin aus Gefährdungsdelikten – besonders

---

36 NK-*Hassemer/Neumann*, Vor § 1 Rn. 62; *Neumann*, in: Neumann/Prittwitz (Hg.), Rechtsgutslehre, S. 93; *ders.*, Rechtsgut, S. 10 f.

37 Zu diesen Kriterien gehören die Prinzipien, die unter dem Konzept der „Formalisierung der Strafrechtspflege" zusammengefasst werden können. Näher dazu *Hassemer*, in: Philipps/Scholler (Hg.), Funktionalismus, S. 88; NK-*Hassemer/Neumann*, Vor § 1 Rn. 69 ff.

38 *Hassemer*, Theorie, S. 22 (Anm. 25); NK-*Hassemer/Neumann*, Vor § 1 Rn. 147, 151; *Neumann*, in: Neumann/Prittwitz (Hg.), Rechtsgutslehre, S. 94.

39 Zur Kritik an der Tendenz einer Ontologisierung des Rechtsgutsbegriffs am Beispiel der Sterbehilfe und des Hungerstreiks von Strafgefangenen *Neumann*, in: Neumann/Prittwitz (Hg.), Rechtsgutslehre, S. 93 f.

40 NK-*Hassemer/Neumann*, Vor § 1 Rn. 146.

41 *Neumann*, in: Neumann/Prittwitz (Hg.), Rechtsgutslehre, S. 95 f.; *Prittwitz*, in: Neumann/Prittwitz (Hg.), Rechtsgutslehre, S. 109 f.

42 *Hassemer*, in: Philipps/Scholler (Hg.), Funktionalismus, S. 92.

aus deren abstrakter Variante, welche die Voraussetzungen der Strafbarkeit auf ein Minimum senkt und daher in Konflikt mit dem Schuldprinzip geraten kann.[43] Dies besagt allerdings nicht, dass der Strafgesetzgeber das Feld des Umweltschutzes nicht betreten soll oder das Umweltstrafrecht von vornherein illegitim ist. In der heutigen Gesellschaft ist die Umwelt drastisch belastet, sodass Bedürfnis und Forderung nach dem Umweltschutz mehr denn je stark sind.[44] Diese gesellschaftliche Werterfahrung, in der sich Rechtsgüter herstellen, darf der Strafgesetzgeber nicht negieren, aber auch nicht schlicht abbilden.[45] Daraus, dass die Umwelt schutzwürdig ist, kann und muss er nicht sofort folgern, dass ihre Schädigung strafwürdig ist. Davor muss er vorsichtig prüfen, ob für Individualrechtsgüter die Umweltschädigung so gefährlich ist, dass er darauf mit Strafe reagieren muss, und ob die „ultima ratio der Sozialpolitik“[46] dafür tauglich ist, Rechtsgüter zu schützen.

Die ökologische Krise ist, wie oben dargelegt,[47] ein strukturelles Problem, das überwiegend auf rechtmäßiges Verhalten zurückzuführen ist;[48] der Anteil von Umweltstraftaten daran ist ganz gering. Zum Beispiel: Während Großbetriebe aufgrund der Genehmigung der Behörde legal zigtausende Tonnen Industrieabwässer in den Main einleiten, wird derjenige bestraft, der am Mainufer beim Ölwechsel unbefugt 2 Liter Altöl ablässt.[49] Dieses „groteske *Übergewicht legal verursachter Umweltschäden* im Vergleich zu ‚kriminellen‘ Umweltschäden“[50] hat zur Konsequenz, dass sich das Umweltstrafrecht im Bagatellbereich bewegt, wie die polizeiliche Kriminalstatistik bestätigt.[51] Das Umweltstrafrecht ringt mit dem Kleinvieh, ohne den Mist zu berühren;[52] es befasst sich damit, ob derjenige strafbar ist, der

---

43 Vgl. *Benthin*, Subventionskriminalität, S. 222 f.; *Detzner*, Rückkehr, S. 261 ff.; NK-*Hassemer/Neumann*, Vor § 1 Rn. 260; *Sternberg-Lieben*, in: Hefendehl/v. Hirsch/Wohlers (Hg.), Rechtsgutstheorie, S. 70; *Zieschang*, Gefährdungsdelikte, S. 384 f.

44 Vgl. *Herzog*, Daseinsvorsorge, S. 141, 145.

45 *Hassemer*, in: Philipps/Scholler (Hg.), Funktionalismus, S. 92 f.; NK-*Hassemer/Neumann*, Vor § 1 Rn. 139 ff.

46 *Roxin*, AT/1, § 2 Rn. 97.

47 Siehe oben B. II. 3.

48 Vgl. *Albrecht*, KritV 1988, 189; *Herzog*, Daseinsvorsorge, S. 144 f.; *Prittwitz*, in: Neumann/Prittwitz (Hg.), Rechtsgutslehre, S. 109.

49 Vgl. *Herzog*, Daseinsvorsorge, S. 155.

50 *Günther/Prittwitz*, in: Hassemer-FS, S. 350 (Hervorhebung im Original).

51 *Albrecht*, KritV 1988, 191; *Herzog*, Daseinsvorsorge, S. 142 ff.; NK-*Ransiek*, Vor § 324 Rn. 25 ff.

52 Vgl. *Günther/Prittwitz*, in: Hassemer-FS, S. 350; *Herzog*, Daseinsvorsorge, S. 147; *Prittwitz*, in: Neumann/Prittwitz (Hg.), Kritik, S. 146 f. (Anm. 64). Angesichts dieser

eine Flasche mit einem Erfrischungsgetränk in einen Fluss entleert (§ 324)[53] oder „seinen Hund abkoten lässt“ (§ 326).[54] Worin der Unrechtsgehalt von Umweltdelikten liegt, ist fraglich; gewiss ist dagegen, dass ein solches Strafrecht nichts an der Umweltzerstörung ändert.[55] Aussichtslos ist das Unterfangen, durch das Strafrecht existenzielle Rechtsgüter des Menschen vor Umweltschäden zu schützen und eine sinnvolle Zukunft der Menschheit vor der Ökokatastrophe zu sichern.[56] Insofern ist der Einschätzung zuzustimmen, dass das Umweltstrafrecht nur den Schein effektiven Umweltschutzes hervorruft, aber den Bedarf an effektiver Umweltpolitik verschleiert, die bei erlaubten Umweltbelastungen ansetzen, also nicht durch individuelle Schuldzuweisung, sondern durch staatliche Risikosteuerung ausgeführt werden soll.[57] Das Umweltstrafrecht gibt auf ein systemisches Problem eine symbolische Antwort und lässt somit die rechte Ebene verpassen.[58]

Die Befürworter des Umweltstrafrechts behaupten trotzdem, dieses Instrument sei dafür erforderlich, dass „die Bedeutung des Umweltschutzes herausgestellt, der erzieherische Einfluss auf die Bevölkerung und deren Umweltbewußtsein gestärkt und der Einschätzung als ‚Kavalierdelikt‘ bzw. der Gefahr einer ‚Bagatellisierung‘ entgegengewirkt werden“ könne.[59] Um den Wertewandel in Bezug auf den Umweltschutz zu berücksichtigen und zu beschleunigen, müsse das Strafrecht „nicht mehr *allein* als ultima ratio der Stabilisierung gegebener gesellschaftlicher Rahmenbedingungen begriffen werden“; „für eine möglichst optimale ökologische Restitution des Naturhaushaltes (auch um ihrer selbst willen)“ könnten bereits die Handlungen unter Strafe gestellt werden,

---

„Gerechtigkeitsdefizite des Umweltstrafrechts als strukturelle Mängel“ (*Herzog*, Daseinsvorsorge, S. 143) vergleicht *Backes* es mit einem Strafrecht, das denjenigen wegen Brandstiftung bestraft, der ein Streichholz in ein brennendes Haus wirft, ohne den eigentlichen Brandstifter zu belangen. *Ders.*, in: 12. StV-Tag, 1989, S. 164.

53 *Samson*, ZStW 99 (1987), 624 f.

54 Vgl. AG Düsseldorf, NStZ 1989, 532; NK-*Ransiek*, Vor § 324 Rn. 36; *Saliger*, Umweltstrafrecht, Rn. 60.

55 *Herzog*, Daseinsversorge, S. 143, 150.

56 Vgl. *Prittwitz*, in: Neumann/Prittwitz (Hg.), Rechtsgutslehre, S. 109.

57 Vgl. *Albrecht*, KritV 1988, 192; *Backes*, in: 12. StV-Tag, 1989, S. 164; *Hassemer/Meinberg*, Neue Kriminalpolitik 1989, 46 ff.; *Herzog*, Daseinsvorsorge, S. 150; NK-*Ransiek*, Vor § 324 Rn. 32.; *K. Seelmann*, KritV 1992, 458.

58 Vgl. *Albrecht*, KritV 1988, 193: „Die Schlacht ist andernorts zu führen!“; *Günther/Prittwitz*, in: Hassemer-FS, S. 353 f.; *Hassemer*, Produktverantwortung, S. 13 f.; *Prittwitz*, in: Neumann/Prittwitz (Hg.), Kritik, S. 138.

59 *Meurer*, NJW 1988, 2067; vgl. auch BT-Drs. 8/2382, S. 1, 9 f.; BT-Drs. 8/3633, S. 19, 21; *Bottke*, JuS 1980, 539; *Schall*, in: Schwind-FS, S. 412.

deren Schädlichkeit noch ungewiss sei.[60] Diese Ansicht, die auf dem Glauben an die „sittenbildende Kraft des Strafrechts“[61] beruht, stellt also den Versuch dar, mithilfe der Strafe das Umweltbewusstsein der Allgemeinheit zu erhöhen und zu diesem generalpräventiven Ziel die Voraussetzungen der Strafbarkeit zu erleichtern. Dagegen kann man den Einwand erheben, dass sie mit dem schärfsten Schwert des Staates in die gesellschaftlichen Lernprozesse voreilig und übermäßig eingreift, die für eine Entwicklung des Umweltbewusstseins und damit für die Legitimation des Umweltstrafrechts notwendig sind.[62] Zur Erziehung der Bürger zum umweltfreundlichen Verhalten harmlose Handlungen zu pönalisieren, wäre eine im liberalen Staat unerträgliche „Instrumentalisierung des Strafrechts zu Zwecken der Volkspädagogik“,[63] welche die autonomen Bürger zum Objekt der Dressur macht. Wenn eine Strafe keine Gefährlichkeit einer Handlung voraussetzt, sondern nur mit ihrer sozialen Nützlichkeit gerechtfertigt werden kann, würde das Strafrecht zum Mittel der Abschreckungsdressur entarten, das jedem beliebigen politischen Ziel dient.[64]

Das sozialpädagogische Präventionsprogramm, wonach die Reaktion des Strafrechts tendenziell ausufert,[65] verkennt außerdem, dass eine übermäßige Bestrafung zwar einzelne Strafnormen vorübergehend verdeutlichen kann, aber die generalpräventive Wirkung des Strafrechts insgesamt eher schwächt als kräftigt.[66] Das Vertrauen der Bürger in die Bestandskraft der Strafrechtsordnung kann erst dann stabilisiert werden, wenn die Bürger nicht nur darauf vertrauen können, dass das Strafrecht sicher gegenüber dem Verbrechen durchgesetzt wird,[67] sondern gleichermaßen darauf, dass sie nicht willkürlich Opfer einer Strafverfolgung werden. Genauer: Zur Erhaltung und Stärkung von Normvertrauen trägt die Strafe nur dann bei, wenn sie von den Bürgern als eine

---

60 *Tiedemann/Kindhäuser*, NStZ 1988, 340 (Hervorhebung im Original).

61 Vgl. *Mayer*, Strafrechtsreform, S. 15.

62 *Günther/Prittwitz*, in: Hassemer-FS, S. 353; *Herzog*, Daseinsvorsorge, S. 146.

63 *Herzog*, Daseinsvorsorge, S. 145 f.

64 Vgl. *Kunz*, ZStW 98 (1986), 827 f.

65 Vgl. *Hassemer*, in: Einführung, S. 324; *Kunz*, ZStW 98 (1986), 827 ff.; *Murmann*, in: Koriath u. a. (Hg.), Grundfragen, S. 195 ff.; *Neumann*, ZStW 99 (1987), 589; *ders.*, in: Lüderssen (Hg.), Aufgeklärte Kriminalpolitik, S. 402 f.

66 Im Einklang damit steht der folgende Spruch von *Konfuzius* (Lunyü, Buch 3): „Wenn man [...] durch die Strafen ordnet, so will das Volk nur die Strafen vermeiden und hat keine Scham mehr“ (Übersetzung des Autors).

67 Vgl. BGHSt. 24, 40, 46; BGHSt. 24, 64, 66, *Hassemer*, Einführung, S. 325; *Müller-Dietz*, in: Jescheck-FS, S. 814 ff.

schuldangemessene Reaktion auf die Straftat erlebt werden kann, die den gesellschaftlichen Vorstellungen von gerechter Zurechnung entspricht, welche die Bürger vor aller Prävention im Kopf haben.[68] Eine Strafe dagegen, die lediglich im Interesse der Prävention zur Stärkung der Normanerkennung verhängt wird, kann in der Öffentlichkeit, an die sie appelliert, kaum Resonanz finden, sondern vielmehr Feindseligkeit erregen, weil und soweit sie die faire Zurechnung vernachlässigt und gerade deswegen als ungerecht empfunden wird. Dann würden die betroffenen Strafvorschriften nicht als vertrauenswürdige Normen akzeptiert, sondern als Abschreckungsmittel zur Verhaltenssteuerung relativiert. Dies würde die Rechtstreue der Bürger untergraben und damit die Präventivwirkung der Normen vermindern. Gerade unter dem Gesichtspunkt der Prävention ist die gerechte Strafe die effektivste.

Vom Standpunkt dieser „positiven Generalprävention durch gerechte Strafe" aus betrachtet ist das Umweltstrafrecht unzweckmäßig: Wer wegen der Versickerung von 2 Liter Altöl am Mainufer strafrechtlich verfolgt wird, weiß, dass er nicht deshalb eine Strafe zu gewärtigen hat, weil seine Tat zur erheblichen Gefährdung von Rechtsgütern anderer geführt hat, sondern deshalb, dass er – anders als industrielle Großeinleiter in der Nähe des Tatorts – keine Einleitungsbefugnis hat. Wird er strafrechtlich haftbar gemacht, damit die anderen wissen, dass auch eine minimale Umweltverschmutzung eine Umweltsünde darstellt, dann würde er sich selbst nicht als Umweltsünder fühlen, der die Strafe verdient, sondern als Sündenbock, der exemplarisch bestraft wird.[69] Die Gefahr einer willkürlichen Zurechnung strafrechtlicher Verantwortung vergrößert sich noch dadurch, dass das Umweltstrafrecht keine präzise Strafbarkeitsgrenze markiert. Bei den Umwelttatbeständen ist die Minima-Grenze in nahezu beliebiger Weise manipulierbar, sodass auch eine Bagatellhandlung als tatbestandsmäßig interpretierbar ist.[70] Insofern ist klar, dass das Umweltstrafrecht von seinen Adressaten

---

68 Vgl. dazu und zum Folgenden *Baurmann*, GA 1994, 378 f.; *Bock*, ZStW 103 (1991), 652 ff.; *Haffke*, in: Hassemer/Lüderssen (Hg.), Sozialwissenschaften, S. 170; *Hoerster*, GA 1970, 276 f.; *Jescheck/Weigend*, AT, S. 76 f.; *Kunz*, ZStW 98 (1986), 831 ff.; *Lüderssen*, StV 1987, 168; *Müller-Dietz*, in: Jescheck-FS, S. 823 ff.; *Neumann*, Zurechnung, S. 271 ff.; *ders.*, ZStW 99 (1987), 589 ff.; *ders.*, in: Lüderssen (Hg.), Aufgeklärte Kriminalpolitik, S. 402 f.; *Streng*, JZ 1974, 119.

69 Vgl. *Herzog*, Daseinsvorsorge, S. 147, 155; *Kunz*, ZStW 98 (1986), 827; *K. Seelmann*, KritV 1992, 456.

70 *Bloy*, JuS 1997, 582; *Frisch*, Verwaltungsakzessorietät, S. 123 (Anm. 353); *Samson*, ZStW 99 (1987), 624 ff. Vgl. auch *Kloepfer/Heger*, Umweltstrafrecht, S. 25, 73 f.; *Saliger*, Umweltstrafrecht, Rn. 226 ff.

nicht als glaubwürdige, sondern als fragwürdige Norm wahrgenommen wird, was das Ziel – die Stärkung des Umweltbewusstseins – verfehlen lässt.[71]

Problematisch ist das Umweltstrafrecht auch aus dem Gesichtspunkt der Konsistenz strafrechtlicher Zurechnungsregeln, die ein Maßstab dafür ist, die gesellschaftlichen Vorstellungen von gerechter Zurechnung normativ zu kontrollieren.[72] Wenn Befürworter des Umweltstrafrechts argumentieren, dass für die Bestrafung nach seinen Tatbeständen der Nachweis eines konkreten Schadens unnötig sei, sondern bereits die Eignung zur Gefährdung ausreiche, die nach den Erkenntnissen der Naturwissenschaft festzustellen sei,[73] dann stellt sich die Frage, ob es Gründe dafür gibt, warum eine solche Verdünnung strafrechtlicher Zurechnung nur für die Umwelttatbestände gilt. Es wäre möglich und sogar folgerichtig, eine solche Verdünnung auf andere Tatbestände des StGB zu übertragen. Dann könnte man daraus den Schluss ziehen, dass es etwa bei der Bejahung einer tatbestandsmäßigen Körperverletzung (§ 223) nicht darum geht, ob die Handlung des Täters zu einer konkreten, nachweisbaren Schädigung der Gesundheit des Opfers geführt hat, sondern darum, ob diese Handlung zu Verhaltensweisen gehört, die nach den Erfahrungen der Medizin bei der Mehrzahl der Menschen zur Gesundheitsschädigung führen.[74] Wer die These vertritt, dass die objektive Zurechnung aus präventiven Gründen erleichtert werden könne, müsste eine solche Folgerung hinnehmen, welche die Strafbarkeit übermäßig ausdehnt und damit die Position des Angeklagten erheblich bedroht. Sonst müsste er die Behauptung überzeugend zurückweisen, dass diese Folgerung deshalb legitim sei, da sie zur Prävention von Körperverletzung beitrage – was ihm allenfalls um den Preis der Inkonsistenz gelingen könnte.

---

71 Vgl. *Bock*, ZStW 103 (1991), 652 f.

72 *Neumann*, in: Lüderssen (Hg.), Aufgeklärte Kriminalpolitik, S. 405; vgl. auch *K. Seelmann*, in: ders. (Hg.), Aktuelle Fragen, S. 50 f.

73 Vgl. *Lackner*, StGB, § 324 Rn. 3 a); *Laufhütte/Möhrenschlager*, ZStW 92 (1980), 930; *Sack*, Umweltschutz-Strafrecht, § 324 StGB, Rn. 28; LK-*Steindorf*, § 324 Rn. 30.

74 Vgl. *Herzog*, Daseinsvorsorge, S. 153 f.

Zusammenfassung

Die ökologischen Risiken erschüttern die moderne Gesellschaft. Sie untergraben den Fortschrittsgedanken der Moderne, verbreiten Angst, erhöhen den Wunsch nach Sicherheit und lassen eine Präventionspolitik entstehen. Dieser Wandel ist Symptom dafür, dass die Industrie- zur Risikogesellschaft übergeht.

Die Risikogesellschaft reagiert auf die Steigerung der Umweltrisiken mit der Ausweitung der Verantwortung. Deren Struktur verändert sich damit tiefgreifend. Während es im klassischen Modell der Verantwortung darum geht, dass eine Person gegenüber anderen Personen für Schäden aus ihrer Normverletzung haftet, fordert das moderne Modell die Menschheit auf, auch unter Berücksichtigung der Belange der Natur dafür zu sorgen, dass gewünschte Zustände hergestellt werden können.

Im Strafrecht spiegelt sich diese Entwicklung vor allem in der Entstehung des Umweltstrafrechts, das die Strafbarkeit ins Vorfeld einer Rechtsgutsverletzung ausweitet, und zwar dadurch, die Umweltmedien als Universalrechtsgüter anzuerkennen und abstrakte Gefährdungsdelikte bzw. Eignungsdelikte anzuwenden.

Diese Vorfeldkriminalisierung wird von dem präventiven Funktionalismus unterstützt, der sich aus der Modernisierung des Strafrechts ergeben hat. Die Verflüssigung des Rechtsgutskonzepts wird verteidigt durch Argumente wie „die ökologische Grundnorm", „Mensch als Herr der Schöpfung" und „Verhaltensdelikte". Den Verzicht auf das Erfolgserfordernis befürworten Argumente wie „Prüfstellendelikte", „Zufallsbeherrschung", „angstfreie Daseinsgewissheit", „Beweiserleichterung", „Zwischenrechtsgüter" und „Kumulationsdelikte".

Versteht man aber die Aufgabe des Strafrechts – zu Recht – von der personalen Rechtsgutslehre her, so ist das Umweltstrafrecht bedenklich. Denn es verlegt die Strafbarkeit zu weit ins Vorfeld und birgt daher die hohe Gefahr einer willkürlichen Bestrafung, die wegen seiner vagen Bestimmungen noch vergrößert wird. Folglich schwächt es die generalpräventive Wirkung des Strafrechts und gerät vor allem in Konflikt mit dem Schuldprinzip.

Auch wenn man von den Argumenten für die Vorfeldkriminalisierung ausgeht, könnte dies nichts daran ändern, dass das Strafrecht ungeeignet ist, um die Umweltprobleme zu lösen. Denn sie sind die Nebenfolgen der sozialadäquaten Handlungen, die daher durch die langfristige Umweltpolitik geregelt werden können und müssen.

Plausibler als die Versuche der Rechtfertigung des bedenklichen und ineffektiven Umweltstrafrechts wäre es, seine Legitimation aus der Sicht der personalen Rechtsgutslehre nachzuprüfen. „Aber eine solche Lehre hat derzeit keine Konjunktur.“[1]

1 *Hassemer*, in: Philipps/Scholler (Hg.), Funktionalismus, S. 91.

Literaturverzeichnis

Agamben, Giorgio: Ausnahmezustand. Homo sacer II. 1, Frankfurt am Main 2004.

Ahn, Won-Ha: Zur Dogmatik abstrakter Gefährdungsdelikte, München 1995.

Albrecht, Peter-Alexis: Prävention als problematische Zielbestimmung im Kriminaljustizsystem, KritV 1986, 55.

–: Das Strafrecht auf dem Weg vom liberalen Rechtsstaat zum sozialen Interventionsstaat – Entwicklungstendenzen des materiellen Strafrechts –, KritV 1988, 182.

–: Die vergessene Freiheit. Strafrechtsprinzipien in der europäischen Sicherheitsdebatte, 2. Aufl., Berlin 2006.

–: Kriminologie. Eine Grundlegung zum Strafrecht, 4. Aufl., München 2010.

–: Vom Präventionsstaat zur Sicherheitsgesellschaft – Wege kontinuierlicher Erosion des Rechts –, in: Ulfrid Neumann/Felix Herzog (Hg.), Festschrift für Winfried Hassemer, Heidelberg 2010, S. 3.

–: Die globale Sicherheitsgesellschaft, in: Arno Pilgram u. a. (Hg.), Einheitliches Recht für die Vielfalt der Kulturen? Strafrecht und Kriminologie in Zeiten transkultureller Gesellschaften und transnationalen Rechts, Wien 2012, S. 261.

Alwart, Heiner: Über die Hypertrophie eines Unikums (§ 265a StGB) – Die unbemerkte Straflosigkeit des Schwarzfahrens im Massenverkehr –, JZ 1986, 563.

Amelung, Knut: Rechtsgüterschutz und Schutz der Gesellschaft. Untersuchungen zum Inhalt und zum Anwendungsbereich eines Strafrechtsprinzips auf dogmengeschichtlicher Grundlage. Zugleich ein Beitrag zur Lehre von der „Sozialschädlichkeit“ des Verbrechens, Frankfurt am Main 1972.

–: Rechtsgutsverletzung und Sozialschädlichkeit. Beiträge zu einer Standortbestimmung, in: Heike Jung/Heinz Müller-Dietz/Ulfrid Neumann (Hg.), Recht und Moral, Baden-Baden 1991, S. 269.

Anastasopoulou, Ioanna: Deliktstypen zum Schutz kollektiver Rechtsgüter, München 2005.

Anter, Andreas: Der Freiheitssicherheitskomplex. Ist das Verhältnis von Sicherheit und Freiheit zwangsläufig asymmetrisch?, in: Rüdiger Voigt (Hg.), Sicherheit versus Freiheit. Verteidigung der staatlichen Ordnung um jeden Preis?, Wiesbaden 2012, S. 127.

Apel, Karl-Otto: Diskurs und Verantwortung. Das Problem des Übergangs zur postkonventionellen Moral, 2. Aufl., Frankfurt am Main 1992.

Appel, Ivo: Rechtsgüterschutz durch Strafrecht? Anmerkungen aus verfassungsrechtlicher Sicht, KritV 1999, 278.

–: Staatliche Zukunfts- und Entwicklungsvorsorge. Zum Wandel der Dogmatik des Öffentlichen Rechts am Beispiel des Konzepts der nachhaltigen Entwicklung im Umweltrecht, Tübingen 2005.

Arzt, Gunter: Probleme der Kriminalisierung und Entkriminalisierung sozialschädlichen Verhaltens, Kriminalistik 1981, 117.

– u. a.: Alternativ-Entwurf eines Strafgesetzbuches, Besonderer Teil, Straftaten gegen die Person, 2. Halbband, Tübingen 1971.

Atteslander, Peter: Methoden der empirischen Sozialforschung, 13. Aufl., Berlin 2010.

Backes, Otto: Umweltstrafrecht, JZ 1973, 337.

–: Fehlstart im Umweltstrafrecht, ZRP 1975, 229.

Banse, Gerhard: Herkunft und Anspruch der Risikoforschung, in: ders. (Hg.), Risikoforschung zwischen Disziplinarität und Interdisziplinarität. Von der Illusion der Sicherheit zum Umgang mit Unsicherheit, Berlin 1996.

Banzhaf, Günter: Philosophie der Verantwortung. Entwürfe, Entwicklung, Perspektiven, Heidelberg 2002.

Barbour, Ian G.: Technology, Environment, and Human Values, New York 1980.

Baratta, Alessandro: Integration-Prävention. Eine systemtheoretische Neubegründung der Strafe, KrimJ 1984, 132.

Bartholme, Stefan: Der Schutz des Bodens im Umweltstrafrecht, Konstanz 1995.

Bauer, Leonhard/Matis, Herbert: Geburt der Neuzeit. Vom Feudalsystem zur Marktgesellschaft, München 1988.

Baumann, Jürgen: Der strafrechtliche Schutz der menschlichen Lebensgrundlagen – Ein Beitrag zum Thema Umweltschutz, ZfW 1973, 63.

–/Weber, Ulrich/Mitsch, Wolfgang: Strafrecht. Allgemeiner Teil. Lehrbuch, Bielefeld 2003.

Baurmann, Michael: Vorüberlegungen zu einer empirischen Theorie des positiven Generalprävention, GA 1994, 368 ff.

Bayertz, Kurt: Eine kurze Geschichte der Herkunft der Verantwortung, in: ders. (Hg), Verantwortung. Prinzip oder Problem?, Darmstadt 1995, S. 3.

Becchi; Paolo: Unsere Verantwortung gegenüber den zukünftigen Generationen, in: Bénédict Winiger u. a. (Hg.), Recht und Verantwortung. Kongress der Schweizerischen Vereinigung für Rechts- und Sozialphilosophie, 11.–12. Juni 2010, Universität Zürich, Stuttgart 2012, S. 119.

Bechmann, Gotthard/Stehr, Nico: Risikokommunikation und die Risiken der Kommunikation wissenschaftlichen Wissens: Zum gesellschaftlichen Umgang mit Nichtwissen, GAIA 9 (2000), 113.

Beck, Ulrich: Risikogesellschaft. Auf dem Weg in eine andere Moderne, Frankfurt am Main 1986.

–: Auf dem Weg in die industrielle „Risikogesellschaft", Blätter 2/1987, 139.

–: Gegengifte. Die organisierte Unverantwortlichkeit, Frankfurt am Main 1988.

–: Politik in der Risikogesellschaft. Essays und Analysen, Frankfurt am Main 1991.

–: Die Erfindung des Politischen. Zu einer Theorie reflexiver Modernisierung, Frankfurt am Main 1993.

–: Die Politik der Technik. Weltrisikogesellschaft und ökologische Krise, in: Werner Rammert (Hg.), Technik und Sozialtheorie, Frankfurt am Main/New York 1998, S. 261.

–: Weltrisikogesellschaft revisited: Die terroristische Bedrohung, Forschung & Lehre 2/2002, 62.

–: Weltrisikogesellschaft. Auf der Suche nach der verlorenen Sicherheit, Frankfurt am Main 2007.

–: Die Wiederkehr der Gesellschaftsgeschichte, in: Benjamin Steiner, Nebenfolgen in der Geschichte. Eine historische Soziologie reflexiver Modernisierung, Berlin/München/Boston 2015, S. 11.

–*/Bonß, Wolfgang/Lau, Christoph*: Entgrenzung erzwingt Entscheidung: Was ist neu an der Theorie reflexiver Modernisierung?, in: Ulrich Beck/Christoph Lau (Hg.), Entgrenzung und Entscheidung: Was ist neu an der Theorie reflexiver Modernisierung?, Frankfurt am Main 2004, S. 13.

–*/Rosa, Harmut*: Eskalation der Nebenfolgen: Kosmopolitisierung, Beschleunigung und globale Risikosteigerung, in: Jörn Lamla u. a. (Hg.), Handbuch der Soziologie, Konstanz 2014, S. 465.

Becker, Egon/Jahn, Thomas: Krisendiskurse, in: Egon Becker/Thomas Jahn (Hg.), Soziale Ökologie. Grundzüge einer Wissenschaft von den gesellschaftlichen Naturverhältnissen, Frankfurt am Main/New York 2006.

Benthin, Sabine: Subventionspolitik und Subventionskriminalität. Zur Legitimität und Rationalität des Tatbestandes zum Subventionsbetrug (§ 264 StGB), Frankfurt am Main 2011.

Bernd, Christina: Im Unwissen liegt das Risiko, SZ vom 10.09.2012.

Bernstein, Peter L.: Wider die Götter. Die Geschichte der modernen Risikogesellschaft, 5. Aufl., Hamburg 2007.

Beyerl, Katharina: Der Klimawandel in der psychologischen Forschung, in: Martin Voss (Hg.), Der Klimawandel. Sozialwissenschaftliche Perspektiven, Wiesbaden 2010, S. 247.

BfR: Kommunikation von Risiko und Gefährdungspotenzial aus Sicht verschiedener Stakeholder, Berlin 2010.

BfS: Tschernobyl und die Folgen (Stand vom 13.05.2013) (URL: http://www.bfs.de/d e/bfs/publikationen/broschueren/ionisierende_strahlung/tschernobyl).

–: Fukushima (Stand vom 17.03.2015) (URL: http://www.bfs.de/de/kerntechnik/unf aelle/fukushima).

Biermayr, Peter/Haas, Reinhard: Aspekte der zukünftigen Kernenergienutzung, Wien 2008 (URL: http://www.eeg.tuwien.ac.at/eeg.tuwien.ac.at_pages/pu bliction s/pdf/BIE_REP_2008_1.pdf).

Binswanger, Hans Christoph: Neue Dimension des Risikos, ZfU 1990, 103.

Birnbacher, Dieter: Sind wir für die Natur verantwortlich?, in: ders. (Hg.), Ökologie und Ethik, Stuttgart 1980, S. 103.

–: Mensch und Natur. Grundzüge der ökologischen Ethik, in: Kurt Bayertz (Hg.), Praktische Philosophie. Grundorientierung angewandter Ethik, Hamburg 1991, S. 278.

–: Grenzen der Verantwortung, in: Kurt Bayertz (Hg.), Verantwortung. Prinzip oder Problem?, Darmstadt 1995, S. 143.

–: Verantwortung für zukünftige Generationen – Reichweite und Grenzen, in: Stiftung für die Rechte zukünftiger Generationen (Hg.), Handbuch Generationsgerechtigkeit, 2. Aufl., München 2003, S. 81.

–: Haben Embryonen Rechte?, in: Eckart Klein/Christoph Menke (Hg.), Der Mensch als Person und Rechtsperson. Grundlage der Freiheit, Berlin 2011, S. 149.

–: Analytische Einführung in die Ethik, 3. Aufl., Berlin/Boston 2013.

Blankart, Charles B.: Öffentliche Finanzen in der Demokratie. Eine Einführung in die Finanzwissenschaft, 8. Aufl., München 2011.

Bloy, René: Die Straftaten gegen die Umwelt im System des Rechtsgüterschutzes, ZStW 199 (1988), 485.

–: Umweltstrafrecht: Geschichte – Dogmatik – Zukunftsperspektiven, JuS 1997, 577.

–: Möglichkeiten und Grenzen der Gewährleistung von Sicherheit durch Strafrecht, in: Carsten Momsen/René Bloy/Peter Rackow (Hg.), Fragmentarisches Strafrecht. Beiträge zum Strafrecht, Strafprozeßrecht und zur Strafrechtsvergleichung. Für Manfred Maiwald aus Anlaß seiner Erinnerung, verfasst von seinen Schülern, Mitarbeitern und Freunden, Frankfurt am Main 2003, S. 9.

Bock, Michael: Ideen und Schimären im Strafrecht. Rechtssoziologische Anmerkungen zur Dogmatik der positiven Generalprävention, ZStW 103 (1991), 636.

Böhler, Dietrich (Hg.): Ethik für die Zukunft. Im Diskurs mit Hans Jonas, München 1994.

Böhme, Gernot: Am Ende des Baconschen Zeitalters. Studien zur Wissenschaftsentwicklung, Frankfurt am Main 1993.

Bolte, Karl Martin: Auf dem Weg in eine andere Zukunft. Wandlungen der Zukunftsvorstellungen in den Sozialwissenschaften, Soziale Welt 43 (1992), 117.

Bonß, Wolfgang: Unsicherheit und Gesellschaft – Argumente für eine soziologische Risikoforschung, Soziale Welt 42 (1991), 258.

–: Vom Risiko. Unsicherheit und Ungewißheit in der Moderne, Hamburg 1995.

–: Jenseits von Verwendung und Transformation: Strukturprobleme der Verwissenschaftlichung in der Zweiten Moderne, in: Hans-Werner Franz u. a. (Hg.), Forschen – lernen – beraten: Der Wandel von Wissensproduktion und -transfer in den Sozialwissenschaften, Hamburg 2003, S. 37.

Böschen, Stefan: Risikogenese. Prozesse gesellschaftlicher Gefahrenwahrnehmung: FCKW, DDT, Dioxin und Ökologische Chemie, Opladen 2000.

–/*Wehling, Peter*: Wissenschaft zwischen Folgenverantwortung und Nichtwissen: Aktuelle Perspektiven der Wissenschaftsforschung, Wiesbaden 2004.

Bottke, Wilfried: Das zukünftige Umweltstrafrecht, JuS 1980, 539.

Brahms, Katrin: Definition des Erfolges der Gewässerverunreinigung, Baden-Baden 1994.

Brand, Karl-Werner: Ökologische oder reflexive Modernisierung? Modernisierungstheoretische Implikationen eines ökologischen Reformprogramms, in: Martin Bemmann/Birgit Metzger/Roderich von Detten (Hg.), Ökologische Modernisierung. Zur Geschichte und Gegenwart eines Konzepts im Umweltpolitik und Sozialwissenschaften, Frankfurt am Main/New York 2014, S. 67.

Brandt, Karsten u. a.: 3. Sitzung, Kriminalisierung jenseits des Rechtsgutsdogmas, in: Roland Hefendehl/Andrew von Hirsch/Wolfgang Wohlers (Hg.), Die Rechtsgutstheorie. Legitimationsbasis des Strafrechts oder dogmatisches Glasperlenspiel?, Baden-Baden 2003, S. 303.

Braun, Annette: Die kriminelle Gewässerverunreinigung (§ 324 StGB). Eine Strafrechtliche Studie über die Verschmutzung von Gewässern unter Berücksichtigung von Kriminologie und Kriminalistik, Lübeck 1990.

Brenner, Andreas: Verantwortung und Leben. Von der dem Menschen angemessenen Stellung in der Natur, in: Bénédict Winiger u. a. (Hg.), Recht und Verantwortung. Kongress der Schweizerischen Vereinigung für Rechts- und

Sozialphilosophie, 11.–12. Juni 2010, Universität Zürich, Stuttgart 2012, S. 101.

Breuer, Rüdiger: Empfehlen sich Änderungen des strafrechtlichen Umweltschutz insbesondere in Verbindung mit dem Verwaltungsrecht, NJW 1988, 2072.

–: Verwaltungsrechtlicher und strafrechtlicher Umweltschutz – Vom ersten zum Zweiten Umweltkriminalitätsgesetz, JZ 1994, 1077.

Brieskorn, Norbert S. J.: Verantwortungsstrukturen in sozialethischer Sicht, in: Ulfrid Neumann/Lorenz Schulz (Hg.), Verantwortung in Recht und Moral. Referate der Tagung der Deutschen Sektion der Internationalen Vereinigung für Rechts- und Sozialphilosophie vom 2. bis zum 3. Oktober 1998 in Frankfurt am Main, Stuttgart 2000, S. 193.

Broecker, Wallace S.: Labor Erde. Bausteine für einen lebensfreundlichen Planeten, Berlin/Heidelberg 1995.

Bröckling, Ulrich: Die Macht der Vorbeugung. 16 Thesen zur Prävention, Widersprüche 86 (2002), 39.

–: Vorbeugen ist besser … Zur Soziologie der Prävention, Behemoth 1 (2008), 38.

Brüggemeier, Gert: Umwelthaftungsrecht – Ein Beitrag zum Recht der „Risikogesellschaft"?, KJ 1989, 209.

–: Jenseits des Verursacherprinzips? Zur Diskussion um den Kausalitätsnachweis im Umwelthaftungsrecht, KritV 1991, 297.

Buchanan, James M.: Ethical Rules, Expected Values, and Large Numbers, Ethics 76 (1965), 1.

Buddeberg, Eva: Verantwortung im Diskurs. Grundlinien einer rekonstruktiv-hermeneutischen Konzeption moralischer Verantwortung im Anschluss an Hans Jonas, Karl-Otto Apel und Emmanuel Lévinas, Berlin 2011.

Büscher, Christian: Formen ökologischer Aufklärung, in: Christian Büscher/Klaus Peter Japp (Hg.), Ökologische Aufklärung. 25 Jahre „Ökologische Kommunikation", Wiesbaden 2010, S. 19.

Bussmann, Kai-D.: Konservative Anmerkungen zur Ausweitung des Strafrechts nach dem Sechsten Strafrechtsreformgesetz, StV 1999, 613.

Calliess, Rolf-Peter: „Strafzwecke und Strafrecht. 40 Jahre Grundgesetz – Entwicklungstendenzen vom freiheitlichen zum sozial-autoritären Rechtsstaat?", NJW 1989, 1338.

Caroni, Pio: Rechtsgeschichte II (Geschichte des Privatrechts). Vorlesung an der Universität Bern Sommersemester 1999. Ausgezeichnet und bearbeitet von Marcel Küchler (URL: http://marcelkuechler.ch/pdf/skripte/rechtsgeschichte2.pdf).

Cho, Byung-Sun: Täterschaftsprobleme in den hierarchischen Organisationen in dem koreanischen Strafrecht aus der rechtvergleichenden Sicht, Ann. Ist. 61 (2012), 3.

Coleman, James S.: Macht und Gesellschaftsstruktur, übersetzt und mit einem Nachwort von Viktor Vanberg, Tübingen 1979.

Cramer, Peter: Der Vollrauschtatbestand als abstraktes Gefährdungsdelikt, Tübingen 1962.

Daele, Wolfgang van den: Zwanzig Jahre politische Kritik an den Experten. Wissenschaftliche Expertise in der Regulierung technischer Risiken: die aktuelle Erfahrung, in: Joseph Huber/Georg Thurn (Hg.), Wissenschaftsmilieus. Wissenschaftskontroversen und soziokulturelle Konflikte, Berlin 1993, S. 173.

Danner, Helmut: Verantwortung in Ethik und Pädagogik, Oberhausen 2010.

D'Avila, Fabio Roberto: Das Unrecht der Umweltdelikte – Einige Reflexionen über den Angriff auf Rechtsgüter im Bereich des Umweltstrafrechts, GA 2011, 578.

Daxenberger, Matthias: Kumulationseffekte. Grenzen der Erfolgszurechnung im Umweltstrafrecht, Baden-Baden 1997.

Denninger, Erhard: Der Präventions-Staat, KJ 1988, 1.

Detzner, Madeleine: Rückkehr zum „klassischen Strafrecht" und die Einführung einer Beweislastumkehr. Eine Untersuchung zur Entwicklung des Wirtschaftsstrafrechts am Beispiel des Subventionsbetrugs gem. § 264, 263 StGB, Frankfurt am Main 1998.

Dolde, Klaus-Peter: Zur Verwaltungsrechtsakzessorietät von § 327 StGB, NJW 1988, 2329.

Dölling, Dieter: Umweltstrafrecht und Verwaltungsrecht – Zur Bedeutung von Verwaltungsakten und materiellem Verwaltungsrecht für die Strafbarkeit des Bürgers wegen eines Umweltdelikts –, JZ 1985, 461.

–: Grundprobleme des Umweltstrafrechts aus juristischer und kriminologischer Sicht, in: Deutsche Richterakademie (Hg.), Natur- und Umweltschutzrecht. Justiz und Recht, Heidelberg 1989, S. 81.

–: Generalprävention durch Strafrecht: Realität oder Illusion?, ZStW 102 (1990), 1.

Dreier, Horst: Verantwortung im demokratischen Verfassungsstaat, in: Ulfrid Neumann/Lorenz Schulz (Hg.), Verantwortung in Recht und Moral. Referate der Tagung der Deutschen Sektion der Internationalen Vereinigung für Rechts- und Sozialphilosophie vom 2. bis zum 3. Oktober 1998 in Frankfurt am Main, Stuttgart 2000, S. 9.

Duque, Félix: Moderne/Postmoderne, in: Hans-Jörg Sandkühler (Hg.), Enzyklopädie Philosophie, Hamburg 1999, S. 859.

Duttge, Gunnar: Zur Bestimmtheit des Handlungsunwerts von Fahrlässigkeitsdelikten, Tübingen 2001.

– (Hg.): Das Ich und sein Gehirn: Die Herausforderung der neurobiologischen Forschung für das (Straf-)Recht, Göttingen 2009.

EEA: Late lessons from early warnings: the precautionary principle 1896–2000, Copenhagen 2001.

Engel, Christoph/Halfmann, Jost/Schulte, Martin (Hg.), Wissen – Nichtwissen – Unsicheres Wissen, Baden-Baden 2002.

Engisch, Karl: Empfiehlt es sich, die Strafbarkeit der juristischen Person gesetzlich vorzusehen? Referat zum 40. Deutschen Juristentag 1953, in: Ständige Deputation des Deutschen Juristentages (Hg.), Verhandlungen des 40. Deutschen Juristentages in Hamburg 1953, Bd. II, Sitzungsberichte E 7, Tübingen 1954 (zit: 40. DJT).

Erdt, Tom Joachim: Das verwaltungsakzessorische Merkmal der Unbefugtheit in § 324 StGB im Deliktsaufbau, Berlin u. a. 1997.

Eser, Albin: Hundert Jahre deutscher Strafgesetzgebung. Rückblick und Tendenzen, in: Arthur Kaufmann (Hg.), Rechtsstaat und Menschenwürde. Festschrift für Werner Maihofer zum 70. Geburtstag, Frankfurt am Main 1988, S. 109.

–: Umweltschutz: Eine Herausforderung für das Strafrecht – national und international, in: Hans-Heiner Kühne/Koichi Miyazawa (Hg.), Neue Strafrechtsentwicklungen im deutsch-japanischen Vergleich, Köln u. a. 1995, S. 97.

Evans, Edward Payson: The Criminal Prosecution and Capital Punishment of Animals. The Lost History of Europe's Animal Trials, New York 1906.

Ewald, François: Die Versicherungs-Gesellschaft, in: Ulrich Beck, Politik in der Risikogesellschaft. Essays und Analysen, Frankfurt am Main 1991, S. 288.

–: Der Vorsorgestaat. Frankfurt am Main 1993.

–: Die Rückkehr des *genius malignus*: Entwurf zu einer Philosophie der Vorbeugung, Soziale Welt 49 (1998), 5.

Felgentreff, Carsten/Kuhlicke, Christian/Westholt, Frank: Naturereignisse und Sozialkatastrophen, Berlin 2012.

Fernow, Hannes: Der Klimawandel im Zeitalter technischer Reproduzierbarkeit. Climate Engineering zwischen Risiko und Praxis, Wiesbaden 2014.

Fisahn, Andreas: Repressive Toleranz und der „Pluralismus" der Oligarchien, PROKLA 152 (2008), 355.

Fischer, Peter: Politische Ethik. Eine Einführung, München 2006.

Fischer, Thomas: Strafgesetzbuch mit Nebengesetzen, 63. Aufl., München 2016.

Fischhoff, Baruch u. a.: How Safe is Safe Enough? A Psychometric Study of Attitudes Towards Technological Risks and Benefits, Policy Science 9 (1978), 127.

FAZ: „Leben in der Sperrzone“ vom 21.04.2006.

Frehsee, Detlev: Die Strafe auf dem Prüfstand. Verunsicherungen des Strafrechts angesichts gesellschaftlicher Modernisierungsprozesse, StV 1996, 222.

Freund, Georg: Erfolgsdelikt und Unterlassen. Zu den Legitimationsbedingungen von Schuldspruch und Strafe, Köln u. a. 1992.

–: Strafrecht Allgemeiner Teil. Personale Straftatlehre, 2. Aufl., Berlin u. a. 2009.

Frisch, Wolfgang: Vorsatz und Risiko. Grundfragen des tatbestandsmäßigen Verhaltens und des Vorsatzes. Zugleich ein Beitrag zur Behandlung außertatbestandlicher Möglichkeitsvorstellungen, Köln u. a. 1983.

–: Verwaltungsakzessorietät und Tatbestandsverständnis im Umweltstrafrecht. Zum Verhältnis von Umweltverwaltungsrecht und Strafrecht und zur strafrechtlichen Relevanz behördlicher Genehmigungen, Heidelberg 1993.

–: An den Grenzen des Strafrechts, in: Friedrich Dencker u. a. (Hg.), Beiträge zur Rechtswissenschaft. Festschrift für Walter Stree und Johannes Wessels zum 70. Geburtstag, Heidelberg 1993, S. 69.

–: Gesellschaftlicher Wandel als formende Kraft und als Herausforderung des Strafrechts, in: Heinz Müller-Dietz u. a. (Hg.), Festschrift für Heike Jung: Zum 65. Geburtstag am 23. April 2007, Baden-Baden 2007, S. 189.

Gaede, Karsten/Mühlbauer, Tilo: 2. Sitzung, Rechtsgüterschutz und Zurechnungsprobleme, in: Roland Hefendehl/Andrew von Hirsch/Wolfgang Wohlers (Hg.), Die Rechtsgutstheorie. Legitimationsbasis des Strafrechts oder dogmatisches Glasperlenspiel?, Baden-Baden 2003, S. 297.

Gallas, Wilhelm: Abstrakte und konkrete Gefährdung, in: Hans Lüttger (Hg.), Festschrift für Ernst Heinitz zum 70. Geburtstag am 1. Januar 1971, Berlin 1972, S. 171.

Gärditz, Klaus Ferdinand: Strafbegründung und Demokratieprinzip, Der Staat 49 (2010), 331.

Geis, Anna: Komplexität, Kontingenz und Nichtwissen als Herausforderungen demokratischen Regierens, in: Katrin Toens/Ulrich Willems (Hg.), Politik und Kontingenz, Wiesbaden 2012, S. 143.

Gerber, Doris: Der Begriff der kollektiven Verantwortung: Ist individuelle Verantwortung das richtige Modell für kollektive Verantwortung?. in: Doris Gerber/Véronique Zanetti (Hg.), Kollektive Verantwortung und internationale Beziehungen, Berlin 2010, S. 66.

Gesamtverband der Deutschen Versicherungswirtschaft e. V. (GDV): Stellungnahme. „Sind die Risiken der Gentechnik durch Versicherungen abzudecken?“ (URL: http://www.keine-gentechnik.de/bibliothek/anbau/rechtliches/gdv_stellungnahm e_gvo_versicherung_040825.pdf).

Giddens, Anthony: The Nation-State and Violence. Volume Two of A Contemporary Critique of Historical Materialism, Cambridge 1985.

–: The Consequences of Modernity, Cambridge 1991.

–: Modernity and Self-Identity. Self and Society in the Late Modern Age, Cambridge 1991.

–: The Politics of Climate Change, Cambridge 2009.

Gobert, James/Pascal, Ana-Maria (Hg.): European Developments in Corporate Criminal Liability, London/New York 2011.

Gosepath, Stefan: Politische Verantwortung und rechtliche Zurechnung, in: Matthias Kaufmann/Joachim Renzikowski (Hg.), Zurechnung und Verantwortung. Tagung der Deutschen Sektion der Internationalen Vereinigung für Rechts- und Sozialphilosophie vom 22.–24. September 2010 in Halle (Saale), Stuttgart 2012, S. 17.

Gössel, Karl-Heinz: Das Rechtsgut als ungeschriebenes strafbarkeitseinschränkendes Tatbestandsmerkmal. Zugleich ein Versuch über das Verhältnis von Rechtsgut, Tatbestand und Norm, in: Rolf Dietrich Herzberg (Hg.), Festschrift für Dietrich Oehler zum 70. Geburtstag, Köln u. a. 1985, S. 97.

Graul, Eva: Abstrakte Gefährdungsdelikte und Präsumtionen im Strafrecht, Berlin 1991.

Grieswelle, Detlef: Politische Rhetorik: Macht der Rede, öffentliche Legitimation, Stiftung von Konsens, Wiesbaden 2000.

Grobe, Karl: Sperrzone doppelt so groß wie das Saarland, in: FR vom 27.09.2010.

Gruber, Malte-Christian: Rechtsschutz für nichtmenschliches Leben. Der moralische Status des Lebendigen und seine Implementierung in Tierschutz-, Naturschutz- und Umweltrecht, Baden-Baden 2006.

Grunwald, Armin: Verantwortung der Wissenschaften – Rückzug aufs Objektive?, in: Matthias Kaufmann/Joachim Renzikowski (Hg.), Zurechnung und Verantwortung. Tagung der Deutschen Sektion der Internationalen Vereinigung für Rechts- und Sozialphilosophie vom 22.–24. September 2010 in Halle (Saale), Stuttgart 2012, S. 109.

Günther, Klaus: Die Zuschreibung strafrechtlicher Verantwortlichkeit auf der Grundlage des Verstehens, in: Klaus Lüderssen (Hg.), Aufgeklärte Kriminalpolitik oder Kampf gegen das Böse?, Band I: Legitimationen, Baden-Baden 1998, S. 319.

–: Verantwortlichkeit in der Zivilgesellschaft, in: Stefan Müller-Doohm (Hg.), Das Interesse der Vernunft. Rückblicke auf das Werk von Jürgen Habermas seit „Erkenntnis und Interesse", Frankfurt am Main 2000, S. 465.

–/*Prittwitz, Cornelius*: Individuelle und kollektive Verantwortung im Strafrecht, in: Ulfrid Neumann/Felix Herzog (Hg.), Festschrift für Winfried Hassemer, Heidelberg 2010, S. 331.

de Haan, Gerhard/Kuckartz, Udo: Umweltbewußtsein: Denken und Handeln in Umweltkrisen, Opladen 1996.

Haas, Volker: Organisierte Unverantwortlichkeit – wie kann man Kollektive strafrechtlich zur Verantwortung ziehen?, in: Matthias Kaufmann/Joachim Renzikowski (Hg.), Zurechnung und Verantwortung. Tagung der Deutschen Sektion der Internationalen Vereinigung für Rechts- und Sozialphilosophie vom 22.–24. September 2010 in Halle (Saale), Stuttgart 2012, S. 125.

Habermas, Jürgen: Der philosophische Diskurs der Moderne. Zwölf Vorlesungen, Frankfurt am Main 1985.

–: Erläuterungen zur Diskursethik, Frankfurt am Main 1992.

–: Die Moderne – Ein unvollendetes Projekt. Philosophisch-politische Aufsätze, 3. Aufl., Leipzig 1994.

–: Glauben und Wissen. Friedenspreis des Deutschen Buchhandels 2001, Frankfurt am Main 2001.

–: Die Zukunft der menschlichen Natur. Auf dem Weg zu einer liberalen Eugenik?, Frankfurt am Main 2002.

Hadding, Walther/Kießling, Erik: Anfänge deutschen Aktienrechts: Das preußische Aktiengesetz vom 9. November 1843, in: Jörn Eckert (Hg.), Der praktische Nutzen der Rechtsgeschichte. Hans Hattenhauer zum 8. September 2001, Heidelberg 2003, S. 159.

Haffke, Bernhard: Problemaufriß: Die Bedeutung der sozialpsychologischen Funktion von Schuld und Schuldunfähigkeit für die strafrechtliche Schuldlehre, in: Winfried Hassemer/Klaus Lüderssen (Hg.), Sozialwissenschaften im Studium des Rechts, Bd. 3: Strafrecht, München 1978, S. 153.

–: Vom Rechtsstaat zum Sicherheitsstaat, KJ 2005, 17.

Hagendorff, Thilo: Sozialkritik und soziale Steuerung: Zur Methodologie systemangepasster Aufklärung, Bielefeld 2014.

Hager, Günter/Leonhard, Marc: Maßnahmen zur rechtlichen Bewältigung der Haftung für Massenschäden, ZRP 1998, 302.

Hardin, Garrett: The Tragedy of the Commons, Science 162 (1968), 1243.

Hart, Herbert L. A.: Punishment and Responsibility, Oxford/London 1968.

Hassemer, Winfried: Theorie und Soziologie des Verbrechens. Ansätze zu einer praxisorientierten Rechtsgutslehre, Frankfurt am Main 1980.

–: Über die Berücksichtigung von Folgen bei der Auslegung der Strafgesetze, in: Norbert Horn (Hg.), Europäisches Rechtsdenken in Geschichte und

Gegenwart. Festschrift für Helmut Coing zum 70. Geburtstag, Band I, München 1982, S. 493.
–: Prävention im Strafrecht, JuS 1987, 257.
–: Grundlinien einer personalen Rechtsgutslehre, in: Lothar Philipps/Heinrich Scholler (Hg.), Jenseits des Funktionalismus. Arthur Kaufmann zum 65. Geburtstag, Heidelberg 1989, S. 85.
–: Symbolisches Strafrecht und Rechtsgüterschutz, NStZ 1989, 553.
–: Einführung in die Grundlagen des Strafrechts, 2. Aufl., München 1990.
–: Rechtsphilosophie, Rechtswissenschaft, Rechtspolitik – am Beispiel des Strafrechts, in: Robert Alexy/Ralf Dreier/Ulfrid Neumann (Hg.), Rechts- und Sozialphilosophie in Deutschland heute. Beiträge zur Standortbestimmung, Stuttgart 1991, S. 130.
–: Rauschgiftbekämpfung durch Rauschgriff?, JuS 1992, 110.
–: Produktverantwortung im modernen Strafrecht, Heidelberg 1994.
–: Perspektiven einer neuen Kriminalpolitik, StV 1995, 483.
–: Welche Zukunft hat das Strafrecht, in: Gunnar Duttge u. a. (Hg.), Gedächtnisschrift für Ellen Schlüchter, Köln 2002, S. 133.
–: Sicherheit durch Strafrecht. Eröffnungsvortrag Strafverteidigertag 24.3.2006, Frankfurt/M., Paulskirche, StV 2006, 321.
–: Strafrecht, Prävention, Vergeltung. Eine Beipflichtung, in: Andreas Hoyer u. a. (Hg.), Festschrift für Friedrich-Christian Schroeder zum 70. Geburtstag, Heidelberg 2006, S. 51.
–: Erscheinungsformen des modernen Rechts, Frankfurt am Main 2007.
–/*Lüderssen, Klaus/Naucke, Wolfgang*: Hauptprobleme der Generalprävention, Frankfurt am Main 1979.
–/*Meinberg, Volker*: Umweltschutz durch Strafrecht, Neue Kriminalpolitik 1989, 46.
–/*Reemtsma, Jan Philipp*: Verbrechensopfer. Gesetz und Gerechtigkeit, München 2002.
Hattenhauer, Christian: „Der Mensch als solcher rechtsfähig" – Von der Person zur Rechtsperson, in: Eckart Klein/Christoph Menke (Hg.), Der Mensch als Person und Rechtsperson. Grundlage der Freiheit, Berlin 2011, S. 39.
Hebestreit, Natascha: Die Verantwortung des Wirtschaftsakteurs. Eine vertragstheoretische Betrachtung, Wiesbaden 2015.
Hefendehl, Roland: Kollektive Rechtsgüter im Strafrecht, Köln u. a. 2002.
–: Die Materialisierung von Rechtsgut und Deliktsstruktur, GA 2002, 21.

–: Außerstrafrechtliche und strafrechtliche Instrumentarien zur Eindämmung der Wirtschaftskriminalität, ZStW 119 (2007), 816.

Heghmanns, Michael: Grundzüge einer Dogmatik der Straftatbestände zum Schutz von Verwaltungsrecht oder Verwaltungshandeln, Berlin 2000.

Heidbrink, Ludger: Die Rolle des Verantwortungsbegriffs in der Wirtschaftsethik, 2010 (URL: http://www.responsibility-research.de/resources/WP_9_Verantwort ungsbegriff_in_der_Wirtschaftsethik.pdf).

Heidenreich, Martin: Die Debatte um dic Wissensgesellschaft, in: Stefan Böschen/Ingo Schulz-Schaeffer (Hg.), Wissenschaft in der Wissensgesellschaft, Wiesbaden 2003, S. 25.

Heine, Günter: Die strafrechtliche Verantwortlichkeit von Unternehmen. Von individuellem Fehlverhalten zu kollektiven Fehlentwicklungen, insbesondere bei Großrisiken, Baden-Baden 1995.

–: Beweisumkehr im Strafverfahren?, JZ 1995, 651.

–: Die Strafrechtswissenschaft vor den Aufgaben der Zukunft, in: Albin Eser/Winfried Hassemer/Björn Burkhardt (Hg.), Die deutsche Strafrechtswissenschaft vor der Jahrtausendwende. Rückbesinnung und Ausblick. Dokumentation einer Tagung vom 3.–6. Oktober 1999 in der Berlin-Brandenburgischen Akademie der Wissenschaften, München 2000, S. 397.

Heinrich, Manfred: Strafrecht als Rechtsgüterschutz – ein Auslaufmodell? Zur Unverbrüchlichkeit des Rechtgutsdogmas, in: ders. u. a. (Hg.), Strafrecht als Scientia Universalis. Festschrift für Claus Roxin zum 80. Geburtstag am 15. Mai 2011, Berlin/New York 2011, S. 131.

Hellmann, Kai-Uwe: Systemtheorie und neue soziale Bewegungen. Identitätsprobleme in der Risikogesellschaft, Opladen 1996.

Henkel, Wolfgang: Zur Theorie der Juristischen Person im 19. Jahrhundert. Geschichte und Kritik der Fiktionstheorien, Göttingen 1972.

Hensing, Ingo/Pfaffenberger, Wolfgang/Ströbele, Wolfgang: Energiewirtschaft. Einführung in Theorie und Politik, München/Wien 1998.

Herzog, Felix: Gesellschaftliche Unsicherheit und strafrechtliche Daseinsvorsorge. Studien zur Vorverlegung des Strafrechtsschutzes in den Gefährdungsbereich, Heidelberg 1991.

–: Risikogesellschaft, Risikostrafrecht, Risikoregulierung – Über das Strafrecht hinausweisende Perspektiven –, in: Ulfrid Neumann/Cornelius Prittwitz (Hg.), Kritik und Rechtfertigung des Strafrechts, Frankfurt am Main 2005, S. 117.

Heun, Werner: Staatliche Risikosteuerung und Verfassung, RW 2001, 376.

Hilbeck, Angelika/Meyer, Hartmut: Die Risikoabschätzung gentechnisch veränderter Pflanzen ist unzureichend, Zeit-Online vom 07.03.2012.

Hildebrandt, Eckhart: Nachhaltige Lebensführung unter den Bedingungen sozialer Krise – einige Überlegungen, in: Karl-Werner Brand (Hg.), Nachhaltige Entwicklung. Eine Herausforderung an die Soziologie, Opladen 1997, S. 235.

Hilgendorf, Eric: Gibt es ein „Strafrecht der Risikogesellschaft"? – Ein Überblick –, NStZ 1993, 10.

–: Strafrechtliche Produzentenhaftung in der „Risikogesellschaft", Berlin 1993.

Hillenkamp, Thomas: Hirnforschung, Willensfreiheit und Strafrecht – Versuch einer Zwischenbilanz, ZStW 127 (2015), 10.

Hilpold, Peter (Hg.): Die Schutzverantwortung (R2P). Ein Paradigmenwechsel in der Entwicklung des Internationalen Rechts?, Leiden 2013.

von Hippel, Eike: Grundfragen der Rechtspolitik, JZ 1984, 953.

Hirsch, Hans Joachim: Strafrecht als Mittel zur Bekämpfung neuer Kriminalitätsformen?, in: Hans-Heiner Kühne/Koichi Miyazawa (Hg.), Neue Strafrechtsentwicklungen im deutsch-japanischen Vergleich, Köln u. a. 1995, S. 11.

–: Straf- und Strafprozeßrecht gegenüber neuen Formen und Techniken der Kriminalität, in: Günther Kohlmann (Hg.), Hans Joachim Hirsch. Strafrechtliche Probleme. Schriften aus drei Jahrzehnten, Berlin 1999, S. 162.

–: Konkrete und abstrakte „Gefährdungsdelikte", in: Günther Kohlmann (Hg.), Hans Joachim Hirsch. Strafrechtliche Probleme. Schriften aus drei Jahrzehnten, Berlin 1999, S. 622.

–: Systematik und Grenzen der Gefahrdelikte, in: Ulrich Sieber (Hg.), Strafrecht und Wirtschaftsstrafrecht. Dogmatik, Rechtsvergleich, Rechtstatsachen. Festschrift für Klaus Tiedemann zum 70. Geburtstag, Köln u. a. 2008, S. 145.

von Hirsch, Andrew: Extending the Harm Principle: "Remote" Harms and Fair Imputation, in: A. P. Simester/A. T. H. Smith (Hg.), Harm and Culpability, Oxford 2012, S. 260.

–/*Wohlers, Wolfgang*: Rechtsgutstheorie und Deliktsstruktur – zu den Kriterien fairer Zurechnung, in: Roland Hefendehl/Andrew von Hirsch/Wolfgang Wohlers (Hg.), Die Rechtsgutstheorie. Legitimationsbasis des Strafrechts oder dogmatisches Glasperlenspiel?, Baden-Baden 2003, S. 196.

Hobsbawm, Eric J.: The Age of Extremes. The Short Twentieth Century, 1914–1991, London 1994.

Hoerster, Norbert: Zur Generalprävention aus dem Zweck staatlichen Strafens, GA 1970, 272.

–: Haben Tiere eine Würde? Grundfrage der Tierethik, München 2004.

Höffe, Otfried: Schulden die Menschen einander Verantwortung? Skizze einer fundamentalethischen Legitimation, in: Ernst-Joachim Lampe (Hg.), Verantwortlichkeit und Recht, Opladen 1989, S. 12.

–: Moral als Preis der Moderne. Ein Versuch über Wissenschaft, Technik und Umwelt, Frankfurt am Main 1993.

Hoffmann, Jürgen: Freiheit und Demokratie gegen Ökologie? Überlegungen zur Vereinbarkeit von Freiheits- und Demokratienormen mit einer ökologischen Politik in der kapitalistischen Industriegesellschaft, PROKLA 84 (1991), 461.

Hohmann, Olaf: Das Rechtsgut der Umweltdelikte. Grenzen des strafrechtlichen Umweltschutzes, Frankfurt am Main 1991.

–: Von den Konsequenzen einer personalen Rechtsgutsbestimmung im Umweltstrafrecht, GA 1992, 76.

Höhn, Hans-Joachim: Ökologische Sozialethik. Grundlagen und Perspektiven, Paderborn u. a. 2001.

Holzinger, Markus: Natur als sozialer Akteur. Realismus und Konstruktivismus in der Wissenschafts- und Gesellschaftstheorie, Opladen 2004.

Honig, Richard M.: Die Einwilligung des Verletzten: 1. Die Geschichte des Einwilligungsproblems und die Methodenfrage, Mannheim u. a. 1919.

Hood, Christopher/Jones, David K. C. (Hg.): Accident and Design: Contemporary Debates in Riske Management, London 1996.

Horkheimer, Max/Adorno, Theodor W.: Dialektik der Aufklärung. Philosophische Fragmente, Frankfurt am Main 1988.

Horn, Eckhard: Umweltschutz durch Strafrecht, NuR 1988, 63.

Hösle, Vittorio: Philosophie der ökologischen Krise. Moskauer Vorträge, München 1991.

Hoyer, Andreas: Zum Begriff der „abstrakten Gefahr", JA 1990, 183.

Hümbs-Krusche, Margret/Hümbs, Matthias: Die strafrechtliche Erfassung von Umweltbelastungen – Strafrecht als ultima ratio der Umweltpolitik? – Eine empirische Untersuchung, Stuttgart u. a. 1982.

–: Die Effektivität gesetzgeberischer Initiativen im Umweltstrafrecht, ZRP 1984, 61.

Immler, Hans: Vom Wert der Natur. Zur ökologischen Reform von Wirtschaft und Gesellschaft, 2. Aufl., Opladen 1990.

Isensee, Josef: Das Grundrecht auf Sicherheit. Zu den Schutzpflichten des freiheitlichen Verfassungsstaates. Vortrag gehalten vor der Berliner Juristischen Gesellschaft am 24. November 1982, Berlin 1983.

Jaeckel, Liv: Gefahrenabwehrrecht und Risikodogmatik. Moderne Technologien im Spiegel des Verwaltungsrechts, Tübingen 2010.

Jakobs, Günther: Kriminalisierung im Vorfeld einer Rechtsgutsverletzung, ZStW 97 (1985), 751.

–: Strafrecht. Allgemeiner Teil. Die Grundlagen und die Zurechnungslehre, 2. Aufl., Berlin 1993.

–: Staatliche Strafe: Bedeutung und Zweck, Paderborn u. a. 2004.

–: System der strafrechtlichen Zurechnung, Frankfurt am Main 2012.

Jänicke, Martin: Umweltpolitische Prävention als ökologische Modernisierung und Strukturwandel, Berlin 1984.

Japp, Klaus Peter: Risiko und Gefahr. Zum Problem authentischer Kommunikation, in: Christian Büscher/Klaus Peter Japp (Hg.), Ökologische Aufklärung. 25 Jahre „Ökologische Kommunikation", Wiesbaden 2010, S. 281.

Jescheck, Hans-Heinrich/Weigend, Thomas: Lehrbuch des Strafrechts. Allgemeiner Teil, 5. Aufl., Berlin 1996.

Joecks, Wolfgang/Miebach, Klaus (Hg.): Münchener Kommentar zum Strafgesetzbuch, Band 1 §§ 1–37 StGB, 2. Aufl., München 2011 (zit: MK-*Bearbeiter*).

Jonas, Hans: Das Prinzip Verantwortung. Versuch einer Ethik für die technologische Zivilisation, Frankfurt am Main 1979.

–: Technik, Medizin und Ethik. Zur Praxis des Prinzips Verantwortung, Frankfurt am Main 1985.

Jungermann, Helmut/Slovic, Paul: Die Psychologie der Kognition und Evaluation von Risiko, in: Gotthard Bechmann (Hg.), Risiko und Gesellschaft. Grundlagen und Ergebnisse interdisziplinärer Risikoforschung, Opladen 1993, S. 167.

Kaiser, Günther: Kriminologie – Ein Lehrbuch, 3. Aufl., Heidelberg 1996.

–: Strafrechtliche Sozialkontrolle unter den Bedingungen der Globalisierung, in: Heinz Müller-Dietz u. a. (Hg.), Festschrift für Heike Jung. Zum 65. Geburtstag am 23. April 2007, Baden-Baden 2007, S. 379.

Kamps, Klaus: Politisches Kommunikationsmanagement. Grundlagen und Professionalisierung moderner Politikvermittlung, Wiesbaden 2007.

Kareklas, Stefano Emm.: Die Lehre vom Rechtsgut und das Umweltstrafrecht, Tübingen 1990.

Kargl, Walter: Friedenssicherung durch Strafrecht. Teleologische Strafrechtfertigung am Beispiel der Tötungsdelikte, ARSP 82 (1996), 485.

Kaschner, Holger: Neues Risiko Terrorismus: Entgrenzung, Umgangsmöglichkeiten, Alternativen, Wiesbaden 2008.

Kaspar, Johannes: Verhältnismäßigkeit und Grundrechtsschutz im Präventionsstrafrecht, Baden-Baden 2014.

Kaufmann, Arthur: Unrecht und Schuld beim Delikt der Volltrunkenheit, JZ 1963, 425.

–: Das Schuldprinzip. Eine strafrechtlich-rechtsphilosophische Untersuchung, 2. Aufl., Heidelberg 1976.

–: Subsidiaritätsprinzip und Strafrecht, in: ders., Strafrecht zwischen Gestern und Morgen. Ausgewählte Aufsätze und Vorträge, Köln u. a. 1983, S. 81.

–: Schuld und Prävention, in: Christian Broda u. a. (Hg.), Festschrift für Rudolf Wassermann zum sechzigsten Geburtstag, Darmstadt 1985, S. 889.

–: Rechtsphilosophie in der Nach-Neuzeit. Abschiedsvorlesung, Heidelberg 1990.

–: Gibt es Rechte der Natur?, in: Manfred Seebode (Hg.), Festschrift für Günter Spendel zum 70. Geburtstag am 11. Juli 1992, Berlin/New York 1992, S. 59.

–: Rechtsphilosophie, 2. Aufl., München 1997.

–: Rechtsphilosophie, Rechtstheorie, Rechtsdogmatik, in: Arthur Kaufmann/Winfried Hassemer/Ulfrid Neumann (Hg.), Einführung in die Rechtsphilosophie und Rechtstheorie der Gegenwart, 8. Aufl., Heidelberg 2011, S. 1.

Kaufmann, Felix-Xaver: Sicherheit als soziologisches und sozialpolitisches Problem. Untersuchungen zu einer Wertidee hochdifferenzierter Gesellschaften, 2. Aufl., Stuttgart 1973.

–: Der Ruf nach Verantwortung. Risiko und Ethik in einer unüberschaubaren Welt, Freiburg im Breisgau 1992.

–: Risiko, Verantwortung und gesellschaftliche Komplexität, in: Kurt Bayertz (Hg.), Verantwortung. Prinzip oder Problem?, Darmstadt 1995, S. 72.

Kempken, Franz/Kempken, Renate: Gentechnik bei Pflanzen. Chancen und Risiken, 4. Aufl., Berlin/Heidelberg 2012.

Kim, Yookeun: Individuelle und kollektive Zurechnung. Schwierigkeiten mit der Bestrafung von Unternehmern und Unternehmen, Basel 2007.

Kim, Young-Whan: Über die Verantwortungsstruktur in der Risikogesellschaft, in: Ulfrid Neumann/Felix Herzog (Hg.), Festschrift für Winfried Hassemer, Heidelberg 2010, S. 85.

–: Verhaltensdelikte versus Rechtsgutsverletzungen – Zur aktuellen Diskussion um einen materiellen Verbrechensbegriff, ZStW 124 (2012), 591.

Kindhäuser, Urs: Gefährdung als Straftat. Rechtstheoretische Untersuchungen zur Dogmatik der abstrakten und konkreten Gefährdungsdelikte, Frankfurt am Main 1989.

–: Rechtstheoretische Grundfragen des Umweltstrafrechts, in: Klaus Letzgus u. a. (Hg.), Für Recht und Staat. Festschrift für Herbert Helmrich zum 60. Geburtstag, München 1994, S. 967.

–: Zur Legitimität der abstrakten Gefährdungsdelikte im Wirtschaftsstrafrecht, in: Bernd Schünemann/Carlos Suárez González (Hg.), Bausteine des europäischen Wirtschaftsstrafrechts. Madrid-Symposium für Klaus Tiedemann, Köln u. a. 1994, S. 125.

–: Rationaler Rechtsgüterschutz durch Verletzungs- und Gefährdungsverbote, in: Klaus Lüderssen (Hg.), Aufgeklärte Kriminalpolitik oder Kampf gegen das Böse?, Band I: Legitimationen, Baden-Baden 1998, S. 263.

–: Rechtsgüterschutz durch Gefährdungsdelikte, in: Knut Amelung/Hans-Ludwig Günther/Hans-Heiner Kühne (Hg.), Festschrift für Volker Krey. Zum 70. Geburtstag am 9. Juli 2010, Stuttgart 2010, S. 249.

–: Strafrecht. Allgemeiner Teil, 7. Aufl., Baden-Baden 2015.

–/Neumann, Ulfrid/Paeffgen, Hans-Ullrich (Hg.): Nomos Kommentar zum Strafgesetzbuch, 4. Aufl., Baden-Baden 2013 (zit.: NK-*Bearbeiter*).

Kinkel, Klaus: Möglichkeiten und Grenzen der Bewältigung von umwelttypischen Distanz- und Summationsschäden, ZRP 1989, 293.

Kleine-Cosack, Eva: Kausalitätsprobleme im Umweltstrafrecht. Die strafrechtliche Relevanz der Schwierigkeiten naturwissenschaftlicher Kausalfeststellung im Umweltbereich, Berlin 1988.

Köhler, Michael: Der Begriff der Strafe, Heidelberg 1986.

–: Strafrecht. Allgemeiner Teil, Berlin/Heidelberg 1997.

–: Der Begriff der Zurechnung, in: Thomas Weigend/Georg Küpper (Hg.), Festschrift für Hans Joachim Hirsch zum 70. Geburtstag am 11. April 1999, Berlin/New York 1999, S. 65.

Kötz, Hein/Wagner, Gerhard: Deliktsrecht, 12. Aufl., München 2013.

Kleiber, Michael: Der grundrechtliche Schutz künftiger Generationen, Tübingen 2014.

Klement, Jan Henrik: Verantwortung. Funktion und Legitimation eines Begriffs im Öffentlichen Recht, Tübingen 2006.

Knoepffler, Nikolaus: Angewandte Ethik. Ein systematischer Leitfaden, Köln/Weimar/Wien 2010.

Kloepfer, Michael: Anthropozentrik versus Ökozentrik als Verfassungsproblem, in: ders. (Hg.), Umweltstaat als Zukunft. Juristische, ökonomische und philosophische Aspekte. Ergebnisse des Ladenburger Kollegs „Umweltstaat", Bonn 1994, S. 195.

–/*Heger, Martin*: Umweltstrafrecht, 3. Aufl., München 2014.

König, Stefan: Rechtsstaatsmüdigkeit?, StV 2001, 471.

Korenjak, Thomas/Ungericht, Bernhard/Raith, Dirk: Unternehmen als verantwortungsfähige Akteure. Ein Beitrag zur Zurechenbarkeit von Verantwortung in Zeiten der Globalisierung, in: Doris Gerber/Véronique Zanetti (Hg.), Kollektive Verantwortung und internationale Beziehungen, Berlin 2010, S. 137.

Koriath, Heinz: Zum Streit um den Begriff des Rechtsguts, GA 1999, 561.

–: Zum Streit um die Gefährdungsdelikte, GA 2001, 51.

Krasmann, Susanne: Die Kriminalität der Gesellschaft. Zur Gouvernementalität der Gegenwart, Konstanz 2003.

Kratzsch, Dietrich: Die Bemühungen um Präzisierung der Ansatzformel (§ 22 StGB) – ein absolut untauglicher Versuch? (Teil 1), JA 1983, 420.

–: Die Bemühungen um Präzisierung der Ansatzformel (§ 22 StGB) – ein absolut untauglicher Versuch? (Teil 2), JA 1983, 578.

–: Verhaltenssteuerung und Organisation im Strafrecht. Ansätze zur Reform des strafrechtlichen Unrechtsbegriffs und der Regeln der Gesetzesanwendung, Berlin 1985.

–: Aufgaben- und Risikoverteilung als Kriterien der Zurechnung im Strafrecht, in: Rolf Dietrich Herzberg (Hg.), Festschrift für Dietrich Oehler zum 70. Geburtstag, Köln u. a. 1985, S. 65.

–: Zum Erfolgsunrecht der schweren Brandstiftung – Zugleich Besprechung der Urteile des BGH vom 18.6.1986 (BGHSt. 34, 115) –, JR 1987, 360.

–: Prävention und Unrecht – eine Replik, GA 1989, 49.

–: Prinzipien der Konkretisierung von abstrakten Gefährdungsdelikten – BGHSt 38, 309, JuS 1994, 372.

Kreeb, Karl Heinz: Ökologie und menschliche Umwelt. Geschichte – Bedeutung – Zukunftsaspekte, Stuttgart/New York 1979.

Krebs, Angelika (Hg.): Naturethik. Grundtexte der gegenwärtigen tier- und ökoethischen Diskussion, Frankfurt am Main 1997.

–: Naturethik im Überblick, in: dies. (Hg.): Naturethik. Grundtexte der gegenwärtigen tier- und ökoethischen Diskussion, Frankfurt am Main 1997, S. 337.

–: Hat die Natur Eigenwert?, in: Rolf Gröschner/Martin Morlok (Hg.), Rechtsphilosophie und Rechtsdogmatik in Zeiten des Umbruchs. Tagung der Deutschen Sektion der IVR in Jena 26. bis 28. September 1996, Stuttgart 1997, S. 194.

Krey, Volker/Hellmann, Uwe/Heinrich, Manfred: Strafrecht Besonderer Teil. Studienbuch in systematisch-induktiver Darstellung, Band 1: Besonderer Teil ohne Vermögensdelikte, 16. Aufl. Stuttgart 2015.

Krüger, Matthias: Die Entmaterialisierungstendenz beim Rechtsgutsbegriff, Berlin 2000.

Krusche, Matthias: Umweltpolitik im Spannungsfeld industrieller Interessen und gesetzgeberischer Notwendigkeiten, ZRP 1985, 303.

Kühl, Kristian: Anthropozentrische oder nichtanthropozentrische Rechtsgüter im Umweltstrafrecht?, in: Julian Nida-Rümelin/Dietmar v. d. Pfordten (Hg.), Ökologische Ethik und Rechtstheorie, Baden-Baden 1995, S. 245.

Kuhlen, Lothar: Der Handlungserfolg der strafbaren Gewässerverunreinigung (§ 324 StGB), GA 1986, 389.

–: Buchbesprechung: Urs Kindhäuser, Gefährdung als Straftat, 1989, GA 1990, 477.

–: Umweltstrafrecht – auf der Suche nach einer neuen Dogmatik, ZStW 105 (1993), 697.

–: Zum Strafrecht der Risikogesellschaft, GA 1994, 347.

–: Die Zukunft des Strafrechts, in: Ulfrid Neumann/Cornelius Prittwitz (Hg.), Kritik und Rechtfertigung des Strafrechts, Frankfurt am Main 2005, S. 109.

–: Rechtsgüter und neuartige Deliktstypen, in: Andrew von Hirsch/Kurt Seelmann/Wolfgang Wohlers (Hg.), Mediating Principles. Begrenzungsprinzipien bei der Strafbegründung, Baden-Baden 2006, S. 148.

Kuhlicke, Christian/Kruse, Sylvia: Nichtwissen und Resilienz in der lokalen Klimaanpassung. Widersprüche zwischen theoriegeleiteten Handlungsempfehlungen und empirischen Befunden am Beispiel des Sommerhochwassers 2002, GAIA 18 (2009), 247.

Küng, Hans: Projekt Weltethos, München 1990.

Kunz, Karl-Ludwig: Prävention und gerechte Zurechnung. Überlegungen zur normativen Kontrolle utilitaristischer Strafbegründung, ZStW 98 (1986), 823.

Küppers, Bernd-Olaf: Nur Wissen kann Wissen beherrschen. Macht und Verantwortung der Wissenschaft, Köln 2008.

Kurzenhäuser, Stephanie/Epp, Astrid: Wahrnehmung von gesundheitlichen Risiken. Psychologische und soziale Einflussfaktoren, Bundesgesundheitsblatt 2009. 52, 1141.

Kuschnik, Bernhard: Der Gesamttatbestand des Verbrechens gegen die Menschlichkeit. Herleitungen, Ausprägungen, Entwicklungen, Berlin 2009.

Lackner, Karl: Besprechung: Schmidhäuser, Eberhard: Strafrecht, Allgemeiner Teil, Lehrbuch. 2. neubearbeitete Auflage, Tübingen 1975, JZ 1978, 211.

–/Kühl, Kristian: Strafgesetzbuch: StGB. Kommentar, 28. Aufl., München 2014.

Lagodny, Otto: Strafrecht vor den Schranken der Grundrechte. Die Ermächtigung zum strafrechtlichen Vorwurf im Lichte der Grundrechtsdogmatik dargestellt am Beispiel der Vorfeldkriminalisierung, Tübingen 1996.

Langer, Winrich: Die Sonderstraftat. Eine gesamtsystematische Grundlegung der Lehre vom Verbrechen, 2. Aufl., Berlin 2007.

Lau, Christoph: Risikodiskurse. Gesellschaftliche Auseinandersetzungen um die Definition von Risiken, Soziale Welt 40 (1989), 418.

Laufhütte, Heinrich/Möhrenschlager, Manfred: Umweltstrafrecht in neuer Gestalt, ZStW 92 (1980), 912.

Lege, Joachim: Die Zurechnung neuer Risiken im Technik- und Umweltrecht, in: Matthias Kaufmann/Joachim Renzikowski (Hg.), Zurechnung als Operationalisierung von Verantwortung, Frankfurt am Main 2004, S. 173.

Leipert, Christian: Die ökologische Herausforderung der ökonomischen Theorie, in: Bernd Biervert/Martin Held (Hg.), Das Naturverständnis der Ökonomik. Beiträge zur Ethikdebatte in den Wirtschaftswissenschaften, Frankfurt am Main/New York 1994.

Leiss, William/Chociolko, Christina: Risk and Responsibility, Montreal u. a. 1994.

Lembcke, Friedemann: Kalkül versus Katastrophe. Die Kommunikation des Klimawandels, Wiesbaden 2012.

Lenk, Hans: Zur Sozialphilosophie der Technik, Frankfurt am Main 1982.

–: Gewissen und Verantwortung als Zuschreibungen, ZphF 41 (1987), 571.

–: Von Deutungen zu Wertungen. Eine Einführung in aktuelles Philosophieren, Frankfurt am Main 1994.

–: Angst und Politik, in: Max Kerner (Hg.), Technik und Angst. Zur Zukunft der industriellen Zivilisation, 2. Aufl., Aachen 1997, S. 89.

–: Konkrete Humanität. Vorlesungen über Verantwortung und Menschlichkeit, Frankfurt am Main 1998.

Lessenich, Stephan: Soziologie der Sozialpolitik, in: Georg Kneer/Markus Schroer (Hg.), Handbuch Spezielle Soziologien, Wiesbaden 2010, S. 555.

Lin, Dong-mao: Abstrakte Gefährdungstatbestände im Wirtschaftsstrafrecht, München 1992.

von Liszt, Franz: Rechtsgut und Handlungsbegriff im Bindingschen Handbuche, ZStW 6 (1886), 663.

Loos, Fritz: Zum „Rechtsgut“ der Bestechungsdelikte, in: Günter Stratenwerth u. a. (Hg.), Festschrift für Hans Welzel zum 70. Geburtstag am 25. März 1974, Berlin/New York 1974, S. 879.

–: Der Zweckgedanke im Strafrechtrecht, in: ders., Strafrechtliche Aufsätze und Vorträge, Erster Band, 1875 bis 1891, Berlin 1970, S. 126.

Lübbe, Hermann: Sicherheit. Risikowahrnehmung im Zivilisationsprozeß, in: Bayerische Rück (Hg.), Risiko ist ein Konstrukt. Wahrnehmungen zur Risikowahrnehmung, München 1993, S. 23.

Lübbe, Weyma: Verantwortung in komplexen kulturellen Prozessen, Freiburg/München 1998.

Lüderssen, Klaus: Das strafrechtsgestaltende Kraft des Beweisrecht, ZStW 85 (1973), 288.
–: Die generalpräventive Funktion des Deliktssystems, in: Winfried Hassemer/ Klaus Lüderssen/Wolfgang Naucke, Hauptprobleme der *Generalprävention*, Frankfurt am Main 1979, S. 54.
–: Kriminologie. Einführung in die Probleme, Baden-Baden 1984.
–: Neuere Tendenzen der deutschen Kriminalpolitik, StV 1987, 163.
–: Die Krise des öffentlichen Strafrechtsanspruchs, Frankfurt am Main 1989.
–: Abschaffen des Strafens?, Frankfurt am Main 1995.
–: Das Strafrecht zwischen Funktionalismus und „alteuropäischem“ Prinzipiendenken. Oder: Verabschiedung des „alteneuropäischen“ Strafrechts?, ZStW 107 (1995), 877.
–: Entkriminalisierung des Wirtschaftsrecht, Baden-Baden 1998.
–: Das moderne Strafrecht – Zerreißprobe zwischen ultima ratio, Pragmatismus und kulturellem Hochgefühl, StV 2004, 97.
Luhmann, Niklas: Ökologische Kommunikation. Kann die moderne Gesellschaft sich auf ökologische Gefährdungen einstellen?, 3. Aufl., Opladen 1990.
–: Soziologie des Risikos, Berlin/New York 1991.
–: Beobachtungen der Moderne, Opladen 1992.
–: Risiko und Gefahr, in: ders., Soziologische Aufklärung 5. Konstruktivistische Perspektiven, 2. Aufl., Wiesbaden 1993, S. 131.
–: Die Moral des Risikos und das Risiko der Moral, in: Gotthard Bechmann (Hg.), Risiko und Gesellschaft. Grundlagen und Ergebnisse interdisziplinärer Risikoforschung, Opladen 1993, S. 327.
–: Die Wirtschaft der Gesellschaft, Frankfurt am Main 1994.
–: Die Autopoiesis des Bewußtseins, in: ders., Soziologische Aufklärung 6. Die Soziologie und der Mensch, Opladen 1995, S. 55.
–: Protest: Systemtheorie und soziale Bewegungen, Frankfurt am Main 1996.
–: Die Gesellschaft der Gesellschaft, Bd. 2, Frankfurt am Main 1997.
Lüthy, Christoph: Zur Entwicklung des Verantwortungsbegriffs in den Naturwissenschaften, in: Bénédict Winiger u. a. (Hg.), Recht und Verantwortung. Kongress der Schweizerischen Vereinigung für Rechts- und Sozialphilosophie, 11.–12. Juni 2010, Universität Zürich, Stuttgart 2012, S. 141.
Mackwitz, Hanswerner: Chemiepolitik aus „grüner“ Sicht – Mit Entgiftung und Sanfter Chemie hat die Natur noch eine Chance, in: Martin Held (Hg.), Chemiepolitik: Gespräch über eine neue Kontroverse. Beiträge und Ergebnisse

einer Tagung der Evangelischen Akademie Tutzing 4. bis 6. Mai 1987, Weinheim 1988, S. 87.

Mahlmann, Matthias: Recht und Verantwortung, in: Bénédict Winiger u. a. (Hg.), Recht und Verantwortung. Kongress der Schweizerischen Vereinigung für Rechts- und Sozialphilosophie, 11.–12. Juni 2010, Universität Zürich, Stuttgart 2012, S. 47.

Maihofer, Werner: Rechtsstaat und menschliche Würde, Frankfurt am Main 1968.

Makropoulos, Michael: Möglichkeitsbändigungen. Disziplin und Versicherung als Konzepte zur sozialen Steuerung von Kontingenz, Soziale Welt 41 (1990), 407.

Marcuse, Herbert: Der eindimensionale Mensch. Studien zur Ideologie der fortgeschrittenen Industriegesellschaft, Neuwied/Berlin 1967.

Martin, Jörg: Strafbarkeit grenzüberschreitender Umweltbeeinträchtigungen. Zugleich ein Beitrag zur Gefährdungsdogmatik und zum Umweltvölkerrecht, Freiburg im Breisgau 1989.

Martinsen, Renate: Angst als politische Kategorie. Überlegungen zum Verhältnis von Demokratie und Gentechnik, in: Renate Martinsen/Georg Simon (Hg.), Demokratie und Technik – (k)eine Wahlverwandtschaft?, Opladen 2000, S. 53.

Marx, Michael: Zur Definition des Begriffs „Rechtsgut". Prolegomena einer materialen Verbrechenslehre, Köln u. a. 1972.

Masing, Johannes: Die Ambivalenz von Freiheit und Sicherheit, JZ 2011, 753.

Mauelshagen, Franz: Ungewissheit in der Soziosphäre: Risiko und Versicherung im Klimawandel, in: Roderich von Detten/Fenn Faber/Martin Bemmann (Hg.), Unberechenbare Umwelt. Zum Umgang mit Unsicherheit und Nicht-Wissen, Wiesbaden 2013, S. 253.

Maurach, Reinhart/Schroeder, Friedrich-Christian/Maiwald, Manfred: Strafrecht Besonderer Teil. Teilband 2. Straftaten gegen Gemeinschaftswerte, 10. Aufl., Heidelberg 2012.

Mayer, Hellmuth: Strafrechtsreform für heute und morgen, Berlin 1962.

Meinberg, Volker: Amtsträgerstrafbarkeit bei Umweltbehörden, NJW 1986, 2220.

Melsen, Andreas G. M. van: Ethik und Naturwissenschaft. Eine Besinnung auf den Zusammenhang zwischen Natur und Sittlichkeit, Köln/Bachem 1967.

Merle, Jean-Christophe: Eine kritische Alternative zu Generalprävention und Wiedervergeltung, in: Volker Gerhard/Rolf-Peter Horstmann/Ralph Schumacher (Hg.), Kant und die Berliner Aufklärung. Akten des IX. Internationalen Kant-Kongresses. Band IV: Sektionen XI–XIV, Berlin/New York 2001, S. 196.

Merten, Ronald: Inklusion/Exklusion und Soziale Arbeit. Überlegungen zur aktuellen Theoriedebatte zwischen Bestimmung und Destruktion, in: Ronald

Merten/Albert Scherr (Hg.), Inklusion und Exklusion in der Sozialen Arbeit, Wiesbaden 2004, S. 99.

Meurer, Dieter: Umweltschutz durch Umweltstrafrecht?, NJW 1988, 2065.

Meyer, Andreas H.: Die Gefährlichkeitsdelikte. Ein Beitrag zur Dogmatik der „abstrakten Gefährdungsdelikte" unter besonderer Berücksichtigung des Verfassungsrechts, Münster u. a. 1992.

Meyer, Berthold: Terrorismusbekämpfung und die Selbstgefährdung des freiheitlichen Rechtsstaats, in: ders., Konfliktregelung und Friedensstrategien, Wiesbaden 2011, S. 241.

Meyer, Thomas: Die Transformation des Politischen, Frankfurt am Main 1994.

Meyer-Abich, Klaus Michael: Wege zum Frieden mit der Natur. Praktische Naturphilosophie für die Umweltpolitik, München 1986.

–: Wissenschaft für die Zukunft. Holistisches Denken in ökologischer und gesellschaftlicher Verantwortung, München 1988.

Miller, Max: Dissens. Zur Theorie diskursiven und systemischen Lernens, Bielefeld 2006.

Möhrenschlager, Manfred: Neuere Entwicklungen im Umweltstrafrecht des Strafgesetzbuches, NuR 1983, 209.

–: Kausalität im Umweltstrafrecht des Strafgesetzbuches, WiVerw 1984, 47.

Mol, Arthur P.: The Refinement of Production. Ecological Modernization Theory and the Chemical Industry, Utrecht 1995.

Mölders, Simone: Bestechung und Bestechlichkeit im internationalen geschäftlichen Verkehr. Zur Anwendbarkeit des § 299 StGB auf Sachverhalte mit Auslandsbezug, Frankfurt am Main 2009.

Moscovici, Serge: Versuch über die menschliche Geschichte der Natur, Frankfurt am Main 1982.

Müller, Johannes: Umweltveränderungen durch den Menschen, in: Karl Heinz Kreeb, Ökologie und menschliche Umwelt. Geschichte – Bedeutung – Zukunftsaspekte, Stuttgart/New York 1979, S. 8.

Müller-Dietz, Heinz: Integrationsprävention und Strafrecht. Zum positiven Aspekt der Generalprävention, in: Theo Vogler (Hg.), Festschrift für Hans-Heinrich Jescheck zum 70. Geburtstag, Berlin 1985, S. 813.

–: Aspekte und Konzepte der Strafrechtsbegrenzung, in: Klaus Geppert/Joachim Bohner/Rudolf Rengier (Hg.), Festschrift für Rudolf Schmitt zum 70. Geburtstag, Tübingen 1992, S. 95.

Müller-Tuckfeld, Jens Christian: Traktat für die Abschaffung des Umweltstrafrechts, in: IfKrimFfm (Hg.), Vom unmöglichen Zustand des Strafrechts, Frankfurt am Main 1995, S. 461.

Murmann, Uwe: Kritik des funktionalen Strafrechts, in: Heinz Koriath u. a. (Hg.), Grundfragen des Strafrechts, Rechtsphilosophie und die Reform der Juristenausbildung. Wissenschaftliches Kolloquium aus Anlass des 70. Geburtstages von Prof. Dr. Fritz Loos am 23. Januar 2009, Göttingen 2010, S. 189.

Müssig, Bernd: Schutz abstrakter Rechtsgüter und abstrakter Rechtsgüterschutz. Zu den materiellen Konstitutionskriterien sog. Universalrechtsgüter und deren normentheoretischem Fundament – am Beispiel der Rechtsgutsbestimmung für die §§ 129, 129a und 324 StGB, Frankfurt am Main 1994.

Murswiek, Dietrich: Die staatliche Verantwortung für die Risiken der Technik. Verfassungsrechtliche Grundlagen und immissionsschutzrechtliche Ausformung, Berlin 1985.

–: Entschädigung für immissionsbedingte Waldschäden, NVwZ 1986, 611.

–: Privater Nutzen und Gemeinwohl im Umweltstrafrecht. Zu den überindividuellen Voraussetzungen der individuellen Freiheit, DVBl. 1994, 77.

–: Restrisiko, in: Otto Kimminich/Heinrich Freiherr von Lersner/Peter-Christoph Storm (Hg.), HdUR, II. Band, Berlin 1994, S. 1719.

Naucke, Wolfgang: Die Kriminalpolitik des Marburger Programms 1882, ZStW 94 (1982), 525.

–: Über die Zerbrechlichkeit des rechtsstaatlichen Strafrechts, KritV 1990, 244.

–: Schwerpunktverlagerungen im Strafrecht, KritV 1993, 135.

–: Konturen eines nach-präventiven Strafrechts, KritV 1999, 336.

–: Strafrecht. Eine Einführung, 10. Aufl., Neuwied/Kriftel 2002.

–/*Harzer, Regina*: Rechtsphilosophische Grundbegriffe, 5. Aufl., Neuwied/Kriftel 2005.

Neumann, Ulfrid: Zurechnung und „Vorverschulden": Vorstudien zu einem dialogischen Modell strafrechtlicher Zurechnung, Berlin 1985.

–: Buchsprechung. Dietrich Kratzsch: Verhaltenssteuerung und Organisation im Strafrecht, GA 1987, 278.

–: Neue Entwicklungen im Bereich der Argumentationsmuster zur Begründung oder zum Ausschluß strafrechtlicher Verantwortlichkeit, ZStW 99 (1987), 567.

–: Zum Entwurf eines Verbrechensbekämpfungsgesetzes, StV 1994, 273 ff.

–: Buchbesprechung. Felix Herzog: Gesellschaftliche Unsicherheit und strafrechtliche Daseinsvorsorge, ZStW 106 (1994), 189.

–: Vom normativen zum funktionalen Strafrechtsverständnis, in: Heike Jung/Heinz Müller-Dietz/Ulfrid Neumann (Hg.), Perspektiven der Strafrechtsentwicklung. Ringvorlesung im Sommersemester 1994 an der Universität Saarlandes, Baden-Baden 1996, S. 57.

–: Buchbesprechung. Rainer Zaczyk: Strafrechtliches Unrecht und die Selbstverantwortung des Verletzten, GA 1996, 36.

–: Ontologische, funktionale und sozialethische Deutung des strafrechtlichen Schuldprinzips, in: Klaus Lüderssen (Hg.), Aufgeklärte Kriminalpolitik oder Kampf gegen das Böse?, Band I: Legitimationen, Baden-Baden 1998, S. 391.

–: Alternativen zum Strafrecht, in: Ulfrid Neumann/Cornelius Prittwitz (Hg.), Kritik und Rechtfertigung des Strafrechts, Frankfurt am Main 2005, S. 89.

–: „Alternativen: Keine" – Zur neueren Kritik an der personalen Rechtsgutslehre, in: Ulfrid Neumann/Cornelius Prittwitz (Hg.), „Personale Rechtsgutslehre" und „Opferorientierung im Strafrecht", Frankfurt am Main 2007, S. 85.

–: Institution, Zweck und Funktion staatlicher Strafe, in: Michael Pawlik/Rainer Zaczyk (Hg.), Festschrift für Günther Jakobs zum 70. Geburtstag am 26. Juli 2007, Köln u. a. 2007, S. 435.

–: Die Moral des Rechts. Deontologische und konsequentialistische Argumentation in Recht und Moral, in: ders., Recht als Struktur und Argumentation. Beiträge zur Theorie des Rechts und zur Wissenschaftstheorie der Rechtswissenschaft, Baden-Baden 2008, S. 114.

–: Zur Veränderung von Verantwortungsstrukturen unter den Bedingungen des wissenschaftlich-technischen Fortschritts, in: ders., Recht als Struktur und Argumentation. Beiträge zur Theorie des Rechts und zur Wissenschaftstheorie der Rechtswissenschaft, Baden-Baden 2008, S. 188.

–: Dimensionen der Strafgerechtigkeit, in: Shing-I Liu/Ulfrid Neumann (Hg.), Gerechtigkeit – Theorie und Praxis, Baden-Baden 2011, S. 117.

–: Strafrechtliche Verantwortlichkeit von Verbänden – rechtstheoretische Prolegomena, in: Eberhard Kempf/Klaus Lüderssen/Klaus Volk (Hg.), Unternehmensstrafrecht, Berlin/Boston 2012, S. 13.

–: Aktuelle Probleme in der Diskussion zum strafrechtlichen Rechtsgut. Vortrag am 2. April 2013 an der Hanyang University in Seoul/Korea (Unveröffentlicht).

–/Schroth, Ulrich: Neuere Theorien von Kriminalität und Strafe, Darmstadt 1985.

Nida-Rümelin, Julian: Verantwortung, Stuttgart 2011.

Niederstadt, Frank: Ökosystemschutz durch Regelungen des öffentlichen Umweltrechts, Berlin 1998.

Nisipeanu, Peter: Nach § 324 StGB strafbare Gewässerverunreinigung bei Überschreitung der wasserrechtlichen (sonderordnungsrechtlichen) oder/und der abwasserabgaberechtlichen Höchstwerte?, NuR 1988, 225.

Nork, Manuela E.: Umweltschutz in unternehmerischen Entscheidungen. Eine theoretische und empirische Analyse, Wiesbaden 1992.

Nowitzki, Klaus-Dieter: Konzepte zur Risiko-Abschätzung und -Bewertung, in: Gotthard Bechmann (Hg.), Risiko und Gesellschaft. Grundlagen und Ergebnisse interdisziplinärer Risikoforschung, Opladen 1993, S. 125.

Oetker, Friedrich: Rechtsgüterschutz und Strafe, ZStW 17 (1897), 493.

Ogorek, Regina: Untersuchungen zur Entwicklung der Gefährdungshaftung im 19. Jahrhundert, Köln/Wien 1975.

Ostendorf, Heribert: Grundzüge des konkreten Gefährdungsdelikts, JuS 1982, 426.

Ott, Claus/Schäfer, Hans-Bernd: Die Anreiz- und Abschreckungsfunktion im Zivilrecht, in: dies. (Hg.), Die Präventivwirkung zivil- und strafrechtlicher Sanktionen. Beiträge zum VI. Travemünder Symposium zur Ökonomischen Analyse des Rechts vom 25.–28. März 1998, Tübingen 1999, S. 131.

Papamoschou, Marsha/Bung, Jochen: § 265 StGB: Eine legislative Entgleisung, in: IfKrimFfm (Hg.), Irrwege der Strafgesetzgebung, Frankfurt am Main 1999, S. 241.

Papier, Hans-Jürgen: Zur Disharmonie zwischen verwaltungs- und strafrechtlichen Bewertungsmaßstäben im Gewässerstrafrecht, NuR 1986, 1.

Perron, Walter: Tagungsbericht. Diskussionsbeiträge der Strafrechtslehrertagung 1987 in Salzburg, ZStW 99 (1987), 637.

Perrow, Charles: Normale Katastrophe. Die unvermeidbaren Risiken der Großtechnik, Frankfurt/New York 1998.

Petznek, Andrea: Umweltstrafrecht, Wien 1989.

von der Pfordten, Dietmar: Normativer Individualismus und das Recht, JZ 2005, 1069.

Pieth, Mark/Ivory, Radha (Hg.): Corporate Criminal Liability. Emergence, Convergence, and Risk, Dordrecht u. a. 2011.

Plapp, Tina: Wahrnehmung von Risiken aus Naturkatastrophen. Eine Empirische Untersuchung in sechs gefährdeten Gebieten Süd- und Westdeutschlands, Karlsruhe 2004.

Podbregar, Nadja/Schwanke, Karsten/Frater, Harald: Wetter, Klima, Klimawandel. Wissen für eine Welt im Umbruch, Berlin/Heidelberg 2009.

Prittwitz, Cornelius: Funktionalisierung des Strafrechts, StV 1991, 435.

–: Strafrecht und Risiko. Untersuchungen zur Krise von Strafrecht und Kriminalpolitik in der Risikogesellschaft, Frankfurt am Main 1993.

–: Risikogesellschaft und Strafrecht, in: Ulfrid Neumann/Cornelius Prittwitz (Hg.), Kritik und Rechtfertigung des Strafrechts, Frankfurt am Main 2005, S. 131.

–: Vom Nutzen und Nachteil kriminalpolitischer Visionen – Zwischenbilanz in der Kontroverse mit Bernd Schünemann über „das Strafrecht als Waffe im Kampf gegen …" –, in: Roland Hefendehl (Hg.), Empirische und dogmatische

Fundamente, kriminalpolitischer Impetus. Symposium für Bernd Schünemann zum 60. Geburtstag, Köln/Berlin/München 2005, S. 287.

–: Personale Rechtsgutslehre und die „Opfer von morgen“, in: Ulfrid Neumann/ Cornelius Prittwitz (Hg.), „Personale Rechtsgutslehre“ und „Opferorientierung im Strafrecht“, Frankfurt am Main 2007, S. 97.

Radbruch, Gustav: Rechtsphilosophie, 2. Aufl., Heidelberg 2011.

Radtke, Henning: Die Dogmatik der Brandstiftungsdelikte – zugleich ein Beitrag zur Lehre von den gemeingefährlichen Delikten, Berlin 1998.

Ravetz, Jerome R.: Usable knowledge, usable ignorance: incomplete science with policy implications, in: William C. Clark/Robert E. Munn (Hg.), Sustainable Development of the Biosphere, Cambridge 1986, S. 415.

Rengier, Rudolf: Die öffentlich-rechtliche Genehmigung im Strafrecht, ZStW 101 (1989), 874.

–: Zur Bestimmung und Bedeutung der Rechtsgüter im Umweltstrafrecht, NJW 1990, 2506.

–: Überlegungen zu den Rechtsgütern und Deliktstypen im Umweltstrafrecht, in: Lorenz Schulz (Hg.), Ökologie und Recht, Köln u. a. 1991, S. 33.

–: Das moderne Umweltstrafrecht im Spiegel der Rechtsprechung – Bilanz und Aufgaben, Konstanz 1992.

Renn, Ortwin: Risikowahrnehmung der Kernenergie, Frankfurt/New York 1984.

– u. a.: Risiko. Über den gesellschaftlichen Umgang mit Unsicherheit, München 2007.

Reus, Katharina: Das Recht in der Risikogesellschaft. Der Beitrag des Strafrechts zum Schutz vor modernen Produktgefahren, Berlin 2009.

Rogall, Holger: Ökologische Ökonomie. Eine Einführung, 2. Aufl., Wiesbaden 2008.

Rogall, Klaus: Gegenwartsprobleme des Umweltstrafrechts, in: Festschrift der Rechtswissenschaftlichen Fakultät zur 600-Jahr-Feier der Universität zu Köln, Köln 1988, S. 505.

Ropohl, Günter: Neue Wege, die Technik zu verantworten, in: Hans Lenk/Günter Ropohl (Hg.), Technik und Ethik, Stuttgart 1987, S. 149.

Roth, Jenni: In Bhopal kommt jedes vierte Baby tot zur Welt, Die Welt vom 03.12.2012.

Rotsch, Thomas: Individuelle Haftung in Großunternehmen. Plädoyer für den Rückzug des Umweltstrafrechts, Baden-Baden 1998.

–: Unternehmen, Umwelt und Strafrecht – Ätiologie einer Misere (Teil 1), wistra 1999, 321.

Rowe, William D.: An Anatomy of Risk, New York u. a. 1977.

Roxin, Claus: Sinn und Grenzen staatlicher Strafe, JuS 1966, 377.

–: Franz von Liszt und die kriminalpolitische Konzeption des Alternativentwurfs, ZStW 81 (1969), 613 ff.

–: Schlussbericht, in: Hans-Heiner Kühne/Koichi Miyazawa (Hg.), Neue Strafrechtsentwicklungen im deutsch-japanischen Vergleich, Köln u. a. 1995, S. 407.

–: Schlussbericht, in: Ulfrid Neumann/Cornelius Prittwitz (Hg.), Kritik und Rechtfertigung des Strafrechts, Frankfurt am Main 2005, S. 175.

–: Strafrecht Allgemeiner Teil, Band 1, 4. Aufl., München 2006.

–: Zur neueren Entwicklung der Rechtsgutsdebatte, in: Ulfrid Neumann/Felix Herzog (Hg.), Festschrift für Winfried Hassemer, Heidelberg 2010, S. 573.

Rudolphi, Hans-Joachim: Die verschiedenen Aspekte des Rechtsgutsbegriffs, in: Festschrift für Richard M. Honig. Zum 80. Geburtstag 3. Januar 1970, Göttingen 1970, S. 151.

–: Schutzgut und Rechtfertigungsprobleme der Gewässerverunreinigung i. S. des § 324 StGB, ZfW 1982, 197.

–: Strafrechtliche Verantwortlichkeit der Bediensteten von Betrieben für Gewässerverunreinigungen und ihre Begrenzung durch den Einleitungsbescheid, in: Wilfried Küper (Hg.), Festschrift für Karl Lackner zum 70. Geburtstag am 18. Februar 1987, Berlin/New York 1987, S. 863.

Ruff, Frank M.: Psychische Verarbeitung von Gesundheitsgefahren durch Umweltbelastungen: Ein theoretisches Rahmenmodell, in: Karl Aurand/Barbara P. Hazard/Felix Tretter (Hg.), Umweltbelastungen und Ängste: Erkennen, Bewerten, Vermeiden, Opladen 1993, S. 85.

Ruhrmann, Georg: Analyse von Technik- und Risikoberichterstattung – Defizite und Forschungsperspektiven, in: Jens Krüger/Stefan Ruß-Mohl (Hg.), Risikokommunikation: Technikakzeptanz, Medien und Kommunikationsrisiken, Berlin 1991, S. 145.

–: Versäumnisse – Gefahren? Risikokommunikation zwischen Experten und Laien, Universitas 51, 1996, 955.

Rzepka, Dorothea: Der neue Straftatbestand des Versicherungsmißbrauchs (§ 265 StGB) – Auf dem Weg zum lückenlosen Strafrecht?, in: IfKrimFfm (Hg.), Irrwege der Strafgesetzgebung, Frankfurt am Main 1999, S. 271.

Saal, Martin: Das Vortäuschen einer Straftat (§ 145 d StGB) als abstraktes Gefährdungsdelikt, Berlin 1997.

Sack, Hans-Jürgen: Anmerkung zum Beschluß des BayObLG v. 27.6.2001 – 4 St RR 76/01, JR 2001, 475.

–: Umweltschutz-Strafrecht. Erläuterungen der Straf- und Bußgeldvorschriften, 5. Aufl., 15. Lieferung (40. Lfg. d. 1. Aufl.), Stand: April 2015, Stuttgart 2015.

Saladin, Peter: Verantwortung als Staatsprinzip. Ein neuer Schlüssel zur Lehre vom modernen Rechtsstaat, Bern/Stuttgart 1984.

Saliger, Frank: Umweltstrafrecht, München 2012.

Salje, Peter/Peter, Jörg: Umwelthaftungsgesetz. Kommentar, 2. Aufl., München 2005.

Samson, Erich: Kausalitäts- und Zurechnungsprobleme im Umweltstrafrecht, ZStW 99 (1987), 617.

Satzger, Helmut/Schluckebier, Wilhelm/Widmaier Gunter (Hg.), StGB – Strafgesetzbuch Kommentar, 2. Aufl., Köln 2014 (zit.: SSW-*Bearbeiter*).

Savigny, Friedrich Carl von: System des heutigen römischen Rechts II, Aalen 1981.

Schall, Hero: Neue Erkenntnisse zur Realität und Verfolgung der Umweltkriminalität, in: Thomas Feltes (Hg.), Kriminalpolitik und ihre wissenschaftlichen Grundlagen. Festschrift für Hans-Dieter Schwind zum 70. Geburtstag, Heidelberg 2006, S. 395.

Scheringer, Martin: Persistenz und Reichweite von Umweltchemikalien, Weinheim 1999.

Scherzberg, Arno: Risiko als Rechtsproblem – Ein neues Paradigma für das technische Sicherheitsrecht, VerwArch 84 (1993), 484.

Schimank, Uwe: Theorien gesellschaftlicher Differenzierung, 3. Aufl., Wiesbaden 2007.

–: Ökologische Gefährdungen, Anspruchsinflationen und Exklusionsverkettungen – Niklas Luhmanns Beobachtung der Folgeprobleme funktionaler Differenzierung, in: Uwe Schimank/Ute Volkmann (Hg.), Soziologische Gegenwartsdiagnosen I. Eine Bestandsaufnahme, 2. Aufl., Wiesbaden 2007, S. 125.

Schirmer, Werner: Bedrohungskommunikation. Eine gesellschaftstheoretische Studie zu Sicherheit und Unsicherheit, Wiesbaden 2008.

Schlechtriem, Peter: Industrielle Haftung, Versicherung und Verhaltenssteuerung, in: Franz Wilhelm Hopp/Georg Mehl (Hg.), Versicherungen in Europa heute und morgen. Geburtstags-Schrift für Georg Büchner 1991, Karlsruhe 1991, S. 513.

Schluchter, Wolfgang: Die Entzauberung der Welt. Sechs Studien zu Max Weber, Tübingen 2009.

Schmidt, Andreas/Schöne, Thomas: Das neue Umweltstrafrecht, NJW 1994, 2514.

Schmidt-Salzer, Joachim: Kommentar zum Umwelthaftungsgesetz. Betriebliche Risiken und innerbetriebliche Verantwortung, Heidelberg 1992

Schmidt-Semisch, Henning: Kriminalität als Risiko. Schadensmanagement zwischen Strafrecht und Versicherung, München 2002.

Schmieder, Sandra: Risikoentscheidungen im Gentechnikrecht. Beurteilungsspielräume der Verwaltung gegenüber den Gerichten?, Berlin 2004.

Schneider, Hartmut: Haschisch im sanktionsfreien Raum – Konsumverhalten im Lichte der Entscheidung des Bundesverfassungsgerichtes, StV 1994, 390.

Schönke, Adolf/Schröder, Horst: Strafgesetzbuch. Kommentar, München 2014 (zit.: Sch/Sch-*Bearbeiter*).

Schreiber, Hans-Ludwig: Die ökologische Herausforderung des Rechts, in: Julian Nida-Rümelin/Dietmar v. d. Pfordten (Hg.), Ökologische Ethik und Rechtstheorie, Baden-Baden 1995, S. 13.

Schröder, Horst: Die Gefährdungsdelikte im Strafrecht, ZStW 81 (1969), 7.

Schubert, Jörg: Das „Prinzip Verantwortung" als verfassungsstaatliches Rechtsprinzip. Rechtsphilosophische und verfassungsrechtliche Betrachtungen zur Verantwortungsethik von Hans Jonas, Baden-Baden 1998.

Schulte, Martin/Apel, David: Recht der Umwelt- und Humangenetik, in: Martin Schulte/Rainer Schröder (Hg.), Handbuch des Technikrechts. Allgemeine Grundlagen Umweltrecht – Gentechnikrecht – Energierecht – Telekommunikations- und Medienrecht – Patentrecht – Computerrecht, 2. Aufl., Berlin/Heidelberg 2011, S. 505.

Schulz, Lorenz: Kausalität und strafrechtliche Produkthaftung. Materiell- und prozeßrechtliche Aspekte, in: Weyma Lübbe (Hg.), Kausalität und Zurechnung. Über Verantwortung in komplexen kulturellen Prozessen, Berlin/Boston 1994, S. 41 ff.

–: Das anthroporelationale „Rechtsgut" im Umweltstrafrecht, in: Julian Nida-Rümelin/Dietmar v. d. Pfordten (Hg.), Ökologische Ethik und Rechtstheorie, Baden-Baden 1995, S. 265.

–: Strafrecht als Rechtsgüterschutz – Probleme der Mediatisierung am Beispiel „ökologischer" Güter, in: Klaus Lüderssen (Hg.), Aufgeklärte Kriminalpolitik oder Kampf gegen das Böse?, Band I: Legitimationen, Baden-Baden 1998, S. 208.

–: Strukturen von Verantwortung in Recht und Moral, in: ders. (Hg.), Verantwortung zwischen materialer und prozeduraler Zurechnung. Referate der 6. Tagung des Jungen Forum Rechtsphilosophie 1. Oktober 1998 in Frankfurt am Main, Stuttgart 2000, S. 175.

Schünemann, Bernd: Moderne Tendenzen in der Dogmatik der Fahrlässigkeits- und Gefährdungsdelikte, JA 1975, 787.

–: Kritische Bemerkungen zur geistigen Situation der deutschen Strafrechtswissenschaft, GA 1995, 201.

–: Zur Dogmatik und Kriminalpolitik des Umweltstrafrechts, in: Kurt Schmoller (Hg.), Festschrift für Otto Triffterer zum 65. Geburtstag, Wien/New York 1996, S. 437.

–: Vom Unterschichts- zum Oberschichtsstrafrecht. Ein Paradigmenwechsel im moralischen Anspruch?, in: Hans-Heiner Kühne/Koichi Miyazawa (Hg.), Alte Strafrechtsstrukturen und neue gesellschaftliche Herausforderungen in Japan und Deutschland, Berlin 2000, S. 15 ff.

–: Das „Menschenbild des Grundgesetzes" in der Falle der Postmoderne und seine überfällige Ersetzung durch den „homo oecologicus", in: Bernd Schünemann/Jörg Paul Müller/Lothar Philipps (Hg.), Das Menschenbild im weltweiten Wandel durch Grundrechte, Berlin 2002, S. 3.

–: Das Strafrecht im Zeichen der Globalisierung, GA 2003, 299.

–: Das Rechtsgüterschutzprinzip als Fluchtpunkt der verfassungsrechtlichen Grenzen der Straftatbestände und ihrer Interpretation, in: Roland Hefendehl/Andrew von Hirsch/Wolfgang Wohlers (Hg.), Die Rechtsgutstheorie. Legitimationsbasis des Strafrechts oder dogmatisches Glasperlenspiel, Baden-Baden 2013, S. 133.

–: Die aktuelle Forderung eines Verbandsstrafrechts – Ein kriminalpolitischer Zombie, ZIS 1/2014, 1.

Schweitzer, Eva C.: US-Klimawarnung vertieft Graben zwischen Rechts und Links, in: Zeit Online vom 07.05.2014.

Seelmann, Hoo Nam: Verantwortung in der koreanischen Kultur, in: Bénédict Winiger u. a. (Hg.), Recht und Verantwortung. Kongress der Schweizerischen Vereinigung für Rechts- und Sozialphilosophie, 11.–12. Juni 2010, Universität Zürich, Stuttgart 2012, S. 59.

Seelmann, Kurt: Atypische Zurechnungsstrukturen im Umweltstrafrecht, NJW 1990, 1257.

–: Risikostrafrecht. Die „Risikogesellschaft" und ihre „symbolische Gesetzgebung" im Umwelt- und Betäubungsmittelstrafrecht, KritV 1992, 452.

–: Verantwortungszuweisung, Gefahrensteuerung und Verteilungsgerechtigkeit. Zielkonflikte bei der Akzessorietät des Strafrechts gegenüber anderen Rechtsgebieten, in: ders. (Hg.), Aktuelle Fragen der Rechtsphilosophie, Frankfurt am Main u. a. 2000, S. 41.

–: Verhaltensdelikte: Kulturschutz durch Recht?, in: Heinz Müller-Dietz u. a. (Hg.), Festschrift für Heike Jung: Zum 65. Geburtstag am 23. April 2007, Baden-Baden 2007, S. 893.

–/Demko, Daniela: Rechtsphilosophie, 6. Aufl., München 2014.

Seiler, Hansjörg: Recht und technische Risiken. Grundzüge des technischen Sicherheitsrechts, Zürich 1997.

Sieferle, Rolf Peter: Chemie und Umwelt – Versuch einer historischen Standortbestimmung, in: Martin Held (Hg.), Chemiepolitik: Gespräch über eine neue Kontroverse. Beiträge und Ergebnisse einer Tagung der Evangelischen Akademie Tutzing 4. bis 6. Mai 1987, Weinheim 1988, S. 13.

–: Bevölkerungswachstum und Naturhaushalt. Studien zur Naturtheorie der klassischen Ökonomie, Frankfurt am Main 1990.

Sina, Peter: Die Dogmengeschichte des strafrechtlichen Begriffs „Rechtsgut", Basel 1962.

Singelnstein, Tobias/Stolle, Peer: Die Sicherheitsgesellschaft. Soziale Kontrolle im 21. Jahrhundert, 3. Aufl., Wiesbaden 2012.

Sjöberg, Lennart: Risk Perception: Experts and the Public, European Psychologist 3, 1998, 1.

Slovic, Paul: Informing and Educating the Public About Risk, Risk Analysis 6 (1986), 403.

– u. a.: Perceived Risk, Stigma, and Potential Economic Impacts of a High-Level Nuclear Waste Repository in Nevada, Risk Analysis 11 (1991), 683.

Spaemann, Robert: Technische Eingriffe in die Natur als Problem der politischen Ethik, in: Dieter Birnbacher (Hg.), Ökologie und Ethik, Stuttgart 1980, S. 180.

Sparwasser, Reinhard/Engel, Rüdiger/Voßkuhle, Andreas: Umweltrecht. Grundzüge des öffentlichen Umweltschutzrechts, 5. Aufl., Heidelberg 2003.

Der Spiegel: Angst vor der Endzeit. Umwelthysterie und Aktionismus – die Deutschen im Öko-Fieber, Nr. 39/1995, 40.

Stächelin, Gregor: Strafgesetzgebung im Verfassungsstaat. Normative und empirische materielle und prozedurale Aspekte der Legitimation unter Berücksichtigung neuerer Strafgesetzgebungspraxis, Berlin 1998.

Stahl, Bernd Carsten: Kollektive Verantwortung für technologische Entwicklungen, in: Doris Gerber/Véronique Zanetti (Hg.), Kollektive Verantwortung und internationale Beziehungen, Berlin 2010, S. 160.

Starr, Chauncey: Social Benefit versus Technological Risk, Science 165 (1969), 1232.

Stein, Katrin: Die Verantwortlichkeit politischer Akteure, Tübingen 2009.

Stein, Tine: Demokratie und Verfassung an den Grenzen des Wachstums. Zur ökologischen Kritik und Reform des demokratischen Verfassungsstaates, Opladen 1998.

Sternberg-Lieben, Detlev: Die objektiven Schranken der Einwilligung im Strafrecht, Tübingen 1997.

–: Rechtsgut, Verhältnismäßigkeit und die Freiheit des Strafgesetzgebers, in: Roland Hefendehl/Andrew von Hirsch/Wolfgang Wohlers (Hg.), Die

Rechtsgutstheorie. Legitimationsbasis des Strafrechts oder dogmatisches Glasperlenspiel?, Baden-Baden 2003, S. 65.

Stolleis, Michael: Geschichte des öffentlichen Rechts in Deutschland. Zweiter Band. Staatsrechtslehre und Verwaltungswissenschaft 1800–1914, München 1992.

Stratenwerth, Günter: Zukunftssicherung mit den Mitteln des Strafrechts?, ZStW 105 (1993), 679.

–: Das Strafrecht in der Krise der Industriegesellschaft. Rektoratsrede gehalten an der Jahresfeier der Universität Basel am 26. November 1993, Basel 1993.

–: Gibt es eigenhändige Delikte?, ZStrR 115 (1997), 86.

–: Zum Begriff des „Rechtsgutes", in: Albin Eser/Ulrike Schittenhelm/Heribert Schumann (Hg.), Festschrift für Theodor Lenckner zum 70. Geburtstag, München 1998, S. 377.

–: Tötung und Körperverletzung mit Einwilligung des Betroffenen, in: Martin Böse/Detlev Sternberg-Lieben (Hg.), Grundlagen des Straf- und Strafverfahrensrechts. Festschrift für Knut Amelung zum 70. Geburtstag, Berlin 2002, S. 355.

–: „Wahres" Strafrecht?, in: Cornelius Prittwitz u. a. (Hg.), Festschrift für Klaus Lüderssen. Zum 70. Geburtstag am 2. Mai 2002, Baden-Baden 2002, S. 373.

–: Kriminalisierung bei Delikten gegen Kollektivrechtsgüter, in: Roland Hefendehl/Andrew von Hirsch/Wolfgang Wohlers (Hg.), Die Rechtsgutstheorie. Legitimationsbasis des Strafrechts oder dogmatisches Glasperlenspiel?, Baden-Baden 2003, S. 255.

–: Zur Legitimation von „Verhaltensdelikten", in: Andrew von Hirsch/Kurt Seelmann/Wolfgang Wohlers (Hg.), Mediating Principles. Begrenzungsprinzipien bei der Strafbegründung, Baden-Baden 2006, S. 157.

–: Freiheit und Gleichheit. Ein Kapitel Rechtsphilosophie, Bern 2007.

–/Kuhlen Lothar: Strafrecht. Allgemeiner Teil. Die Straftat, 6. Aufl., München 2011.

Streng, Franz: Unterlassene Hilfeleistung als Rauschtat?, JZ 1974, 114.

Stuckenberg, Carl-Friedrich: Grundrechtsdogmatik statt Rechtsgutslehre. Bemerkungen zum Verhältnis von Strafe und Staat, GA 2011, 653.

Sutter, Tilmann: Medienanalyse und Medienkritik. Forschungsfelder einer konstruktivistischen Soziologie der Medien, Wiesbaden 2010.

Tenbruck, Friedrich H.: Verantwortung und Moral, in: Stefan Rehrl (Hg.), Christliche Verantwortung in der Welt der Gegenwart, München/Salzburg 1982, S. 25.

Tenthoff, Christian: Die Strafbarkeit der Tötung auf Verlangen im Lichte des Autonomieprinzips, Berlin 2008.

Tiedemann, Klaus: Tatbestandsfunktionen im Nebenstrafrecht. Untersuchungen zu einem rechtsstaatlichen Tatbestandsbegriff, entwickelt am Problem des Wirtschaftsstrafrechts, Tübingen 1969.

–: Die Neuordnung des Umweltstrafrechts. Gutachtliche Stellungnahme zu dem Entwurf eines Sechzehnten Strafrechtsänderungsgesetzes (Gesetz zur Bekämpfung der Umweltkriminalität), Berlin/New York 1980.

–: Wirtschaftsstrafrecht – Einführung und Übersicht, JuS 1989, 689.

–/*Kindhäuser, Urs*: Umweltstrafrecht – Bewährung oder Reform?, NStZ 1988, 337.

Tietze, Christian: Zur Theorie der Juristischen Person in der deutschen Rechtswissenschaft des 19. Jahrhunderts, Göttingen 1974.

Townsend, Colin R./Begon, Michael/Harper, John L.: Ökologie, 2. Aufl., Berlin/Heidelberg 2009.

Triffterer, Otto: Die Rolle des Strafrechts beim Umweltschutz in der Bundesrepublik Deutschland, ZStW 91 (1979), 309.

–: Umweltstrafrecht. Einführung und Stellungnahme zum Gesetz zur Bekämpfung der Umweltkriminalität, Baden-Baden 1980.

Tsai, Tzung-Jen: Die verfassungsrechtliche Umweltschutzpflicht des Staates. Zugleich ein Beitrag zur Umweltschutzklausel des Art. 20 a GG, Berlin 1996.

Ueda, Kenji: Umweltschutz durch Strafrecht – was bleibt?, in: Hans-Heiner Kühne/Koichi Miyazawa (Hg.), Neue Strafrechtsentwicklungen im deutsch-japanischen Vergleich, Köln u. a. 1995, S. 143.

Valerius, Brian: Buchbesprechung. Johannes Kaspar: Verhältnismäßigkeit und Grundrechtsschutz im Präventionsstrafrecht, Baden-Baden 2014, ZStW 127 (2015), 428.

Viehöver, Willy u. a.: Vergesellschaftung der Natur – Naturalisierung der Gesellschaft, in: Ulrich Beck/Christoph Lau (Hg.), Entgrenzung und Entscheidung: Was ist neu an der Theorie reflexiver Modernisierung?, Frankfurt am Main 2004, S. 65.

Vitt, Elmar: Tagungsbericht. Diskussionsbeiträge der Strafrechtslehrertagung 1993 in Basel, ZStW 105 (1993), 803 ff.

Voigt, Rüdiger: Sicherheit versus Freiheit. Verteidigung der staatlichen Ordnung um jeden Preis?, in: ders. (Hg.), Sicherheit versus Freiheit. Verteidigung der staatlichen Ordnung um jeden Preis?, Wiesbaden 2012, S. 1.

Volkmann, Uwe: Sicherheit und Risiko als Probleme des Rechtsstaates, JZ 2004, 696.

Voß, Michael: Strafe muß nicht sein. Zu einer Inanspruchnahme des Strafrechts, die an Bestrafung nicht interessiert ist, in: Helge Peters (Hg.), Muß Strafe Sein? Zur Analyse und Kritik strafrechtlicher Praxis, Opladen 1993, S. 135.

Wachenfeld, Felix: Wasserrechtliches Minimierungsgebot und Gewässerstrafrecht, Frankfurt am Main u. a. 1993.

WBGU: Welt im Wandel: Strategien zur Bewältigung globaler Umweltrisiken. Jahresgutachten 1998, Berlin u. a. 1998.

Weber, Ulrich: Die Vorverlegung des Strafrechtsschutzes durch Gefährdungs- und Unternehmensdelikte, in: Hans-Heinrich Jescheck (Hg.), Die Vorverlegung des Strafrechtsschutzes durch Gefährdungs- und Unternehmensdelikte. Referate und Diskussionsbericht der Arbeitssitzung der Fachgruppe für Strafrechtsvergleichung anläßlich der Tagung der Gesellschaft für Rechtsvergleichung am 20. September 1985 in Göttingen, Berlin 1987, S. 1.

Wehling, Peter: Die Schattenseite der Verwissenschaftlichung. Wissenschaftliches Nichtwissens in der Wissensgesellschaft, in: Stefan Böschen/Ingo Schulz-Schaeffer (Hg.), Wissenschaft in der Wissensgesellschaft, Wiesbaden 2003, S. 119.

–: Im Schatten des Wissens? Perspektiven der Soziologie des Nichtwissens, Konstanz 2006.

–: Vom Risikokalkül zur Governance des Nichtwissens. Öffentliche Wahrnehmung und soziologische Deutung von Umweltgefährdungen, in: Matthias Groß (Hg.), Handbuch Umweltsoziologie, Wiesbaden 2011, S. 529.

Weigend, Thomas: Bewältigung von Beweisschwierigkeiten durch Ausdehnung des materiellen Strafrechts?, in: Kurt Schmoller (Hg.), Festschrift für Otto Triffterer zum 65. Geburtstag, Wien/New York 1996, S. 695.

Welan, Manfried: Unfrisierte Gedanken zum Zeitenumbruch, in: Joseph Marko/Klaus Poier (Hg.), Politik, Staat und Recht im Zeitenbruch. Symposium aus Anlaß des 60. Geburtstags von Wolfgang Mantl, Wien/Köln/Weimar 2001, S. 151.

Welzel, Hans: Naturrecht und materiale Gerechtigkeit, 4. Aufl., Göttingen 1990.

Werner, Micha H.: Verantwortung, in: Marcus Düwell/Christoph Hubenthal/Micha H. Werner (Hg.), Handbuch Ethik, 3. Aufl., Stuttgart/Weimar 2011, S. 541.

Weßels, Bernhard: Erosion des Wachstumsparadigmas: Neue Konfliktstrukturen im politischen System der Bundesrepublik?, Opladen 1991.

Wessels, Johannes/Beulke, Werner: Strafrecht. Allgemeiner Teil. Die Straftat und ihr Aufbau, 4. Aufl., Heidelberg u. a. 2012.

Wieacker, Franz: Zur Theorie der Juristischen Person des Privatrechts, in: Ernst Forsthoff/Werner Weber/Franz Wieacker (Hg.), Festschrift für Ernst Rudolf Huber, Göttingen 1973, S. 339.

Willke, Helmut: Dystopia: Studien zur Krisis des Wissens in der modernen Gesellschaft, Frankfurt am Main 2002.

Winiger, Bénédict: Verantwortung, Reversibilität und Verschulden, Tübingen 2013.

– u. a. (Hg.): Recht und Verantwortung. Kongress der Schweizerischen Vereinigung für Rechts- und Sozialphilosophie, 11.–12. Juni 2010, Universität Zürich, Stuttgart 2012.

Wohlers, Wolfgang: Deliktstypen des Präventionsstrafrechts – zur Dogmatik „moderner" Gefährdungsdelikte, Berlin 2000.

–: Rechtsgutstheorie und Deliktsstruktur, GA 2002, 15.

–: Tagung aus der Perspektive eines Rechtsgutsskeptikers, in: Roland Hefendehl/ Andrew von Hirsch/Wolfgang Wohlers (Hg.), Die Rechtsgutstheorie. Legitimationsbasis des Strafrechts oder dogmatisches Glasperlenspiel?, Baden-Baden 2003, S. 281.

Wolf, Rainer: Zur Antiquiertheit des Rechts in der Risikogesellschaft, in: Ulrich Beck, Politik in der Risikogesellschaft. Frankfurt am Main 1991, S. 378 ff.

–: Gerechtigkeit und Umweltschutz. Von Subjektiv-rechtlichen Begründungsparadoxien zu kollektiv-rechtlichen Lösungsansätzen, in: Hans-Joachim Koch/ Michael Köhler/Kurt Seelmann (Hg.), Theorien der Gerechtigkeit. 15. Tagung der deutschen Sektion der internationalen Vereinigung für Rechts- und Sozialphilosophie in Hamburg 30. Sept.-2. Okt. 1992, Stuttgart 1994, S. 163.

Wolter, Jürgen: Objektive und personale Zurechnung von Verhalten, Gefahr und Verletzung in einem funktionalen Straftatsystem, Berlin 1981.

– (Hg.): Systematischer Kommentar zum Strafgesetzbuch, 8. Aufl., Köln 2012 (Stand: 148. Lieferung [Dezember 2014]) (zit.: SK-*Bearbeiter*).

Yamanaka, Keiichi: Parallele Bestrafung von juristischen und natürlichen Personen, ZJapanR 2002, 191.

Zaczyk, Rainer: Das Unrecht der versuchten Tat, Berlin 1989.

–: Buchbesprechung: *Zieschang, Frank*: Die Gefährdungsdelikte, Berlin 1998, ZStW 113 (2001), 192.

–: Demokratieprinzip und Strafbegründung, Der Staat 50 (2011), 295.

Zieschang, Frank: Die Gefährdungsdelikte, Berlin 1998.

Zimmerli, Walther Ch.: Wandelt sich die Verantwortung mit dem technischen Wandel?, in: Hans Lenk/Günter Ropohl (Hg.), Technik und Ethik, Stuttgart 1987, S. 92.

Zinn, Jens: Introduction: The Contribution of Sociology to the Discourse on Risk and Uncertainty, in: ders. (Hg.), Social Theories of Risk and Uncertainty: An Introduction, Blackwell 2008, S. 1.

FRANKFURTER KRIMINALWISSENSCHAFTLICHE STUDIEN

Band 1 Peter Böning: Die Lehre vom Unrechtsbewußtsein in der Rechtsphilosophie Hegels. 100 S., 1978.

Band 2 Wolfgang Schneider: Kriminelle Straßenverkehrsgefährdung (§ 315c Abs. 1 Ziff. 2, Abs. 3 StGB). Eine kriminologische und strafrechtliche Untersuchung zur Problematik dieser Verkehrsstraftaten unter Berücksichtigung ausländischer Rechte. 342 S., 1978.

Band 3 Lothar Kuhlen: Die Objektivität von Rechtsnormen. Zur Kritik des radikalen labeling approach in der Kriminalsoziologie. 178 S., 1978.

Band 4 Günther Grewe: Straßenverkehrsdelinquenz und Marginalität. Untersuchungen zur institutionellen Regelung von Verhalten. 148 S., 1978.

Band 5 Dieter Haberstroh: Strafverfahren und Resozialisierung. Eine Studie über Verstehen und Nicht-Verstehen, über Verstanden-Werden und Nicht-Verstanden-Werden und deren Bedingungen in der Hauptverhandlung. 202 S., 1979.

Band 6 Thomas Vogt: Die Forderungen der psychoanalytischen Schulrichtungen für die Interpretation der Merkmale der Schuldunfähigkeit und der verminderten Schuldfähigkeit (§§ 51 a.F., 20, 21 StGB). 182 S., 1979.

Band 7 Andreas Michael: Der Grundsatz in dubio pro reo im Strafverfahrensrecht. Zugleich ein Beitrag über das Verhältnis von materiellem Recht und Prozeßrecht. 214 S., 1981.

Band 8 Ilias G. Anagnostopoulos: Haftgründe der Tatschwere und der Wiederholungsgefahr (§§ 112 Abs. 3, 112 a StPO). Kriminalpolitische und rechtssystematische Aspekte der Ausweitung des Haftrechts. 1984.

Band 9 Helga Müller: Der Begriff der Generalprävention im 19. Jahrhundert. Von P.J.A. Feuerbach bis Franz v. Liszt. 1984.

Band 10 Frowin Jörg Kurth: Das Mitverschulden des Opfers beim Betrug. 1984.

Band 11 Martin J. Worms: Die Bekenntnisbeschimpfung im Sinne des § 166 Abs. 1 StGB und die Lehre vom Rechtsgut. 1984.

Band 12 Jong-Dae Bae: Der Grundsatz der Verhältnismäßigkeit im Maßregelrecht des StGB. 1985.

Band 13 Helmut Fünfsinn: Der Aufbau des fahrlässigen Verletzungsdelikts durch Unterlassen im Strafrecht. 1985.

Band 14 Christoph Krehl: Die Ermittlung der Tatsachengrundlage zur Bemessung der Tagessatzhöhe bei der Geldstrafe. 1985.

Band 15 Walter-Hermann Kiehl: Strafrechtliche Toleranz wechselseitiger Ehrverletzungen - Zur ratio legis der §§ 199, 233 Strafgesetzbuch -. 1986.

Band 16 Matthias Krahl: Die Rechtsprechung des Bundesverfassungsgerichts und des Bundesgerichtshof zum Bestimmtheitsgrundsatz im Strafrecht (Art. 103 Abs. 2 GG). 1986.

Band 17 Patrick Carroll Campbell: § 220a StGB. Der richtige Weg zur Verhütung und Bestrafung von Genozid? 1986.

Band 18 Winfried Hassemer (Hrsg.): Strafrechtspolitik. Bedingungen der Strafrechtsreform. 1987.

Band 19 Felix Herzog: Prävention des Unrechts oder Manifestation des Rechts. Bausteine zur Überwindung des heteronom-präventiven Denkens in der Strafrechtstheorie der Moderne. 1987.

Band 20 Astrid Michalke-Detmering: Die Mindestanforderungen an die rechtliche Begründung des erstinstanzlichen Strafurteils. Zur Auslegung des § 267 StPO. 1987.

Band 21 Lothar Kuhlen: Die Unterscheidung von vorsatzausschließendem und nichtvorsatzausschließendem Irrtum. 1987.

Band 22 Michael Buttel: Kritik der Figur des Aufklärungsgehilfen im Betäubungsmittelstrafrecht (§ 31 BtMG). 1988.

Band 23 Matthias Kögler: Die zeitliche Unbestimmtheit freiheitsentziehender Sanktionen des Strafrechts. Eine vergleichende Untersuchung zur Rechtslage und Strafvollstreckungspraxis in der Bundesrepublik Deutschland und den USA. 1988.

Band 24 Klaus Lüderssen / Cornelius Nestler-Tremel / Ewa Weigend(Hrsg.): Modernes Strafrecht und ultima-ratio-Prinzip. 1990.

Band 25 Jürgen Taschke: Die behördliche Zurückhaltung von Beweismitteln im Strafprozeß. 1989.

Band 26 Daniela Westphalen: Karl Binding (1841-1920). Materialien zur Biographie eines Strafrechtsgelehrten. 1989.

Band 27 Sigrid Jans: Die Aushöhlung des Klageerzwingungsverfahrens. 1990.

Band 28 Dimitris Spirakos: Folter als Problem des Strafrechts. Kriminologische, kriminalsoziologische und (straf-)rechtsdogmatische Aspekte unter besonderer Berücksichtigung der Folterschutzkonvention und der Pönalisierung der Folter in Griechenland. 1990.

Band 29 Stephan Moll: Strafrechtliche Aspekte der Behandlung Opiatabhängiger mit Methadon und Codein. 1990.

Band 30 Stefan Werner: Wirtschaftsordnung und Wirtschaftsstrafrecht im Nationalsozialismus. 1991.

Band 31 Xanthi Bassakou: Beiträge zur Analyse und Reform des Absehens von Strafe nach § 60 StGB. 1991.

Band 32 Rainer Runte: Die Veränderung von Rechtfertigungsgründen durch Rechtsprechung und Lehre. Moderne Strafrechtsdogmatik zwischen Rechtsstaatsprinzip und Kriminalpolitik. 1991.

Band 33 Olaf Hohmann: Das Rechtsgut der Umweltdelikte. Grenzen des strafrechtlichen Umweltschutzes. 1991.

Band 34 Klaus Jochen Müller: Das Strafbefehlsverfahren (§§ 407 ff. StPO). Eine dogmatisch-kriminalpolitische Studie zu dieser Form des schriftlichen Verfahrens unter besonderer Berücksichtigung der geschichtlichen Entwicklung – zugleich ein Beitrag zum StVÄG 1987. 1993.

Band 35 Sang-Don Yi: Wortlautgrenze, Intersubjektivität und Kontexteinbettung. Das strafrechtliche Analogieverbot. 1991.

Band 36 Birgit Malsack: Die Stellung der Verteidigung im reformierten Strafprozeß. Eine rechtshistorische Studie anhand der Schriften von C. J. A. Mittermaier. 1992.

Band 37 Rüdiger Schäfer: Die Privilegierung des "freiwillig-positiven" Verhaltens des Delinquenten nach formell vollendeter Straftat. Zugleich ein Beitrag zum Grundgedanken des Rücktritts vom Versuch und zu den Straftheorien. 1992.

Band 38 Cornelius Nestler-Tremel: AIDS und Strafzumessung. 1992.

Band 39 Christine Gutmann: Freiwilligkeit und (Sozio-)Therapie – notwendige Verknüpfung oder Widerspruch? 1993.

Band 40 Walter Kargl: Der strafrechtliche Vorsatz auf der Basis der kognitiven Handlungstheorie. 1993.

Band 41 Jürgen Rath: Zur strafrechtlichen Behandlung der aberratio ictus und des error in objecto des Täters. 1993.

Band 42 Martin Fischer: Wille und Wirksamkeit. Eine Untersuchung zum Problem des *dolus alternativus*. 1993.

Band 43 Regina Harzer: Der Naturzustand als Denkfigur moderner praktischer Vernunft. Zugleich ein Beitrag zur Staats- und Rechtsphilosophie von Hobbes und Kant. 1994.

Band 44 Helmut Pollähne: Lockerungen im Maßregelvollzug. Eine Untersuchung am Beispiel der Anwendung des nordrhein-westfälischen Maßregelvollzugsgesetzes im Westfälischen Zentrum für Forensische Psychiatrie (Lippstadt). 1994.

Band 45 Hans-Joachim Leonhardt: Rechtsmittelermessen der Staatsanwaltschaft. Eine Gegenüberstellung von § 296 StPO mit Nummern 147 und 148 Richtlinien für das Strafverfahren und das Bußgeldverfahren (RiStBV). 1994.

Band 46 Rolf Grünebaum: Zur Strafbarkeit des Therapeuten im Maßregelvollzug bei fehlgeschlagenen Lockerungen. 1996.

Band 47 Barbara Bialas: Promille-Grenzen, Vorsatz und Fahrlässigkeit. 1996.

Band 48 Christine Pott: Die Außerkraftsetzung der Legalität durch das Opportunitätsdenken in den Vorschriften der §§ 154, 154a StPO. Zugleich ein Beitrag zu einer kritischen Strafverfahrensrechtstheorie. 1996.

Band 49 Wolfgang Köberer: *Iudex non calculat.* Über die Unmöglichkeit, Strafzumessung sozialwissenschaftlich-mathematisch zu rationalisieren. 1996.

Band 50 Institut für Kriminalwissenschaften Frankfurt a.M. (Hrsg.): Vom unmöglichen Zustand des Strafrechts. 1995.

Band 51 Petra Kamberger: Treu und Glauben (§ 242 BGB) als Garantenstellung im Strafrecht? 1996.

Band 52 Anastassios Triantafyllou: Das Delikt der gefährlichen Körperverletzung (§ 223a StGB) als Gefährdungsdelikt. (Zugleich ein Beitrag zur Dogmatik der Gefährdungsdelikte). 1996.

Band 53 Norbert Kissel: Aufrufe zum Ungehorsam und § 111 StGB. Grundrechtlicher Einfluß bei der Feststellung strafbaren Unrechts. 1996.

Band 54 Susanne Ehret: Franz von Liszt und das Gesetzlichkeitsprinzip. Zugleich ein Beitrag wider die Gleichsetzung von Magna-charta-Formel und Nullum-crimen-Grundsatz. 1996.

Band 55 Stefan Braum: Geschichte der Revision im Strafverfahren von 1877 bis zur Gegenwart. Zugleich eine Kritik der Kontinuität politischer Macht im Recht. 1996.

Band 56 Katja Diel: Das Regreßverbot als allgemeine Tatbestandsgrenze im Strafrecht. 1997.

Band 57 Christoph Koller: Die Staatsanwaltschaft – Organ der Judikative oder Exekutivbehörde? Die Stellung der Anklagebehörde und die Gewaltenteilung des Grundgesetzes. 1997.

Band 58 Frank Schößler: Anerkennung und Beleidigung. Rechtsgut und Strafzweck des § 185 StGB. 1997.

Band 59 Regina Engelstädter: Der Begriff des Unfallbeteiligten in § 142 Abs. 4 StGB. Zugleich eine Kritik an aktuellen Zurechnungslehren. 1997.

Band 60 Jörg Reinhardt: Der Ausschluß und die Ablehnung des befangen erscheinenden Staatsanwaltes. 1997.

Band 61 Jens Christian Müller-Tuckfeld: Integrationsprävention. Studien zu einer Theorie der gesellschaftlichen Funktion des Strafrechts. 1998.

Band 62 Peter Maria Rohe: Verdeckte Informationsgewinnung mit technischen Hilfsmitteln zur Bekämpfung der Organisierten Kriminalität. Zugleich eine rechtsvergleichende Analyse der polizeilichen Abhörbefugnisse in den U.S.A. 1998.

Band 63 Dirk Fabricius: Was ein Lehrbuch lehrt ... Eine exemplarische Untersuchung von Jakobs *Strafrecht – Allgemeiner Teil*. 1998.

Band 64 Stefan Sinner: Der Vertragsgedanke im Strafprozeßrecht. 1999.

Band 65 Sebastian Schattenfroh: Die Staatsphilosophie Giovanni Gentiles und die Versuche ihrer Verwirklichung im faschistischen Italien. 1999.

Band 66 Athanassia Dionyssopoulou: Der Tatbestand der Geldwäsche. Eine Analyse der dogmatischen Grundlagen des § 261 StGB. 1999.

Band 67 Klaus von Lampe: *Organized Crime*. Begriff und Theorie organisierter Kriminalität in den USA. 1999.

Band 68 Christian Hanssen: "Trennung der Märkte". Rechtsdogmatische und rechtspolitische Probleme einer Liberalisierung des Drogenstrafrechts. 1999.

Band 69 Institut für Kriminalwissenschaften und Rechtsphilosophie Frankfurt a.M. (Hrsg.): Irrwege der Strafgesetzgebung. 1999.

Band 70 Konstantinos Chatzikostas: Die Disponibilität des Rechtsgutes Leben in ihrer Bedeutung für die Probleme von Suizid und Euthanasie. 2000.

Band 71 Bettina Wirmer-Donos: Die Strafrechtstheorie Karl Christian Friedrich Krauses als theoretische Grundlage des spanischen Korrektionalismus. 2001.

Band 72 Christine Löw: Die Erkundigungspflicht beim Verbotsirrtum nach § 17 StGB. 2001.

Band 73 Florian Ufer: Der Verwertungswiderspruch in Theorie und Praxis. Prozessuale Obliegenheiten des Verteidigers und ihre Bedeutung für die Rechtsposition des Beschuldigten. 2002.

Band 74 Katja Melzer: Psychisch kranke Straftäterinnen. Frauen im Maßregelvollzug. 2001.

Band 75 Gregor Kuntze-Kaufhold: Lebenswelt und Unparteilichkeit. Kriterien für eine Rechtsanwendungslehre am Beispiel der Analyse von fünf Hauptverhandlungen in Strafverfahren. 2002.

Band 76 Iris Kristina Passek: Die erstinstanzliche Zuständigkeit der Oberlandesgerichte in Staatsschutzstrafsachen. Historische Entwicklung und aktuelle Probleme. 2002.

Band 77 Michael Krebs: Die Weisungsgebundenheit des Staatsanwalts unter besonderer Berücksichtigung des rechtstatsächlichen Aspekts. 2002.

Band 78 Kerstin Degenhardt: Europol und Strafprozeß. Die Europäisierung des Ermittlungsverfahrens. 2003.

Band 79 Domenico Siciliano: Das Leben des fliehenden Diebes: Ein strafrechtliches Politikum. 2., überarbeitete und ergänzte Auflage. 2013.

Band 80 Marc Colussi: Produzentenkriminalität und strafrechtliche Verantwortung. 2003.

Band 81 Thilo Lars Hild: Grenzen einer strafrechtlichen Regulierung des Kapitalmarktes. Eine kriminalrechtliche Untersuchung von Börsengängen und Aktienhandel in Deutschland und den USA. 2004.

Band 82 Philipp Rau: Schweigen als Indiz der Schuld. Ein Vergleich des deutschen und englischen Rechts zur Würdigung des Schweigens des Beschuldigten. 2004.

Band 83 Alexandra Pfeiffer: Die Regelung der Lebendorganspende im Transplantationsgesetz. 2004.

Band 84 Elena Fischer: Recht auf Sterben?! Ein Beitrag zur Reformdiskussion der Sterbehilfe in Deutschland unter besonderer Berücksichtigung der Frage nach der Übertragbarkeit des Holländischen Modells der Sterbehilfe in das deutsche Recht. 2004.

Band 85 Jörg Ziethen: Grundlagen probabilistischer Zurechnung im Strafrecht. 2004.

Band 86 Stefanie Schork: Ausgesprochen schuldig. Dogmatische und metadogmatische Untersuchungen zum Schuldspruch. 2005.

Band 87 Claudia Schubert: Verbotene Worte? Versuch einer Neubestimmung im Umgang mit rassistischen Äußerungen jenseits des Strafrechts. 2005.

Band 88 Ulfrid Neumann / Cornelius Prittwitz (Hrsg.): Kritik und Rechtfertigung des Strafrechts. 2005.

Band 89 Denis Basak: Die Zuständigkeitsregeln internationaler Strafgerichte und Art. 101 GG. Zum Verhältnis der deutschen Strafgerichtsbarkeit zu den Internationalen Tribunalen für Jugoslawien und Ruanda sowie zum Ständigen Internationalen Strafgerichtshof. 2005.

Band 90 Hsiao-Wen Wang: Der universale Strafanspruch des nationalen Staates. Eine Untersuchung über das Weltrechtsprinzip im Internationalen Strafrecht. 2005.

Band 91 Leonie Frenz: Faktizität des Rechts in der forensischen Psychiatrie. Eine Untersuchung im LKH Moringen. 2005.

Band 92 Eva-Maria Unger: Schutzlos ausgeliefert? Der Europäische Haftbefehl. Ein Beispiel für die Missachtung europäischer Bürgerrechte. 2005.

Band 93 Marcus Bastelberger: Die Legitimität des Strafrechts und der *moralische Staat*. Utilitaristische und retributivistische Strafrechtsbegründung und die rechtliche Verfassung der Freiheit. 2006.

Band 94 Marc Reiß: Rechtliche Aspekte der Präimplantationsdiagnostik. Unter besonderer Berücksichtigung der Rechte der von einem Verbot betroffenen Paare. 2006.

Band 95 Alexander Kolz: Einwilligung und Richtervorbehalt. 2006.

Band 96 Vasco Reuss: Eine Kritik der juristischen Vernunft. Rezeptionsversuche der Negativen Dialektik Adornos für die Dogmatik des Strafrechts. 2007.

Band 97 Lutz Eidam: Die strafprozessuale Selbstbelastungsfreiheit am Beginn des 21. Jahrhunderts. 2007.

Band 98 Christiane Rüdiger: Schutzinteresse und Deliktsstruktur der „Bestechungsdelikte" (§§ 331 ff. StGB). 2007.

Band 99 Urte Eisenhardt: Das nemo tenetur-Prinzip: Grenze körperlicher Untersuchungen beim Beschuldigten. Am Beispiel des § 81a StPO. 2007.

Band 100 Institut für Kriminalwissenschaften und Rechtsphilosophie Frankfurt a. M. (Hrsg.): Jenseits des rechtsstaatlichen Strafrechts. 2007.

Band 101 Nils Möckelmann: Die rechtliche, psychiatrische und gesellschaftliche Beurteilung jugendlicher Straftäter in der jüngeren deutschen Geschichte. Eine Analyse anhand zweier Strafverfahren mit Gutachten des Psychiaters Ernst Rüdin aus den Jahren 1915/1917 unter Berücksichtigung der Entwicklungen bis zur Gegenwart. 2007.

Band 102 Alexa Albrecht: Zur Erosion der Menschenrechte im demokratischen Rechtsstaat. Reaktionen der Systeme und der Zivilgesellschaft. 2007.

Band 103 Dirk Lange: Die politisch motivierte Tötung. 2007.

Band 104 Ulfrid Neumann / Cornelius Prittwitz (Hrsg.): „Personale Rechtsgutslehre" und „Opferorientierung im Strafrecht". 2007.

Band 105 Lisa Kathrin Sander: Grenzen instrumenteller Vernunft im Strafrecht. Eine Kritik der Präventionsdoktrin aus strafrechtsgeschichtlicher und empirischer Perspektive. 2007.

Band 106 Stephan Werner: Zur Notwendigkeit der Verteidigeranwesenheit während der polizeilichen Beschuldigtenvernehmung. 2008.

Band 107 Inti Schubert: Europol und der virtuelle Verdacht. Die Suspendierung des Rechts auf informationelle Selbstbestimmung. 2008.

Band 108 Bong-Jin Ko: Menschenwürde und Biostrafrecht bei der embryonalen Stammzellenforschung. 2008.

Band 109 Wanja Andreas Welke: Die Repersonalisierung des Rechtskonflikts. Zum gegenwärtigen Verhältnis von Straf- und Zivilrecht. 2008.

Band 110 Jan Helmrich: Die Berufung gewerblicher Sicherheitskräfte auf Notwehr und Nothilfe. Zugleich ein Beitrag zu den Grundlagen des Notwehr- und Nothilferechts. 2008.

Band 111 Alexander Köstler-Loewe: Strafrecht US-Style: „Three Strikes and You're Out!" Baseball, Rückfall und Kriminalpolitik? 2008.

Band 112 Christina Bott: Die Medienprivilegien im Strafprozess. Zeugnisverweigerungsrecht und Beschlagnahmeverbot zum Schutz der Medien im Strafverfahren. 2009.

Band 113 Mario Riechmann: Organisierte Kriminalität und Terrorismus. Zur Funktionalisierung von Bedrohungsszenarien beim Abbau eines rechtsstaatlichen Strafrechts. 2009.

Band 114 Dirk Simon: Präzeptoraler Sicherheitsstaat und Risikovorsorge. 2009.

Band 115 Stefan Kirsch: Der Begehungszusammenhang der Verbrechen gegen die Menschlichkeit. 2009.

Band 116 Heng-da Hsu: Zurechnungsgrundlage und Strafbarkeitsgrenze der Fahrlässigkeitsdelikte in der modernen Industriegesellschaft. 2009.

Band 117 Dennis Teschner: Die soziale Kontrolle im virtuellen Raum. Eine juristische, soziologische und soialpsychologische Untersuchung der Instrumentalisierbarkeit von Internetkriminalität. 2009.

Band 118 Daniel Schilling: Fragmentarisch oder umfassend? Wege strafrechtlichen Zugriffs bei der Veruntreuung fremden Vermögens am Beispiel des deutschen und des italienischen Untreuestrafrechts. 2009.

Band 119 Andreas Stüdemann: Die Entwicklung der zwischenstaatlichen Rechtshilfe in Strafsachen im nationalsozialistischen Deutschland zwischen 1933 und 1945. Kontinuität und Diskontinuität im Auslieferungsrecht am Beispiel der Rechtsentwicklung im NS-Staat. 2009.

Band 120 Matthias Achenbach: Strafrechtlicher Schutz des Wettbewerbs? Eine kritische Analyse von Sinn und Zweck der Straftatbestände zum Schutz des Wettbewerbs. 2009.

Band 121 Vera Backhaus: Der gesetzliche Richter im Staatsschutzstrafrecht. Zur Verfassungsmäßigkeit des § 120 Abs. 2 GVG. 2010.

Band 122 Verena Maria Brenneis: Rechtspolitische Implikationen von Gefährlichkeitsprognosen im Vollzug von Maßregeln nach § 63 StGB. Zum Subjektstatus von Eingewiesenen. 2010.

Band 123 Maike Hoenigs: Zur Existenzberechtigung des Straftatbestandes der Rechtsbeugung. Korrelat oder Widerspruch zur richterlichen Unabhängigkeit. 2010.

Band 124 Christine Würfel: Freiheit als Grundlage der Schuld. 2012.

Band 125 Charlotte Rau: Compliance und Unternehmensverantwortlichkeit. Materiellrechtliche Fragen der sanktionsrechtlichen Unternehmensverantwortlichkeit unter Berücksichtigung von Compliance-Maßnahmen. 2010.

Band 126 Marc Fornauf: Die Marginalisierung der Unabhängigkeit der Dritten Gewalt im System des Strafrechts. 2010.

Band 127 Sabine Benthin: Subventionspolitik und Subventionskriminalität. Zur Legitimität und Rationalität des Tatbestandes zum Subventionsbetrug (§ 264 StGB). 2011.

Band 128 Philipp Horrer: Bestechung durch deutsche Unternehmen im Ausland. Strafrechtsentwicklung und Probleme. 2011.

Band 129 Marianne Varwig: Zum Tatbestandsmerkmal des Vermögensschadens (§ 263 StGB). Eine kritische Untersuchung mittels der vier klassischen Auslegungsmethoden. 2011.

Band 130 Alexander Rieger: Verfassungsrechtliche Legitimationsgrundlagen richterlicher Unabhängigkeit. Zugleich eine Auseinandersetzung mit der Debatte um eine Selbstverwaltung der Justiz. 2011.

Band 131 Moritz von Schenck: Pönalisierung der Folter in Deutschland – de lege lata et ferneda. 2011.

Band 132 Kerstin Bohn: Der gesetzliche Richter als rechtsstaatstragendes Prinzip in europäischen Staaten. Eine Untersuchung der Fallzuteilung unter besonderer Berücksichtigung Englands. 2011.

Band 133 Cornelius Trendelenburg: Ultima ratio? Subsidiaritätswissenschaftliche Antworten am Beispiel der Strafbarkeit von Insiderhandel und Firmenbestattungen. 2011.

Band 134 Susana Campos Nave: Rechtsstaatliche Regeltreue? Corporate Compliance als zwingende Antwort des freiheitsliebenden Unternehmens im Wirtschaftsstrafrecht. 2012.

Band 135 Christine Ditscher: Europäische Beweise. Der Rahmenbeschluss über die Europäische Beweisanordnung zur Erlangung von Sachen, Schriftstücken und Daten zur Verwendung in Strafsachen. 2012.

Band 136 Fedor Brunner: Das Phänomen des Mietnomaden in der Rechtspraxis. Strukturelle Hintergründe, zivilrechtliche Mechanismen und Perspektiven. 2012.

Band 137 Konstantinos Diakonis: Die Geringfügigkeitsvorschriften als Teil der Problematik der Kollision zwischen primären und sekundären Prinzipien des Rechts. 2012.

Band 138 Gustavo Chan Mora: Kritik des Schuldbegriffs im Jugendstrafrecht. Eine metadogmatische Begründung des Schuldfähigkeits- und Verbotsirrtumsbegriffs. 2012.

Band 139 Julia Anna Bargenda: *Australian Law Reform Commission.* Ein Modell für Deutschland? 2012.

Band 140 Katharina Schermuly: Grenzen funktionaler Integration. Anforderungen an die Kontrolle europäischer Strafgesetzgebung durch den EuGH. 2013.

Band 141 Florian Conradi: Die Sicherungsverwahrung – Ausdruck einer zunehmenden Sicherheitsorientierung im Strafrecht? Die Entwicklung der Sicherungsverwahrung im Kontext des Spannungsverhältnisses von Freiheit und Sicherheit. 2013.

Band 142 Hyun Kyong Joo: Die positive Generalprävention im Straßenverkehr. 2013.

Band 143 Ulfrid Neumann / Cornelius Prittwitz / Paulo Abrão / Lauro Joppert Swensson Jr. / Marcelo D. Torelly (Hrsg.): Transitional Justice. Das Problem gerechter strafrechtlicher Vergangenheitsbewältigung. 2013.

Band 144 Frederico Figueiredo: Zur Möglichkeit des unmöglichen Strafrechts. Ein Versuch über die Dissonanz im System der ultima ratio. 2014.

Band 145 Moritz Bermel: Banken und Pflichten. Moderne Bankmanager und traditionelles Strafrecht. 2014.

Band 146 Björn Kruse: Compliance und Rechtsstaat. Zur Freiheit von Selbstbelastung bei Internal Investigations. 2014.

Band 147 Charlotte Schultz: Spiegelungen von Strafrecht und Gesellschaft. Eine systemtheoretische Kritik der Sicherungsverwahrung. 2014.

Band 148 Daniel Wegerich: Moderne Kriminalgesetzgebung: Produzent von Parteiverrat? Auswirkungen strafprozessualer Absprachen und Aufklärungshilfen auf den Parteiverrat in Strafsachen (§ 356 StGB). 2015.

Band 149 Lauro Joppert Swensson Jr: Vor dem Gesetz. *Transitional Justice* in Brasilien und die Problematik der strafrechtlichen Verantwortung für Straftaten der Militärdiktatur. 2015.

Band 150 Frederic Raue: Steueramnestien, Selbstanzeige und die verfassungsrechtliche Bewertung von Straffreiheitsgesetzen. Eine Untersuchung anlässlich des gescheiterten deutsch-schweizerischen Steuerabkommens. 2015.

Band 151 Ali Mosfer: Fragilitäten des Rechtsstaates seit dem 11. September 2001 im Spiegel der Rechtsprechung des Bundesverfassungsgerichts. 2015.

Band 152 Johann Amos Münch: Kollektive Haftung im Wirtschaftsstrafrecht. Ein kompetitiver und evaluativer Vergleich der Sanktionssysteme Deutschlands, Großbritanniens und Italiens. Unter besonderer Berücksichtigung von Dogmatik, Gerechtigkeit und Zweckmäßigkeit. 2016.

Band 153 Madeleine Arens: Die Strafverfahrenswirklichkeit am Khmer Rouge Tribunal im völkerstrafprozessualen Kontext. Eine Analyse der strafprozessualen Verfahrenspraxis an den ECCC und ihre Bedeutung für zukünftige Völkerstrafprozesse. 2016.

Band 154 Chun-Wei Chen: Gefährdungsvorsatz im modernen Strafrecht. Zugleich unzeitgemäße Überlegungen über die Wiederbelebung des Gefährdungsstrafrechts in der Sicherheitsgesellschaft. 2016.

Band 155 Mathias Alexander Grzesiek: Wirtschaftsdelikte im Vertrags- und Privatarztsektor. Ein Beitrag zum Prinzip der Strafgesetzlichkeit im Gesundheitswesen. 2016.

Band 156 Sugil An: Vorfeldkriminalisierung in der Risikogesellschaft. 2016.

www.peterlang.com

www.ingramcontent.com/pod-product-compliance
Ingram Content Group UK Ltd.
Pitfield, Milton Keynes, MK11 3LW, UK
UKHW021126041026
8980IPUK00026B/829

9 783631 678787